中国知识产权价值评估体系完善路径与案例研究

文豪 著

WUHAN UNIVERSITY PRESS
武汉大学出版社

图书在版编目(CIP)数据

中国知识产权价值评估体系完善路径与案例研究 / 文豪著 . -- 武汉：武汉大学出版社，2024.12（2025.9 重印）. -- ISBN 978-7-307-24853-3

Ⅰ. D923.404

中国国家版本馆 CIP 数据核字第 2024QK9267 号

责任编辑：喻　叶　　　责任校对：汪欣怡　　　版式设计：马　佳

出版发行：**武汉大学出版社**　（430072　武昌　珞珈山）

（电子邮箱：cbs22@ whu.edu.cn　网址：www.wdp.com.cn）

印刷：武汉邮科印务有限公司

开本：720×1000　1/16　印张：18.75　字数：305 千字　插页：1

版次：2024 年 12 月第 1 版　　2025 年 9 月第 2 次印刷

ISBN 978-7-307-24853-3　　定价：78.00 元

前　言

2020 年 11 月 30 日，中共中央政治局就加强我国知识产权保护工作举行第二十五次集体学习，习近平总书记强调，"要深化知识产权保护工作体制机制改革，健全知识产权评估体系"。这是习近平总书记第一次对知识产权评估作出具体指示，凸显了健全我国知识产权评估体系的重要性和迫切性。中国资产评估协会研究编制的《"十四五"时期资产评估行业发展规划》也提出，"服务知识产权有序流转，健全知识产权评估体系"。本书的研究提出了我国知识产权评估体系完善的内容和路径，为健全我国知识产权评估体系提供理论依据和策略指导。

本书主要研究内容包括五个部分：一是对知识产权评估的研究文献进行了梳理，总结了当前知识产权评估的研究现状和不足。二是对我国知识产权评估的法律法规、政策规划和准则规范进行了梳理，分析了我国知识产权评估实践面临的问题与挑战。三是开展了专题研究，探索构建了基于交易情景的专利资产评估体系并进行案例研究，引入专利质量评价模型完善专利资产评估体系，探索"专业人员+数据智能"的知识产权评估模式与流程，以上专题研究为完善知识产权评估体系提供了技术支撑。四是进行了问卷调查，针对我国知识产权评估体系建设现状，了解不同领域的知识产权评估利益相关者的看法和建议。五是在上述研究基础上，提出知识产权评估体系的五要素模型，探讨了健全我国知识产权评估体系的路径和举措，并提出相关政策建议。

本书的主要研究结论如下：（1）在不同的知识产权交易情景下，评估报告使用者对知识产权评估的认识和理解不同，对知识产权评估相关的法律、政策和准则熟悉程度不同，影响对知识产权评估结论的认同，进一步影响知识产权评估在社会经济活动中发挥作用。（2）虽然我国已建立了由法律法规、政策和评估准则构成的完善知识产权评估制度体系，但在实践中仍然认为知识产权评估缺少标准和依据，知识产权评估结论的可靠性和公信力仍难以得到认同。（3）传统的以成本法、市场法和收益法为基础的三大评估方法被认为存在缺陷，智能化的知识产权评估技术兴起，但缺少法规和准则依据；财政部、国家知识产权局、科技部等部门在知识产权评估规范和方法上尚未达成一致，通过整合国家知识产权局开发的专利价值评价体系，制定知识产权评估的共性假设基础和参数体系，设计智能化的知识产权质量评价体系，有助于进一步完善现有的知识产权资产评估体系。（4）财政部和中国资产评估协会已制定了较为完善的知识产权评估准则体系，但知识产权质押融资、知识产权侵权损害价值评估领域还缺少具体的准则规范，导致知识产权资产评估在该领域的地位和作用受到抑制。通过构建以知识产权应用场景和决策情景为基础的共性假设体系，引入"专业人员+数据智能"的评估模式，解决知识产权金融情景下对评估时效性、动态性、低成本的要求具有可行性。（5）知识产权评估体系应当包括"知识产权评估制度环境、知识产权应用场景、知识产权决策情景、知识产权评估技术和知识产权评估主体"五大要素，可以围绕上述五大要素对我国知识产权评估体系进行完善和优化。

　　基于以上研究成果，本书提出健全我国知识产权评估体系的政策建议：一是重视知识产权应用场景和决策情景研究，基于知识产权评估业务性质进行功能重新定位。二是加快利用新技术发展优化知识产权评估技术体系。三是落实知识产权人才相关规划政策，支持专业化知识产权评估机构培育与高端人才队伍培养。四是加强主管部门之间合作，促进知识产权评估制度环境更加协调优化。

目　录

第一章 导　　论

第一节　研究背景和意义

2020 年 11 月 30 日，中共中央政治局就加强我国知识产权保护工作举行第二十五次集体学习，习近平总书记强调，"要深化知识产权保护工作体制机制改革，健全知识产权评估体系"。这是习近平总书记第一次对知识产权评估作出具体指示，凸显了健全我国知识产权评估体系的重要性和迫切性。

近年来，中国的专利申请与授权数量高速增长，已居全球前列。2023 年全年共授权发明专利 92.1 万件，比 2012 年提高 7.9 个百分点。截至 2023 年年底，我国境内有效发明专利数量达到 401.5 万件，成为世界上首个有效发明专利数量突破 400 万件的国家；我国每万人口高价值发明专利拥有量达到 11.8 件。2023 年还授权实用新型 209.0 万件、外观设计 63.8 万件，注册商标 438.3 万件，登记集成电路布图设计 1.13 万件。认定地理标志产品 13 件，核准使用地理标志专用标志经营主体 5842 家，核准以地理标志注册集体商标和证明商标 201 件。通过 PCT、海牙、马德里体系分别提交专利、外观设计、商标国际注册申请 73812 件、1166 件（前 11 个月）、6196 件，稳居世界前列。在知识产权数量高速增长的同时，也面临知识产权质量整体不高，专利转化应用率较低，商标品牌商业价值开发不足，芯片等关键技术领域遭遇卡脖子等问题。

当前，世界正面临百年未有之大变局，世界各国既有竞争又有合作，其中知识产权是国家间竞争与合作的核心议题。当前，我国正进入"十四五"规划开局之年和创新型国家建设的关键时期，创造和掌握核心知识产权，既是我国社会经济高质量发展转型的驱动力，又是参与国际竞争与合作的利器。建立完善的知识产权评估体系，对科学制定知识产权决策，强化知识产权保护，激活知识产权交易市场，打造良好的科技创新环境具有关键性、基础性作用。早在 2008 年国务院发布的《国家知识产权战略纲要》就明确提出，"要建立知识产权价值评估制度，规范知识产权评估工作，提高评估公信度"。财政部和中国资产评估协会十分重视知识产权和科技成果转化相关评估工作，出台了一系列知识产权评估相关准则，培养了一大批专业人才，为知识产权评估提供了有力支持；国家知识产权局制定了知识产权评议和专利价值分析标准；科技部也推动第三方专业评价机构对科技成果的科学价值、技术价值、经济价值、社会价值进行评价，这些工作有力地推动了我国知识产权评估实践。

但是，根据国家社科基金项目数据库检索结果，目前关于知识产权的立项主要集中在法学领域对知识产权法律及运行机制的研究、公共政策领域对知识产权政策及其效应的研究、经济学领域对知识产权制度创新效应和机制的研究、管理学领域对企业知识产权管理策略的研究，有 3 项关于知识产权损害赔偿计算规则的研究和知识产权质押融资的研究。以上研究均未涉及具体的知识产权评估体系建设和完善，也表明当前我国知识产权评估体系完善还未受到充分的重视和研究。虽然关于知识产权评估的相关研究成果丰硕，但理论研究成果与实践仍存在脱节问题。

中国资产评估协会研究编制的《"十四五"时期资产评估行业发展规划》（以下简称《评估行业"十四五"规划》）提出，"服务知识产权有序流转，健全知识产权评估体系"，"资产评估执业信息化体系基本构建、执业效能提升。立足行业发展全局，运用互联网、大数据、云计算等数字技术，推进行业数字化转型，实施上云用数赋智行动，统筹推进行业信息化研究、设计、开发、建设和应用，业务数据标准化、行业管理信息一体化、资产评估机构运营信息化、资产评估执业智能化建设取得突破，资产评估行业信息化水平及服务能力全面提升"。国务院发布的《"十四五"国家知识产权保护和运用规划》（国发〔2021〕20号）也提出，"健全知识产权价值评估体系，鼓励开发智能化知识产权评估工具。完善无形资产评估制度，形成激励与监管相协调的管理机制。建立知识产权侵权损害评估制度"。2021 年 12 月 27 日，国务院知识产权战略实施工作部际联席会议办公室印发的《知识产权强国建设纲要和"十四五"规划实施年度推进计划》

要求："加快推进专利评估指引、企业知识产权管理规范、商品交易市场知识产权保护规范等国家标准制修订（市场监管总局、知识产权局负责）。""健全知识产权评估体系，修订完善知识产权资产评估准则（财政部、知识产权局按职责分工负责）。"这一系列政策表明，知识产权评估体系的建设涉及多个部门，信息化、智能化是健全知识产权评估体系的重要基础。

知识产权评估体系建设是一项系统性工程，面临知识产权自身具有的无形性、高风险性、异质性和动态性等难题，涉及法律、技术、经济管理等跨学科交叉知识，同时又需要理论、政策与实践能够匹配融合。本书的研究引入数据智能技术解决知识产权评估中面临的信息复杂性、价值高风险性和动态性难题，并基于决策情景构建知识产权评估的基本假设体系和参数选择标准，提供一个知识产权质量评价与价值评估的整合框架，提高知识产权评估结论的一致性和可靠性，提出知识产权评估体系的五要素模型，丰富和完善了已有的知识产权评估理论体系。从实践意义讲，本书研究通过问卷调查增强了问题导向，基于提出的知识产权评估体系五要素模型，分析存在的问题并提出政策建议，对指导健全我国知识产权评估体系具有较强的实际应用价值。

第二节　相关概念界定

一、价值与价值评估

1. 价值内涵

价值是在社会各个领域被广泛使用的概念。以哲学范畴的认识论角度，价值是指客体对主体需求的满足程度，表示主体需求与客体功能之间的效益关系。

具体到经济学领域，形成了各种不同的价值理论。早在18—19世纪，在古典经济学派和新古典经济学派的影响之下，现代价值理论应运而生。古典经济学派的学者提出生产要素论，研究劳动、资本和土地等要素之间的关系。劳动价值论的早期理论由古典经济学派提出，威廉·配第、亚当·斯密、李嘉图等人为早期劳动价值论的研究作出了突出贡献。

马克思的政治经济学进一步发展了劳动价值论。价值是凝结在商品中无差别的人类劳动，可以表现为使用价值和交换价值（马克思，《资本论》第一卷）。商品的价值表明：①使用价值是交换价值的物质承担者。②价值是抽象的，它只有在不同商品间的交换中才能表现出来。③使用价值是交换价值的内容，交换价值是使用价值的表现形式。④生产商品的社会必要劳动时间决定商品的价值量。①

19 世纪后期和 20 世纪早期，新古典主义学者马歇尔将古典经济学派与边际学派的观点结合，提出了均衡价格理论。他认为市场经济下的供给力量和需求力量此起彼伏，但最终会趋于一致，市场均衡价值出现在供应与需求的相交点。在完善的市场下，价格、成本和价值终将会趋于一致（王诚军，2001），最终达到均衡价格。均衡价格作为市场交易机制的表达形式，反映了消费者和生产者对商品价值所达成的共识，但该价值的表现较为抽象，难以反映市场参与者的决策标准。

现代金融理论基于市场参与者的投资决策，提出任何资产的价值都是由其未来现金流的现值所确定的。这一理论既反映了投资者决策选择的效用标准，也反映了资金的时间价值和未来风险，从而为价值评估奠定了理论基础。

2. 价值评价与资产评估

由于价值的抽象性，在现实中如何评价和衡量价值，从而把抽象的价值具体化就具有重要意义，这一过程也是对客体价值认识不断深化的过程。

在实践中，价值评价和评估常常被作为互相替代的术语，但在不同情景下二者又存在很大区别。在学者 Bloom 设计的反映人类思考和认知过程的结构模型中，评价和思考属于等级最高、最为复杂的人类认知活动。该学者认为评价就是对具体的事物做出价值判断的过程。在管理决策领域，价值评价是指人们在观念中把握事物是否具有价值以及判断价值大小的过程，这就要求人们必须具有一套价值标准。因而要得到科学的价值评价结果，一套科学严谨的价值标准不可或缺。

在资产评估领域，价值评估的概念则更加狭义。《中华人民共和国资产评估法》（以下简称《资产评估法》）中，资产评估是指评估机构及其评估专业人员

---

① 马克思. 资本论（第一卷）［M］. 北京：人民出版社，2004.

根据委托对不动产、动产、无形资产、企业价值、资产损失或者其他经济权益进行评定、估算，并出具评估报告的专业服务行为。价值类型是资产评估的一个核心概念，它是指资产评估结果的价值属性及其表现形式，即资产评估的价值尺度。中国的《资产评估基本准则》规定，资产评估机构受理资产评估业务前，应当明确价值类型；资产评估报告应当说明选择价值类型的理由，并明确其定义。《资产评估价值类型指导意见》明确定义了市场价值类型和市场价值以外的价值类型。市场价值是指自愿买方和自愿卖方在各自理性行事且未受任何强迫的情况下，评估对象在评估基准日进行正常公平交易的价值估计数额。市场价值以外的价值类型包括投资价值、在用价值、清算价值、残余价值等。只有清楚地理解资产评估的价值类型，才能正确理解和使用资产评估的价值结论。

二、知识产权

知识产权（intellectual property）的概念最早由法国学者卡普佐夫于 17 世纪中叶提出，原意指"知识财产权"或"知识所有权"，体现了无形智力成果的特权性。现代意义上的知识产权则是指人们就其智力劳动成果依法享有的专有权利，通常是国家赋予创造者对其智力成果在一定时期内享有的专有权或独占权（exclusive right）。[①] 传统的知识产权涵盖了著作权（含邻接权）和工业产权（包括商标权和专利权）两部分内容；而广义的知识产权则广泛存在于工业、科学、文学、艺术等领域，进一步包括商号权、地理标识权、植物新品种权、集成电路布图设计、商业秘密权等内容。在资产评估领域，知识产权资产是指知识产权权利人拥有或者控制的，能够持续发挥作用并且带来经济利益的知识产权财产权益，包括专利权、商标专用权、著作权、商业秘密、集成电路布图设计和植物新品种等。由于知识产权的存在依赖于相关法律的制定与保护，因此其存在形态与相关法律的演进密切相关。中共中央、国务院印发的《知识产权强国建设纲要（2021—2035 年）》提出，"及时修改专利法、商标法、著作权法和植物新品种保护条例，探索制定地理标志、外观设计等专门法律法规，健全专门保护与商标保护相互协调的统一地理标志保护制度，完善集成电路布图设计法规。制定修改

---

① 朱崇实. 经济法 [M]. 北京：北京大学出版社，2011：109-110.

强化商业秘密保护方面的法律法规……加快大数据、人工智能、基因技术等新领域新业态知识产权立法"。纲要还指出，要"研究完善算法、商业方法、人工智能产出物等知识产权保护规则。加强遗传资源、传统知识、民间文艺等获取和惠益分享制度建设，加强非物质文化遗产的搜集整理和转化利用。推动中医药传统知识保护与现代知识产权制度有效衔接"。随着新业态不断涌现和相关法律的制定，知识产权的具体类型也在不断拓展。

三、知识产权评估与知识产权资产评估

目前，关于知识产权评估的相关概念很多。国家知识产权局和中国技术交易所就联合制定了专利价值分析与评估体系规范。很多理论研究和实务部门也广泛采用知识产权评估或知识产权价值评估这一概念。例如，国家知识产权局下设的知识产权出版社就开发了在线的专利价值评估软件，中国技术交易所开发了专利价值预评估系统。一些专利代理服务机构也在网站提供专利价值评估服务，如行之知识产权集团将其提供的专利价值评估服务界定为"通过科学的方法，对专利价值进行量化的过程，把专利等无形资产作价进行知识产权完全资本化，也是企业开展专利权交易、专利融资、知识产权投资等经营活动的基础，从而为用户提供一个参考性专利价值"。

"资产评估法"对资产评估进行了明确的界定，资产评估是由评估机构及其评估专业人员根据委托对评估对象进行评定、估算，并出具评估报告的专业服务行为。资产评估法要求，"评估机构及其评估专业人员开展业务应当遵守法律、行政法规和评估准则，遵循独立、客观、公正的原则。评估专业人员从事评估业务，应当加入评估机构"。这一法律规定就把资产评估与市场上的一般主体自行展开的评估活动区别开了。根据中国资产评估协会发布的《知识产权资产评估指南》（以下简称《指南》），知识产权资产，是指权利人所拥有或者控制的，能够持续发挥作用并且预期能带来经济利益的知识产权的财产权益。知识产权资产包括专利权、商标专用权、著作权、商业秘密、集成电路布图设计和植物新品种等资产的财产权益。《指南》第三条规定，"知识产权资产评估，是指资产评估师依据相关法律、法规和资产评估准则，对知识产权资产的价值进行分析、估算并发表专业意见的行为和过程"。资产评估师执行知识产权资产评估业务，应当

遵守本指南。资产评估师执行与知识产权资产价值估算相关的其他业务，可以参照本指南。

本书研究的知识产权评估不是一般意义上对知识产权的价值进行分析判断，而是与中国资产评估协会发布的《知识产权资产评估指南》等准则所界定的知识产权资产评估的定义保持一致，强调法律性、规则性和专业性。根据《知识产权资产评估指南》的规定，知识产权资产评估不仅强调评估人员的专业性，而且要求对价值进行定义，根据不同的评估目的，选择合适的价值类型。如果没有遵守资产评估准则的相关规定，即使对知识产权资产价值进行了分析判断，也可能无法实现评估目的。在实践中，知识产权的交易转化、知识产权投融资、知识产权财务报告和知识产权法律诉讼等一系列经济活动，都需要引入专业性的知识产权资产评估中介服务，才能促使上述经济活动的有效开展。

第三节　研究方案与主要内容

一、研究思路与技术路线

如何健全我国知识产权评估体系，需要建立在对知识产权评估面临的挑战和自身运行规律的深入把握的基础上。知识产权质量评价是知识产权价值评估的基础，需要数据和评价指标体系支撑；知识产权评估假设和参数选择差异导致评估结果差异，通过基于决策情景构建统一的基本假设体系，有助于提高评估结论的可比性和一致性；评估方法体系创新是针对具体的知识产权评估对象的分析和估值应用，需要结合知识产权质量评价进行定性和定量分析；知识产权评估相关法规政策和准则完善则需要在知识产权评估自身规律基础上构建规制体系；最后，基于知识产权评估自身规律，对"十四五"期间如何健全我国知识产权评估体系进行顶层设计及其实施路径提出建议措施。

本书将基于文献研究和调查分析方法，研究基于知识产权创造、保护、运营和管理的应用场景和决策需求，构建知识产权质量评价体系、评估假设与参数体系，形成"专业人员+数据智能"的知识产权评估新模式，进而对相关的法律政策与评估准则进行完善，提出健全我国知识产权评估体系的顶层设计与实施路径。本书的研究框架和技术路线如图 1-1 所示。

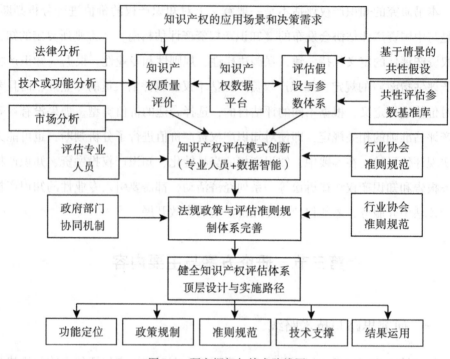

图 1-1　研究框架与技术路线图

二、主要研究内容与结论

本书旨在研究提出"十四五"期间我国知识产权评估体系完善的内容和路径。课题立项后，课题组开展了以下研究工作：一是进一步对相关研究文献进行了梳理，并于 2021 年 10 月组织理论与实务界专家召开了"健全我国知识产权评估体系"线上论坛，对课题研究计划和内容进行了研讨。二是对我国知识产权评估的法律法规、政策和准则进行了梳理，分析了我国知识产权评估实践面临的问题与挑战。三是开展了专题研究，探索构建了基于交易情景的专利资产评估体系并进行案例研究，引入专利质量评价体系完善专利资产评估体系，探索"专业人员+数据智能"的知识产权评估模式与流程，以上专题研究为完善知识产权评估体系提供了技术支撑。四是进行了问卷调查，了解不同领域的知识产权评估利益相关者对当前我国知识产权评估体系存在的问题及挑战的认识和建议。最后，在上述研究基础上，提出知识产权评估体系的五要素模型，探讨了健全我国知识产权评估体系的路径，并提出相关政策建议。课题组的主要研究结论如下：

（1）在不同的知识产权交易情景下，评估报告使用者对知识产权评估的认识和理解不同，对知识产权评估相关的法律、政策和准则熟悉程度不同，影响对知识产权评估结论的认同，进一步影响知识产权评估在社会经济活动中发挥作用。

（2）虽然我国已建立了法律法规、政策和评估准则构成的完善知识产权评估制度体系，但在实践中仍然认为知识产权评估缺少标准和依据，知识产权评估结论的可靠性和公信力仍难以得到认同。

（3）传统的以成本法、市场法和收益法为基础的三大评估方法被认为存在缺陷，智能化的知识产权评估技术兴起，但缺少法规和准则依据；财政部、国家知识产权局、科技部等部门在知识产权评估规范和方法上尚未达成一致，通过整合国家知识产权局开发的专利价值评价体系，制定知识产权评估的共性假设基础和参数体系，设计智能化的知识产权质量评价体系，有助于进一步完善现有的知识产权资产评估体系。

（4）财政部和中国资产评估协会已制定了较为完善的知识产权评估准则体系，但知识产权质押融资、知识产权侵权损害价值评估领域还缺少具体的准则规范，导致知识产权资产评估在该领域的地位和作用受到抑制。通过构建以知识产权应用场景和决策情景为基础的共性假设体系，引入"专业人员+数据智能"的评估模式，解决知识产权金融情景下对评估时效性、动态性、低成本的要求具有可行性。

（5）知识产权评估体系应当包括"知识产权评估制度环境、知识产权应用场景、知识产权决策情景、知识产权评估技术和知识产权评估主体"五大要素，可以围绕上述五大要素对我国知识产权评估体系进行完善和优化。一是重视知识产权应用场景和决策情景研究，基于知识产权评估业务性质进行功能重新定位。二是加快利用新技术发展优化知识产权评估技术体系。三是落实知识产权人才相关规划政策，支持专业化知识产权评估机构培育与高端人才队伍培养。四是加强主管部门之间合作，促进知识产权评估制度环境更加协调优化。

三、研究的创新点

本书的研究创新点主要有三个方面：

一是采用问卷调查方式，调查了知识产权评估不同利益相关者关于我国知识产权评估体系的看法，避免已有研究中主要关注评估师对知识产权评估体系的看法可能存在的偏差。

二是通过专题研究，基于知识产权价值创造场景和决策情景构建知识产权评估共性假设体系，引入专利质量评价体系，完善收益法评估模型，探索"专业人员+数据智能"的评估模型与流程，为健全我国知识产权评估的技术体系提供了可行性支撑。

三是提出知识产权评估体系的五要素模型，并基于五要素模型，从系统角度研究健全我国知识产权评估体系的路径和举措。

第二章　知识产权评估研究现状

国内学术界借鉴国际知识产权评估领域研究成果，结合我国知识产权评估需求开展了知识产权评估的相关研究，取得了丰富的研究成果。梳理当前国内外关于知识产权评估的相关研究，主要从以下几个方面展开。

第一节　知识产权价值影响与评估方法

一、知识产权价值影响因素

知识产权涉及的主要类别包括专利权、商标权、著作权、计算机软件和集成电路布图等。当前国内外关于知识产权评估的研究主要集中在专利权、商标权和著作权领域的评估，其中又以专利评估最具有代表性。专利评估的核心是识别出决定专利价值的关键因素（Cavallaro et al. 2013）。一些研究运用统计计量方法，发现专利生命周期、专利维持费用、专利引用频次、权利保护范围等均对专利价值具有重要影响（Nordhaus，1967；Schankerman and Pakes，1986；Lanjouw，1998；Klemperer，1990；Reitzig，2003；Lanjouw and Schankerman，2001）。早期的这些研究基于统计方法探索影响专利价值的关键因素，为评价专利价值高低提供了基础。后来的研究和实践以此为基础，构建了各种专利评价模型。美国 CHI Research 公司开发了 CHI 专利指标，评价一家公司在某技术领域内专利组合的价值。Bernd Fabry（2006）开发了知识产权的三维评估模型，从技术、法律和经济三个方面对专利进行评价。

二、知识产权价值评价指标体系

近年来，国内学者对专利评价指标也开展了深入研究。一些学者引入专利引用数、专利权要求、技术寿命、法律状态等指标构建专利价值评价指标体系（曹晨、胡元佳，2007；张文德，2010；申文娇、胡登峰，2013）。宋河发等（2010）提出了评价和判断单项专利和机构专利质量的方法，并建立指标体系，强调专利质量是指专利技术质量、法定质量和经济质量的总和。冯君等（2012）引入层次分析法（AHP）建立了单件发明专利质量评价指标体系。唐恒等（2014）构建了不同生命阶段下企业专利质量影响因素的理论框架。国家知识产权局发布的《专利价值分析指标体系》从法律、技术、经济三个层面对专利进行定性与定量分析。肖国华和牛茜茜（2015）对专利价值分析指标体系、专利质量记分牌法、Ocean Tomo 300™指数进行了比较研究。吴全伟等（2016）提出结合神经网络的多角度多因素的专利价值评价指标体系框架。

在商标评估领域，商标评估与品牌评估通常关联在一起。Huang（2015）从资产视角、客户视角和综合视角对品牌评估方法进行了综述。David Aaker（1996）提出品牌资产评估十法，通过对品牌绩效和实力的分析来评估品牌资产。Krasnikov等（2009）、Sandner and Block（2011）、Nasirov（2020）考虑了商标与品牌价值的关联，认为基于企业品牌战略和商标法的商标特征是商标权价值的重要影响因子。中国国家标准化管理委员会2012年发布了《品牌评价—品牌价值评价要求》，中华商标协会也着力开展商标品牌价值评价研究，并制定了《中国地理标志商标品牌价值评价体系和标准》。权光忠（2018）系统总结了新时代下品牌价值评价的挑战和机遇，指出我国品牌价值评估研究与实践中面临品牌内涵模糊、评价标准不科学、评价机制不健全、评价机构不规范等问题。在著作权评价领域相关研究较少，陈伟斌和张文德（2014）构建了一个包括社会价值、内容价值、经济价值和传播价值四个方面的著作权评价指标体系。

三、知识产权价值评估方法体系

知识产权是无形资产的重要构成，知识产权价值评估研究通常也被纳入无形资产评估研究范畴。美国无形资产评估专家Smith（1989）的专著奠定了知识产权价值评估的理论基础。Reilly（1988，1998）、Parr和Smith（1994）系统总结了无形资产价值评估的三种途径：成本途径、市场途径和收益途径。上述三种评估途径均从经济角度给出无形资产的一个货币价值或价值区间。以后的研究大多是围绕上述三种评估途径进行改进和完善。Lagrost et al.（2010）探讨了如何选择合适的途径和方法评估知识产权价值。Reilly（2013）强调知识产权价值评估过程中应注意定性分析与定量分析相结合。Smith 和 Richey（2013）系统总结了商标评估的方法和各种应用情景。Murphy 等（2012）从决策制定角度探讨了不同情景下各种评估方法的应用。许华斌和成全（2014）指出专利价值评估方法与数据挖掘算法的结合将成为新的研究热点。在著作权价值评估领域，近年来国内学者围绕软件、影视剧、网络信息资源、网络游戏、数据库等类型的著作权价值评估展开了研究（陈伟斌、张文德，2015；刘伍堂，2010；余炳文，2017；金玉等，2020）。

虽然大量研究认为收益法最适合知识产权价值评估，而成本法和市场法存在缺陷（Reilly，1998；Parr and Smith，2005；Wirtz，2012），但易可君（1996）认为，考虑知识产权开发成本的特殊性，成本法依然是评估知识产权价值的一种有效方法。孙玉艳、张文德（2010）将市场法、收益法、修正收益法和成本法进行组合，构建了组合预测模型。苏平（2010）对美国的知识产权评估方法进行了综述，发现在评估方法的选择上美国在综合运用评估方法的基础上还十分关注背景因素。潘剑、解静（2013）指出，法律因素分析是专利资产价值评估中的重要环节，资产评估人员在对专利权进行法律分析方面存在着巨大的技术与法律鸿沟。潘颖（2014）基于层次分析法探讨了专利价值模糊评估模型。周正柱、朱可超（2015）和吴全伟等（2016）对知识产权价值评估研究的最新进展进行了综述和展望，分析了各种知识产权评估方法的利弊。

除了传统的经典评估方法外，一些学者还针对知识产权特点，尝试引入新的评估方法。瑞兹盖提斯（2008）总结了知识产权估价与定价的各种方法，包括行业标准估价、经验法估价、蒙特卡罗估价法和实物期权等。Reilly 和 Schweihs（2004）总结了知识产权价值评估中的各种评估参数确定方法。Ernst 等（2010）利用蒙特卡罗模拟模型研究了评估专利价值的决定因素。Alper 和 Deger（2011）、Iazzolino 和 Migliano（2015）认为传统评估方法无法反映知识产权的独特性、不确定性和管理弹性，进而构建了运用实物期权方法评估知识产权价值的框架。国内学者也对应用实物期权方法评估知识产权价值进行了大量探讨（马忠明、易江，2004；许晓冰，2008；刘玉平、王奇超，2013；颉茂华、焦守滨，2014；周盟农、黄校徽，2016）。中国资产评估协会（2011）制定了《实物期权评估指导意见（试行）》，为评估实践中应用实物期权方法提供了操作指南。也有学者认为传统的技术价值评估方法依赖专家开发的各种指标，但由于技术的无形特征和高度不确定性，难以完全预测其经济价值（Kaya 和 Yazgan，2014）。因此，Jun 等（2015）运用定量专利分析（QPA）方法，引入社会网络分析（SNA）、技术聚类分析和描述性统计方法，开发了一个整合技术和市场价值的技术评估模型。谢智敏等（2018）比较验证了 Innography、IncoPat 和 PatSnap 等专利价值评估工具，认为 PatSnap 在评估专利价值上具有非常高的可靠性。王子焉等（2019）通过灰色关联分析—随机森林回归算法，建立了专利平台价值评估体系，为利用网络平台优化知识产权评估提供了新的思路。

近期一些研究关注到知识产权评估的规范和利益相关者的影响。王瑞琪、薄建奎（2019）对中英两国的知识产权评估准则进行了比较研究，英国的评估相关准则对收益法中经济使用年限、预期收益等重要参数进行了详细规定，能够更好地指导和规范知识产权评估业务。刘璘琳、张维维（2020）研究发现知识产权价值评估的结果会受到委托方估值期望和干预行为的影响，评估机构与委托企业在评估对象的价值影响因素认知方面仍有分歧。

第二节　关于专利价值评估的研究

专利既是技术创新的成果，也通常被作为技术创新的衡量指标。专利是最核心的知识产权类型，在整个创新链条和社会经济发展中处于关键地位。专利价值评估既遵循知识产权评估的一般共性规律，又有其自身的特点。课题组通过 Citespace 软件①，对中国知网（CNKI）数据库和 Web of Science 数据库分别进行检索，了解专利价值评估领域的热门主题，然后针对每个研究主题进行进一步的

———————————

① 随着信息技术的发展和文献统计学的日趋完善，利用可视化信息处理软件对文献数据信息进行科学图谱分析、绘制与可视化为文献处理和分析提供了新方法。由美国德雷赛尔（Drexel）大学陈超美教授基于 Java 开发的 Citespace 程序主要用于科学文献数据计量和分析、识别和显示科学发展新趋势和新动态，并在分析和可视化共引网络方面具有准确、便利和高效的特点。因此，本书选用 Citespace 作为分析软件。

梳理。

一、国内外研究专利价值评估热点

应用 Citespace 分别对中国知网（CNKI）和 Web of Science 核心合集的文献信息进行关键词共现网络分析，得到关键词共现网络图谱，如图 2-1、图 2-2 所示。图中每个节点代表一个关键词，关键词出现的频次越高则节点的面积越大，成为专利价值评估热门领域的可能性越大。连接线的粗细表示两个节点词共同出现的频次。由图 2-1 可知，我国专利价值评估研究具有以下特点：一是研究热点集中，多聚焦专利价值评估的应用主题，如专利融资、专利质押、运营、成果转化、证券化等。二是研究主题密集度不够，且关联性不强。这主要由文献数量有限和研究主题分散两方面因素导致。三是核心研究主题单一。除价值评估、专利价值、专利价值评估以外，无明显的主题关键词。

图 2-1　国内文献专利相关关键词共现图谱

　　由图 2-2 可知，国外专利价值评估研究具有以下特点：一是研究热点分布比较均匀。根据节点连线的颜色深浅可知，每个主题聚类都涉及前沿话题。二是研究内容丰富且关联性强，依据图中节点数量和节点间连线数量可得此结论。三是核心研究主题集中，主要围绕专利与研发展开研究。由于课题组搜索术语的中外差异，导致国外文献与价值评估关联的文献很少。从目前查询的结果看，Patent 关联的文献与创新、研发、专利引用、市场价值、知识管理等相关的较多，更偏重于管理学的研究。

图 2-2　国外文献专利相关关键词共现图谱

　　关于专利价值评估方法的研究，利用 Citespace 自带的统计功能，探测到国内、国外文献的关键词种类均高达上百个。考虑到中外研究的关键词存在差异化，故本书将意思相近的关键词进行合并，例如将实物期权、black-scholes 定价模型、b-s 模型、black-scholes、期权定价、实物期权方法、black-scholes 模型、black-scholes 方法统一为实物期权法。然后选取国内外文献频次前 15 位的关键词，如表 2-1 所示。

表 2-1　　　　　　　　　　　　关键词共现频次表

排序	国 内 文 献		国 外 文 献	
	频次	关键词	频次	关键词
1	82	价值评估	88	innovation
2	70	专利价值评估	60	patent
3	67	专利价值	56	research and development
4	55	专利	38	intellectual property
5	40	实物期权法	32	firm
6	35	指标体系	31	indicator
7	22	企业	21	patent value
8	21	收益法	17	model
9	17	专利质押	14	protection
10	14	二叉树模型	14	determinant
11	13	模糊网络分析法	9	litigion
12	10	层次分析法	8	real option
13	9	专利侵权	6	patent pledge
14	6	专利证券化	4	infringement
15	6	技术生命周期	4	fuzzy

从表 2-1 可以看出，国内文献与专利价值评估关联性高，但国外检索的文献与专利价值评估关联度低。这可能与检索的关键词和方法有关。通过高频关键词可以看出该领域的热门主题和未来的发展方向。专利的价值内涵、价值评估方法、价值评估体系等已经成为专利价值评估的研究热点。

二、专利价值内涵的研究

由于专利价值具有时效性、模糊性和不确定性。[①] 学术界对于专利价值内涵的界定一直缺乏统一的说法。课题组对国内外专利价值领域的相关文献进行了梳

① 万小丽，朱雪忠. 专利价值的评估指标体系及模糊综合评价 [J]. 科研管理，2008（2）：185-191.

理，以时间先后为线索对专利价值内涵的重要研究进行梳理，如图 2-3 所示。

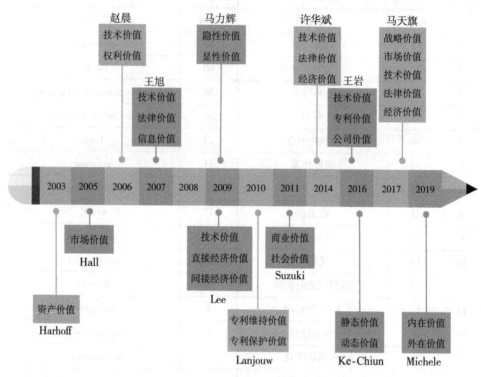

图 2-3 专利价值内涵研究历程

Harhoff 等（2003）认为专利资产价值来自专利所有权人将专利投入生产运营所得的收益，或是将专利授权转让所得的收益。① Lee 等认为专利价值包括技术价值、直接经济价值和间接经济价值，其中专利权使用收入即直接经济价值，间接经济价值可通过专利维持年费加以体现。② Ke-Chiun Chang 等（2016）提出将专利价值视为静态特性与动态关系的结合。一方面，大多数专利静态特征在其应用中是固定的，即这些特征受专利权人的控制；另一方面，动态引用关系由向

---

① Harhoff D, Scherer F M, Vopel K . Erratum. Citations, family size, opposition and the value of patent rights［J］. Research Policy, 2003, 32（8）: 1343-1363.

② Lee, Nari. Exclusion and coordination in collaborative innovation and patent law［J］. International Journal of Intellectual Property Management, 2009, 3（1）: 79.

前引用和向后引用构成，即不受专利权人的控制。如果专利在引用关系中占据重要地位，则意味着该专利更有可能具备技术知识的控制权，并对后续专利产生重要影响。[①] Michele 等将专利价值分类为内在价值和外在价值。内在价值是指专利的价值来源于其技术，可以用（向后和向前）引用次数、专利族大小、专利权利要求等表示。专利的外在价值来源于其开发市场的能力，具体表现为地理覆盖范围、诉讼维权策略、技术迭代更新等。[②]

近年来，国内学者针对专利价值也开展了大量研究。赵晨提出专利价值由技术价值和权利价值两部分组成。[③] 王旭认为广义上专利是包括信息、技术和法律三位一体的概念，专利对于企业的重要性体现在技术价值、经济价值、情报价值、法律价值、品牌价值这五个方面。[④] 马力辉等提出专利价值包括显性价值和隐性价值。显性价值体现为专利能够帮助企业提供新产品，开拓新市场，或是提高生产技术以降低制造成本，从而获取更高的经济效益。隐性价值体现为维护市场地位、保护核心技术和可作为未来技术发展的平台。[⑤] 许华斌等认为专利价值涵盖技术价值、法律价值和经济价值。[⑥] 马天旗等提出从专利的技术价值、法律价值、市场价值、战略价值、经济价值五个维度对高价值专利的内涵进行剖析。[⑦] 战略价值是指有些企业申请专利的目的不是商业化，而是出于战略考虑布局大量的外围专利，起到保护核心专利的作用，从而阻止诉讼，并在专利谈判中占据优势地位。该学者认为专利的经济价值与市场价值是两个不同的概念，但有

[①] Ke-Chiun Chang, Chihchang Chen, Yen-Jo Kiang and Wei Zhou. A study of influencing factors of patent value based on social network analysis, 2016 Portland International Conference on Management of Engineering and Technology (PICMET), Honolulu, HI, 2016, pp. 1470-1477.

[②] Michele Grimaldi & Livio Cricelli. Indexes of Patent Value: a Systematic Literature Review and Classification [J]. Knowledge Management Research & Practice，2019.

[③] 赵晨. 专利价值评估的方法与实务 [J]. 电子知识产权，2006 (11)：24-27.

[④] 王旭. 专利价值与企业建立专利管理机制的必要性 [J]. 科技情报开发与经济，2007 (4)：205-207.

[⑤] 马力辉，张润利，范昀阳. 专利价值及影响因素 [J]. 工程机械文摘，2009 (5)：21-24.

[⑥] 许华斌，成全. 专利价值评估研究现状及趋势分析 [J]. 现代情报，2014，34 (9)：75-79.

[⑦] 马天旗，赵星. 高价值专利内涵及受制因素探究 [J]. 中国发明与专利，2018，15 (3)：24-28.

部分交叉。受专利权人的作为、法律环境、企业战略等因素的影响，高市场价值的专利不一定具有高经济价值。

综上所述，本书认为专利价值的内涵具有狭义和广义两个层次。在商业化运作过程中专利能够为其所有者或使用者带来的预期收益现值，即为狭义的专利价值。广义的专利价值则包含了技术价值、法律价值和经济价值三个方面：专利的技术价值即专利承载的科技含量，包括新颖性、创造性和实用性；专利的法律价值是指法律赋予专利权人在专利有效期内的独占权益；专利的经济价值是其转化为生产力的运营过程中带来的预期收益。总的来说，专利的技术价值是基础，法律价值是保障，经济价值是目的。三者相互联系，互为补充，共同构成了专利的内在价值。

三、专利价值评估指标体系

早在 20 世纪 70 年代，美国知识产权咨询机构开创全球首个专利评价指标体系——CHI 指标，提出了专利数量、科学关联性、科学强度等 7 项专利价值评估指标，用来评估某一区域或某一企业的整体专利价值。① 在此基础上，国内外学者对专利价值指标的研究主要可以分为两大路线。

国内外学者们关于如何构建专利价值评估指标体系问题的研究，发展过程如图 2-4 所示。研究发现，专利自身的科技含量在所有指标体系中均被考虑。一些学者提出专利价值评估的二维体系，一是将专利技术要素进行划分，包括固有因素和与应用因素两个维度；② 二是包括专利技术和专利权人两个维度。③ 二维评价体系虽综合了专利的技术实力和专利权人的实力，但未考虑到专利价值的其他影响因素。另外一些学者根据广义的专利价值内涵，建立了基于技术、法律、市场的三维评估体系（宋河发等，2010；唐恒、孔漾婕，2014；吕晓蓉等，2014）。

---

① 马慧民，王鸣涛，叶春明. 日美知识产权综合评价指标体系介绍 [J]. 商场现代化，2007（31）：301-302.

② Park Y, Park G . A new method for technology valuation in monetary value：Procedure and application [J]. Technovation, 2004, 24（5）：387-394.

③ 谢萍，王秀红，卢章平. 企业专利价值评估方法及实证分析 [J]. 情报杂志，2015，34（2）：93-98.

其中，技术维度包括技术先进性、技术成熟度、技术可替代性等指标；法律维度包括权利保护范围、权利稳定性、地域保护范围等指标；市场维度包括预期市场规模、剩余经济寿命等指标。在实际应用中，国家知识产权局和中国技术交易所于 2012 年联合出版的《专利价值分析指标体系操作手册》，从专利的法律价值、技术价值和经济价值这三方面建立了专利价值评估指标体系，① 并于 2015 年进行了全面的修订，将三维评价体系完善为 13 项二级指标和 43 项三级指标，② 从而提升专利价值评估的科学性和规范性。

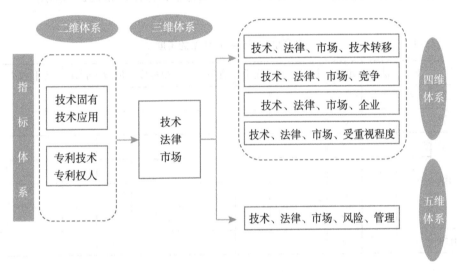

图 2-4　专利价值评估指标体系的不同维度

此外，一些学者在三维专利价值评估体系的基础上增加了新的维度，如战略因素、企业因素等。Hou 等人将专利价值的影响因素划分为技术、市场、法律和技术转移四大类，其中技术转移指的是专利使用的不同模式。③ 李振亚等提出专

---

① 国家知识产权局专利管理司，中国技术交易所 . 专利价值分析指标体系操作手册 [M]. 北京：知识产权出版社，2012.

② 中国技术交易所 . 专利价值分析与评估体系规范研究 [M]. 北京：知识产权出版社，2015.

③ Hou, Jiang-Liang, Lin, Hsiu-Yan. A multiple regression model for patent appraisal [J]. Industrial Management & Data Systems, 2006, 106 (9)：1304-1332.

利价值的竞争要素，该要素可以通过专利技术的不可替代性来衡量。① 李志鹏等认为专利价值评估体系应包含企业要素，该要素对评估质押融资情景下的专利价值评估十分重要。② 亢川博等从技术、经济、法律及受重视程度四个方面选取指标，其中受重视程度是指专利本身的属性和专利在专利引证网络中的关系属性的共同体现。③ 还有少数学者建立了五维体系，苑泽明等从企业管理角度建立了包含技术、法律、市场、风险和管理五个维度的专利价值评估指标体系，其中管理因素包括质量管理体系和管理者素质。④

通过梳理相关文献，不同维度的专利价值评估指标体系如表 2-2 所示。

表 2-2　　　　　　　　　　　　专利价值评估指标体系的维度

指标	技术	法律	市场	技术转移	企业	竞争	受重视程度	风险	管理	专利权人
二维	✓									✓
三维	✓	✓	✓							
四维	✓	✓	✓	✓						
	✓	✓	✓		✓					
	✓	✓	✓			✓				
	✓	✓	✓				✓			
五维	✓	✓	✓					✓	✓	

通过表 2-2 可以明显看出三维及以上的专利价值评估指标体系使用最为广泛，并且法律、技术、市场是出现频率最高的维度。但是不同的指标体系在评价指标的设置和权重的确定上还存在较大差异。因此建立统一的、规范的专利价值

---

① 李振亚，孟凡生，曹霞．基于四要素的专利价值评估方法研究 [J]．情报杂志，2010，29（8）：87-90.

② 李志鹏，夏轶群．基于三角模糊数层次分析法的专利质押融资价值评估 [J]．财会月刊，2016（15）：63-66.

③ 亢川博，王伟，穆晓敏，吴方怡，张世玉．核心专利识别的综合价值模型 [J]．情报科学，2018，36（2）：67-70.

④ 苑泽明，李海英，孙浩亮，王红．知识产权质押融资价值评估：收益分成率研究 [J]．科学学研究，2012，30（6）：856-864+840.

评估指标体系是十分必要的。

四、专利价值评估模型的实证研究

一些学者基于实证分析来研究影响专利价值的关键评估指标。Chiu 建立了包含技术特征、成本、产品市场和技术市场的四维专利价值评估体系，并运用 AHP 法来确定指标权重。① Albino 基于美国生物技术企业的专利交易信息来进行实证研究，得出专利技术质量、技术宽度、权利保护宽度、科技创新性等指标对专利价值具有显著影响。② Messinis 对比分析了专利引用、专利自引和三方专利引证对专利价值的影响，发现三方专利引证与专利质量的相关程度更为密切。③ Lee 聚焦新能源行业，通过六种专利指标来研究该行业的技术创新与收益增长的内在关系。④ Chang 对医药专利进行实证研究，结果显示专利引用数与专利价值之间存在正相关性。⑤

国内学者马廷灿等设计了新型专利质量评价体系，并对稀土永磁行业的专利质量评价指标在专利计量中的应用进行研究。⑥ 李云梅等针对科技企业的专利，建立了一套基于 AHP 方法的专利价值评价体系。⑦ 吴蕊等基于模糊综合评价法建立专利价值度指标体系，并借助该指标体系来确定专利价值评估中的收益分

① Chiu Y J, Chen Y W . Using AHP in patent valuation [J]. Mathematical and Computer Modelling, 2007, 46 (7-8): 1054-1062.

② Albino V, Messeni Petruzzelli A, Rotolo D . Measuring Patent Value: An Empirical Analysis of the Us Biotech Industry [J]. SSRN Electronic Journal, 2009.

③ Messinis G . Triadic citations, country biases and patent value: the case of pharmaceuticals [J]. Scientometrics, 2011, 89 (3): 813- 833.

④ Lee K, Lee S . Patterns of technological innovation and evolution in the energy sector: A patent-based approach [J]. Energy Policy, 2013, 59 (Aug.): 415-432.

⑤ Chang K C, Zhou W, Zhang S, et al. Threshold Effects of the Patent H-Index in the Relationship between Patent Citations and Market Value [J]. Journal of the American Society for Information Science and Technology, 2015, 66 (12): 2697-2703.

⑥ 马廷灿, 李桂菊, 姜山, 冯瑞华 . 专利质量评价指标及其在专利计量中的应用 [J]. 图书情报工作, 2012, 56 (24): 89-95+59.

⑦ 李云梅, 雷文婷 . 技术创新型企业专利价值评价模型构建 [J]. 财会通讯, 2013 (29): 42-44.

成率。①

综上所述，评估模型的基本思路是从影响专利价值的三大因素，即技术、法律和市场，来构建专利价值评估指标体系，并采取专家打分法、层次分析法、模糊综合评价法等计算方法。但是这些评价方法非常容易受到专家自身知识和经验等主观因素的影响。因此，如何提高专家评价结果的准确性和可靠性，是评估专业人员亟待解决的一个问题。

五、专利价值评估方法相关研究

根据《资产评估执业准则——无形资产》（2017 年版），无形资产的价值评估方法有市场法、收益法和成本法，以及根据这些基础方法衍生出的新兴方法。有学者把这些专利价值评估方法划分为市场基准和非市场基准两大类（张希，胡元佳，2010）。

在运用市场基准的专利价值评估方法时，资产评估人员需要充分捕捉市场信息才能做出价值判断，最常见的方法即成本法、市场法和收益法。另外一些学者考虑到专利预期收益的不确定性类似于期权这一金融资产，提出了基于实物期权模型的专利价值评估方法。

近些年来随着计算机技术的兴起，一些学者提出了专利价值评估的非市场基准方法，其基本思路是：基于数据库的海量信息，运用实证研究法来分析不同变量与专利价值之间的关系，以此构建专利价值评估模型。② 非市场基准的专利价值评估方法包括机器学习法、引证网络法、系统动力学方法、灰色系统理论等。

本书以"专利价值评估方法"为主题词在中国知网和 Web of Science 核心合集中进行检索，筛选后得到 61 篇文献。本书分析总结了各方法的优劣势，并进行频率统计，统计分析结果如表 2-3 所示。

---

① 吴蕊，李江涛，魏文国. 收益分成率综合评价法中的专利价值度评价指标体系构建[J]. 当代经济，2019（12）：118-121.

② 张希，胡元佳. 非市场基准的专利价值评估方法的理论基础、实证研究和挑战[J]. 软科学，2010，24（9）：142-144.

表 2-3 专利价值评估方法优劣势比较

评 估 方 法		频率/%	优 势	劣 势
市场基准的专利价值评估方法	成本法	0.00	成本信息相对容易获取且相对可靠	成本信息不能反映专利的真正价值
	市场法	0.00	反映专利的当前市场需求和市场价值，易于被接受	专利交易市场尚不完善，难以找到相匹配的专利市场交易价格
	收益法	19.15	是专利价值评估的合理方法，能够反映专利的真实价值	参数预测难度较大
	实物期权法	23.40	考虑到影响专利价值的各种不确定性因素，更贴近实际情况	受假设限制；估算困难；带有主观性
非市场基准的专利价值评估方法	综合评价法	25.53	模型简单易解	评价结果不是以价值金额形式体现的，只能作为参考
	机器学习法	12.77	科学性较高、可靠性较强	还需要不断验证
	引用网络法	10.64	客观、全面	易受主观单一性判断的影响；间隙问题
	系统动力学方法	4.25	实现动态评估，易于计算	建模复杂
	灰色系统理论	4.25	预测精度较高	未考虑随机性

1. 市场基准的评估方法

成本法的基本原理是投资者在购置一项资产时所愿意支付的最高价格不会超过该资产的现行构建成本，如果资产存在贬值，则需在重置成本的基础上将资产贬值部分予以扣除。成本法对于专利价值评估的适用性较差，专利研发作为创造性的智力劳动过程，其研发过程具有较大的不确定性，专利的投入成本与其自身经济价值不具有显性的对应关系。因此成本法在专利价值评估中的应用具有一定局限性。

市场法是指通过对可比专利的交易价格进行修正从而得到待估专利价值的评

估方法。市场法的应用具备两个前提，一是具有活跃的公开交易市场，二是公开市场上有可比资产及其交易活动。然而我国的专利权交易市场尚不成熟，专利权因其具有独特性和非标准性的特点，导致很难在市场上找到相似的可比专利，同时专利权的交易数据作为商业机密往往并不公开。因此市场法大多时候并不适用于专利权价值评估。

收益法通过预测专利在剩余经济寿命内的未来预期收益，选择能够合理反映专利预期收益风险的折现率将预期收益折算成现值。收益法是资产评估人员在估算专利权价值时最常用的方法。但收益法也有一些缺陷，如折现率应恰当反映待估资产所承担的市场风险，其测算存在较高难度；专利技术的剩余获利年限的确定主观性较强；利润分成率涉及诸多因素，尽管可采用三分法或四分法来确定分成率，一些学者也针对分成率进行了研究，如王虹基于多属性综合分析法估算技术分成率；① 吴蕊等提出用模糊综合评价法确定专利收益分成率；② 蒋珂慧通过建立回归模型计算分成率，③ 但这些方法仍不可避免地会受到主观因素的影响。

考虑到专利价值特性与期权工具有相似之处，有学者将期权定价模型引入了专利价值评估领域。刘倬君通过分析专利权的期权特性和内含的期权类型，建立了二叉树专利权价值评估模型；④ 周建将模糊数学与实物期权相结合；⑤ 刘璘琳基于实物期权理论，构建诉讼风险下专利评估模型，帮助解决了传统方法未能充分考虑专利未来获得经济收益风险价值的关联性的问题。⑥ 实物期权法能够充分反映在动态变化的市场环境中专利决策的选择权价值，因而评估结果更具合理性。但该方法的应用同样存在诸多局限，比如假设条件较为苛刻、定价公式计算复杂、参数的选择具有主观性等。

---

① 王虹. 专利资产收益分成率估算方法探究 [D]. 昆明：云南大学，2016.

② 吴蕊，李江涛，魏文国. 收益分成率综合评价法中的专利价值度评价指标体系构建 [J]. 当代经济，2019（12）：118-121.

③ 蒋珂慧. 计算机制造业专利资产评估中收益分成率研究 [D]. 长沙：湖南大学，2018.

④ 刘倬君. 基于二叉树模型的实物期权法在专利权价值评估中的应用研究 [D]. 保定：河北大学，2018.

⑤ 周建. 基于实物期权视角的企业无形资产价值评估研究 [D]. 重庆：重庆理工大学，2018.

⑥ 刘璘琳. 诉讼风险下专利评估模型及分析 [J]. 科技创新与应用，2019（5）：34-32.

2. 非市场基准的评估方法

综合评价法是指通过构建专利价值评估指标体系对专利价值进行评估。在构建专利价值评估指标体系时，层次分析法和模糊综合评价法最为常用。层次分析法首先通过专家对指标间的相对重要程度做出判断，由此确定指标权重，其次运用模糊集合理论对目标专利进行综合评价，得到专利价值的评估结果。王海吉、冷雄辉等就是采用层次分析法和模糊综合评价法来建立评估指标体系并得到评估结果。①

主成分分析法和熵权法也是目前学术界计算专利价值评估指标权重的常用方法。吕晓蓉采用主成分分析法确定各指标权重，该方法能够降低专家主观判断对评价结果的影响。② Zhang 等在建立专利价值评估指标体系的过程中运用熵权法，对专利在技术创新中的价值进行定量评价。③ 资智洪等提出采取定量评价和定性评价相结合的方式，再将定量评价结果和定性评价结果相结合得到专利的综合价值度。④

随着机器学习的不断发展，一些学者将支持向量机、人工神经网络、随机森林等算法引入专利价值评估领域。国外学者 Ercan 等提出基于支持向量机来构建一个稳健的模型来帮助专利权人确定申诉是否有获得批准的机会，通过家电行业的专利数据来进行模型的训练。⑤ 邱一卉等则运用分类回归树模型来构建专利价值评估体系。⑥ 机器学习法是专利价值评估的新兴方法，在提高专利价值评估效

① 王海吉. 专利资产证券化中的专利价值评估研究［D］. 北京：对外经济贸易大学，2019.

② 吕晓蓉. 专利价值评估指标体系与专利技术质量评价实证研究［J］. 科技进步与对策，2014，31（20）：113-116.

③ Zhang Y, Qian Y, Huang Y, et al. An entropy-based indicator system for measuring the potential of patents in technological innovation: rejecting moderation［J］. Scientometrics, 2017, 111（3）: 1925-1946.

④ 资智洪，何燕玲，袁杰，文毅，王峻岭. 专利价值二元分类评估方法的构建及应用［J］. 科技管理研究，2017，37（11）：129-135.

⑤ Ercan S, Kayakutlu G. Patent value analysis using support vector machines［J］. Soft Computing, 2014, 18（2）: 313-328.

⑥ 邱一卉，张驰雨，陈水宣. 基于分类回归树算法的专利价值评估指标体系研究［J］. 厦门大学学报（自然科学版），2017，56（2）：244-251.

率和准确率方面都有着一定的优势，但目前这一方面的研究尚浅，还需要进一步深入验证。

引用网络法是一种基于专利的引用和被引用关系进行价值评估的新兴方法。胡小君等基于专利向心引用网络研究专利评价体系各指标间的相互关系。① 冯岭提出了一种基于潜在引用网络的专利价值评估方法。② 引用网络法从专利的引用和被引用关系出发，为评估专利的技术价值带来了新的视角，弥补了主观经验判断的缺陷。

此外，诸多学者采用了新的视角和方法来探索专利价值评估方法。吕晓蓉指出专利价值的形成是一个动态过程，并创建了专利评估的系统动力学模型，解决了传统评估模型中对预期收益预测的不确定性问题。③ 舒服华对模糊综合评价法进行改进，将模糊数学和灰色系统理论这两种方法有机结合，既能保证模糊性的评价规则，又能增强评价结果的合理性。④ 王子焉等运用灰色关联分析（GCA）和随机森林回归（RFR）来构建专利价值评估模型，该模型具有稳健性强的特点，能够较好地解决小样本问题。⑤ 学术界不断探索与时俱进的新型专利价值评估方法，力求提升评估的科学性、合理性、高效性。但目前大多新兴方法仍处于理论研究阶段，在实务界的应用程度很低。

虽然关于专利价值评估的研究成果丰硕，但理论研究成果与实践仍存在脱节。基于价值指标的分析虽然考虑了影响专利价值的各种因素，但指标体系过于复杂，指标参数确定需要过多的专家主观评价，影响了这些指标体系的操作性。另外，专利价值指标评价体系虽然揭示了影响专利价值的相关信息，但实践中往往需要确定专利的经济价值的一个具体数值或区间，从而限制了专利价值评价指

---

① 胡小君，陈劲. 基于专利结构化数据的专利价值评估指标研究 ［J］. 科学学研究，2014，32（3）：343-351.

② 冯岭. 基于关联的专利评估与预测方法研究 ［D］. 武汉：武汉大学，2016.

③ 吕晓蓉. 专利价值评估的动态模拟方法研究 ［J］. 科技进步与对策，2017，34（3）：117-122.

④ 舒服华. 基于模糊灰色评价法的发明专利价值评价 ［J］. 中国资产评估，2018（5）：33-38.

⑤ 王子焉，倪渊，张健. 基于灰色关联分析——随机森林回归的网络平台专利价值评估方法研究 ［J］. 情报理论与实践，2019，42（10）：109-116.

标体系的应用。

以专利经济价值为核心的专利价值评估体系，仍以传统的成本法、收益法和市场法为基础，难以有效反映专利技术的价值弹性、应用领域和应用方式多样性，以及专利应用的期权特性。虽然有大量学者致力于运用期权模型评估专利价值，但由于缺少和已有评估方法的结合，再加上期权模型的参数确定存在较高的技术门槛，使得该方法的应用存在障碍。因此，基于已有的专利评价和专利价值评估方法，把定性分析和定量分析相结合，开发一个基于自动分析和专家判断的专利价值整合评估模型尤为必要。

第三节 关于商标价值评估的研究

通过对 Website of Science 和 CNKI 数据库的核心期刊中有关商标权价值评估以及品牌价值评估为主题的文献进行数据收集，通过文献的整理，最终从商标与品牌的关系、商标权价值、商标权价值评估方法三个内容展开对国内外学者的研究现状进行综述。

一、商标与品牌关系的相关研究

1. 商标与品牌的关系

商标和品牌是一组关系较为模糊的概念，学术界对于两者的界定说法不一。有的学者从两者的内涵进行区分，如权忠光（2018）认为品牌比商标的内涵更广，商标只是一个名称或是一个独特的符号，用于识别属于一个生产商或一组生产商的产品或服务，并将这些产品或服务与竞争对手的产品或服务区分开来；品牌除了拥有与商标一样的语言和视觉上的身份，它还象征着购买者和产品之间的情感关系，尤其是基于品牌本身所表达的价值观的关系。有些学者从法律地位的角度将两者区分，如康微（2001）认为商标是法律概念，商标法规定商标是一种独特的标识符，当商标所有人在规定的地区注册后就拥有了该商标的专用权，并受知识产权法保护，但品牌是一个市场概念，不具有和商标同等的法律地位，且品牌的专用权也不受专门的法律保护。有的学者还认为商标只是品牌组成的一部分，如王玉娟（2005）、Ailawadi 等（2003）认为一个品牌可以包含一个名称、术语、设计或符号，而这些名称、术语、设计或符号通常是商标，但也可以是这些商标的任意组合。因此，品牌可以代表一系列商标。例如，可口可乐这一知名软饮料品牌就代表着一系列的商标。同时，消费者对品牌的认知不仅是通过商标等可以图形化表示的标志形成的，而且还可以通过声誉和形象等无形资产形成。因此，商标可以说是品牌露出的"冰山一角"。

以上表述表明商标与品牌有许多不同点，但本书认为商标与品牌其实是两个不完全重叠的概念。经注册的商标是品牌的法律基石，它可以保护品牌价值不受侵害，因为注册商标可以保护品牌免受搭便车行为或竞争对手有害活动的侵害，而品牌则是商标的升华，品牌知名度越高，认同感越强，商标的价值就越大。

2. 商标权评估与品牌评估的关系

国内外学者如李友俊（2005）、Zavattaro（2014）等认为品牌与商标权一样都是无形资产。因此，两者的评估都应属于无形资产评估。刘尔奎认为品牌评估的对象就是商标权的价值，因为两者都是用来识别和区分生产商提供的产品和服务的标志，因此两者在产生的原因上是相同的。然而贺寿天认为两者还是有区别的：一是评估范围不同，商标权价值评估需要分离销售网络、商誉等无形资产的价值，而品牌价值评估则不需要细分，故商标权评估范围明显小于品牌；二是评估对象不同，品牌价值评估主要集中于知名品牌，普通的品牌通常不具备独立价值。但商标权与之不同，只要企业在创造商标的过程中付出了设计费用和注册费用，即使在后续的产品中没有使用该商标，但其商标权本身仍有价值。由于商标与品牌的功能在本质上大致相同，随着商业化的发展，使得两者在评估范围上也日益趋同并融合。

当一个品牌背后只有一个核心商标权作为其法律基础，该企业注册的其他商标都是为了围绕着这个核心商标权，使其不受侵犯，且该品牌产生的声誉也是以该商标权作为载体时，即商标品牌化完成。这时，商标权的评估对象和范围也就与品牌评估对象和范围就是一致的。例如，贵阳南明老干妈风味食品有限责任公司，其最著名且最有价值的商标就是"老干妈"，但该公司为了保护自己商标或品牌价值不受侵犯，围绕着"老干妈"商标注册了多个保护性商标，如"干妈""老于妈""老千妈"等这一类型的商标。那么当我们评估老干妈这个商标权价值时也就是在评估这个品牌的价值。因此，对于某些特定的商标权和品牌，两者的评估方法是可以相互借鉴的。

二、商标权价值属性及价值影响因素研究

商标权价值属性可以从多个维度分析。王文炯（2016）、陶丽琴等（2011）、Krasnikov 等（2009）认为商标权价值具有经济属性和法律属性。经济属性表现为两个方面：一是商标权能对公司的财务价值产生积极影响，可以保护企业的优势从而使企业产生更高的收入溢价，增强企业在市场竞争力，并保持这种竞争优势长期有效。同时，企业可以利用商标权的优势进行品牌延伸，帮助企业节约进入更有利可图的产品市场的成本，所有这些都对公司的财务价值产生了积极影响。二是从消费者角度看，在商品市场信息不对称情况下，消费者更倾向于购买拥有知名商标的产品或服务，这种购买行为可以为企业带来超额利润，因此由消费者认可度产生的价值就构成了商标权价值。本书认为，随着知识产权交易市场的活跃，企业经常通过向第三方（即被许可方）授予商标使用权的许可，允许其将公司商标与被许可方的产品和服务结合使用以换取使用费，这也体现出商标权价值的经济属性。

商标权价值的法律属性源自于商标权的法律特性，即专有性、时间性和地域性。专有性表现为在商标法的保护下依法排斥他人使用相同或近似的商标；时间性是指商标权在法定保护期限内有效；地域性是指商标在注册地区受到法律保护。

胡宏雁（2016）和 Nasirov（2020）从商标本身考虑，认为商标的特征是商标权价值的重要影响因子，而这些特征来自公司的品牌战略和商标法。与品牌战略相关的特征表现为：一是商标的年龄，商标越"老"，价值越大，这是因为长时间对商标维护和更新所产生的沉没成本以及消费者会更信赖"老"商标；二是商标的独特性，这些具有独特性的商标能保护品牌延伸从而使企业通过实施品牌延伸战略来节省产品引进和促销支出；三是商标的广度，即一个商标覆盖的产品类别越多，它的价值就越大，这主要是因为更广泛的商标保护了多个行业中品牌的多个方面，降低了被竞争对手复制的风险。与商标法相关的特征表现为：一是是否为注册商标，只有注册商标才能取得商标专有权，未经注册的商标，一般得不到法律的保护，因此可能一文不值；二是具有公认的不可辩驳性的商标具有更

大的价值，根据美国商标法，在注册日后连续五年使用商标并满足其他法律要求，商标所有人可以获得商标专用权的不可辩驳的地位，这可以保证商标所有人对商标的所有权的有效性以及商标所有人在指定商品上使用商标的专有权不受质疑，这也意味着商标权的风险将很小。

王涛（2006）从供求理论的角度来考虑商标权价值的影响因素，他认为商标所属类别的产业集中度、产业生命周期的不同阶段是商标权价值的重要影响因素。在产业集中度低的行业企业通常对商标需求量较大，根据经济学的供求关系原理，那么商标权的价值也就越大。同时，在处于产业生命周期成长阶段的行业，其企业数量迅速增加，产品品种不断推陈出新，新品牌不断涌现，也增大了对商标权的需求量，从而提高了商标权的价值。也有学者从商标权依附的产品和服务进行分析，提出产品或服务对商标权价值的影响因素有以下几个方面：一是该产品或服务的市场占有率；二是该产品或服务的获利能力；三是该产品或服务所在的市场特性，所在的市场越大且越稳定，那么该产品的获利能力也就越强，商标权的价值也就越大。

由上述可知，近年来国内外学者对商标权价值的内部影响因素的研究已经比较全面，但商标权价值的外部影响因素还可以从宏观层面进行分析。国家的总体经济发展形势、商标权所在行业的发展情况以及法律法规政策等宏观因素都直接或间接的影响商标权的价值。如经济形势越好，则知识产权交易活动越频繁，那么商标权的需求量也会更大，其价值量也就越大。

三、商标权价值评估方法相关研究

Lagrost 和 Martin 等（2010）认为商标权的评估方法可分为定性或定量。定量方法包括：成本法、市场法、收益法和期权法。定性方法主要有评级或评分法。定量方法是客观的系统性方法，它可以描述为使用任何数值信息或可测量数据的技术。从评估结果来看，定量方法试图计算商标权的货币或经济价值。定性方法是通过分析商标权的性质、状态或特征，严格审查商标权的当前或预期用途。定性评估通常被认为是一种解释性和主观的评估，主要通过对商标权的评级和打分来提供价值参考，其分析结果通常不以货币表示。从用途来看，定性评估方法用于商标权的管理以及业务策略比较、分类和排名投资组合中的商标权或相对于竞争对手的商标权。定量分析法适合公司的买卖、建立合资企业或进行合并和收购，或是商标权进行销售和许可交易或是通过抵押贷款、风险投资或其他投资筹集资金等，这些情况就需要精确地评估商标权的价值。

目前用于商标权价值评估的主要方法还是基于财务视角的三大传统方法：收益法、市场法和成本法。但许多国内外学者认为这三种方法在评估实践中应用的随意性较大，无法准确评估商标权的价值。如刘红霞（2013）等对这三大方法的缺点进行了分析，他们认为收益法是计算商标权在经济寿命期间的未来预期收益，并应用适当的折现率将其转换为现值。这种方法的主要问题之一是难以确定用于计算资产在特定日期价值的折现率。而事实上，各种因素都会影响这一折现率，如通货膨胀、流动性或风险溢价。同时，商标权作为典型的无形资产，其未来的收益具有很大的不确定性，其价值更像一种期权价值。成本法是通过计算获得或创建商标权所需的费用作为商标权的价值，但这个方法只考虑了成本因素，而商标权的价值不一定等于成本，并且商标权作为一项知识产权，其价值与成本的关联性很小。市场法是通过研究与被分析资产相似或可比的资产的可比市场交易来提供价值指示，但是可比对象的选择比较困难，特别是对于商标权这样特定的知识产权。同时，为确保市场交易具有可比性，需要充分了解与商标权相关的交易或出售有关的定价、范围和条款，一旦这些条件出现差异，那么用市场法评估的准确性就会受到影响。

相对于前面三大基础方法，期权定价模型也被引入商标权价值评估中。对于期权的认识，杨建奇（2008）认为期权就是选择权，期权的持有人在约定的时间、按约定的价格向出售方买入或卖出一定数量的基础资产。期权提供在未来某一天或之前以特定价格购买或出售某物的权利，但不是义务。运用期权法进行商标权价值评估的优点是能够考虑到商标权管理的灵活性，缺点是建立这些模型的技术很复杂且对基本假设和参数变化的敏感性很高。

Lagrost 和 Martin（2010）认为评级和评分过程是根据影响商标权的价值的因素分配比率或分数来评估商标权。主要由五部分组成：评分标准（影响商标权价值的因素）、评分系统（分配给评分标准的值）、评分量表（应用评分系统的方法）、权重因子（应用于评分系统以区分评分标准重要性的因子），以及决策表的使用（评分标准、评分系统和权重的组合，将产生所分析知识产权资产的综合评分）。Aaker（1996）提出品牌资产评估方法将品牌的十个关键特征分为五类，然后通过对品牌绩效和实力的分析来评估品牌资产。这一方法不像定量分析法那样准确计算品牌的经济价值，而是基于品牌的实力进行打分，这样做可以通过评估关键绩效变量来衡量品牌的价值。同时，由于该方法依赖主观的分析评分，通常适用于与同一竞争环境中的其他品牌进行比较。在该方法中，品牌价值＝（价格优势+满意度/忠诚度）＋（感知质量+领导品牌的受欢迎程度）＋（感知价值+品牌个性+公司联想）＋品牌知名度+（市场价格和分销区域+市场份额）。

第四节 中国的知识产权评估法律政策与准则体系现状分析

一、我国知识产权评估的法律与政策现状

2016 年 12 月实施的《中华人民共和国资产评估法》是我国资产评估行业的首部基本大法，标志着我国资产评估行业进入依法治理新时代。知识产权评估也必须在该项法律下开展。除了这部评估行业的基本法外，知识产权评估还在其他相关的法律中有相关的规定。课题组查阅了知识产权的专门法律，规范市场经济行为的《公司法》《合伙企业法》《证券法》等法律文件，以及相关政府部门出台的《国有资产评估管理办法》《国有资产评估管理若干问题的规定》等部门法规，对需要实施知识产权评估的情景及要求、不同经济行为涉及的相关法律规定进行了梳理，分别如表 2-4 和表 2-5 所示。

表 2-4　　　　　　　　　　　知识产权评估相关法律要求

相关法律名称	实施日期	评估情景及要求
《中华人民共和国著作权法》（2020 修正）	2021 年 6 月 1 日	规定著作权许可使用合同中应包含付酬标准和办法，同时规定转让合同中需要明确转让价金
《中华人民共和国专利法》（2020 修正）	2021 年 6 月 1 日	在多处条文中提及专利使用费、专利许可使用费等内容

续表

相关法律名称	实施日期	评估情景及要求
《中华人民共和国民法典》	2021 年 1 月 1 日	规定知识产权出质时的价值界定情景
《中华人民共和国商标法》（2019 修正）	2019 年 11 月 1 日	转让注册商标的，商标注册人对其在同一种商品上注册的近似的商标，或者在类似商品上注册的相同或者近似的商标，应当一并转让 同时在多处条文中提及商标转让费、商标使用费等内容
《中华人民共和国公司法》（2018 修正）	2018 年 10 月 26 日	规定股东用知识产权出资时应当评估作价
《中华人民共和国资产评估法》	2016 年 12 月	"自然人、法人或者其他组织需要确定评估对象价值的，可以自愿委托评估机构评估。涉及国有资产或者公共利益等事项，法律、行政法规规定需要评估的（以下称法定评估），应当依法委托评估机构评估。"
《中华人民共和国企业国有资产法》	2009 年 5 月 1 日	企业改制时涉及知识产权折算为国有资本出资或者股份的，应当按照规定进行评估

表 2-5　　　　　**不同经济行为对知识产权评估的相关规定**

知识产权相关经济行为	相关法律规定
知识产权出资	《公司法》（2014 年修订）第二十七条："对作为出资的非货币财产应当评估作价，核实财产，不得高估或者低估作价。"《财政部工商局关于加强以非货币资产出资的评估管理若干问题的通知（财企〔2009〕46 号）》规定，"一、有下列情形之一的，应当进行资产评估：（一）投资人以非货币资产出资的……二、以非货币财产出资评估，投资人应当委托依法设立的资产评估机构进行。三、以非货币财产出资的投资人，应当对所提供的非货币财产的真实性、合法性承担责任。"

续表

知识产权相关经济行为	相关法律规定
知识产权质押	《金融企业国有资产评估监督管理暂行办法》（2008 财政部令第 47 号）第六条：（九）接受非货币性资产抵押或者质押的
知识产权资产转让	《企业国有资产评估管理暂行办法》（2005 国资委 12 号令）第六条 企业有下列行为之一的，应当对相关资产进行评估：（六）资产转让、置换
知识产权对外投资	《企业国有资产评估管理暂行办法》（2005 国资委 12 号令）第六条 企业有下列行为之一的，应当对相关资产进行评估：（二）以非货币资产对外投资
知识产权涉诉	《企业国有资产评估管理暂行办法》（2005 国资委 12 号令）第六条 企业有下列行为之一的，应当对相关资产进行评估：（九）资产涉讼
知识产权资产置换	《企业国有资产评估管理暂行办法》（2005 国资委 12 号令）第六条 企业有下列行为之一的，应当对相关资产进行评估：（六）资产转让、置换
知识产权拍卖	《金融企业国有资产评估监督管理暂行办法》（2008 财政部令第 47 号）第六条金融企业有下列情形之一的，应当委托资产评估机构进行资产评估：（六）资产转让、置换、拍卖
知识产权还债	《金融企业国有资产评估监督管理暂行办法》（2008 财政部令第 47 号）第六条金融企业有下列情形之一的，应当委托资产评估机构进行资产评估：（十一）以非货币性资产抵债或者接受抵债的；《企业国有资产评估管理暂行办法》（2005 国资委 12 号令）第六条 企业有下列行为之一的，应当对相关资产进行评估：（八）以非货币资产偿还债务
知识产权资产减值测试	《财政部工商局关于加强以非货币资产出资的评估管理若干问题的通知（财企〔2009〕46 号）》："一、有下列情形之一的，应当进行资产评估：（二）在验资或申请工商登记时，验资机构或者投资人发现用作出资的非货币资产与评估基准日时的资产状态、使用方式、市场环境等方面发生显著变化，或者由于评估假设已经发生重大变化，可能导致资产价值发生重大变化的。"《企业会计准则第 8 号——资产减值》（财会〔2006〕3 号）第四条规定，"企业应当在资产负债表日判断资产是否存在可能发生减值的迹象。因企业合并所形成的商誉和使用寿命不确定的无形资产，无论是否存在减值迹象，每年都应当进行减值测试"
其他法律、行政法规规定	上述法律法规指出的其他情况也需要资产评估机构进行评估

从表 2-5 的相关法规中可以看出，法律要求应当对知识产权资产进行评估的经济行为主要包括知识产权出资、知识产权质押、知识产权转让、知识产权对外投资、知识产权诉讼、知识产权资产置换、知识产权拍卖、知识产权资产减值测试，以及其他法律法规有规定的情形。这些法律法规的相关规定对知识产权价值进行评估的要求具有强制性，而知识产权价值分析、评价则是非强制性的行为，这是知识产权价值分析、评价与知识产权资产评估的重大区别。

知识产权评估的相关政策和规划文件较多。本书对 2008 年以来的相关政策和规划文件进行梳理，如表 2-6 所示。这些政策和规划分三个层级，第一层级是中共中央办公厅、国务院、国务院办公厅发布的国家层面的政策和规划；第二层级是国家部委单独制定发布或联合发布的相关政策和规划；第三层级是行业协会发布的相关政策和规划。从这些政策和规划可以看出，知识产权评估在国家层面的相关政策和规划中经常出现，反映了国家层面对知识产权评估的高度重视。在第二层级的政策和规划里面，国家知识产权局是涉及知识产权评估的主要政府部门，虽然大多政策和规划财政部均有参与，有利于发挥知识产权评估工作与其他相关政府部门的协调，但在知识产权评估的界定上不明确，例如，知识产权评估与知识产权评价的关系，国家知识产权局和财政部、中国资产评估协会在知识产权评估相关工作上的衔接和协调等机制缺少规范。

表 2-6　　　　　　　　　　　知识产权评估相关政策与规划

政策与规划		
《"十四五"国家知识产权保护和运用规划》（国发〔2021〕20号）（国务院）	2021 年 10 月 9 日	建立知识产权侵权损害评估制度。完善无形资产评估制度，形成激励与监管相协调的管理机制。健全知识产权价值评估体系，鼓励开发智能化知识产权评估工具。引导知识产权代理、法律、信息、咨询、运营服务向专业化和高水平发展，拓展知识产权投融资、保险、资产评估等增值服务，促进知识产权服务业新业态新模式发展

续表

政策与规划		
《知识产权强国建设纲要（2021—2035 年）》（国务院）	2021 年 9 月 22 日	培育国际化、市场化、专业化知识产权服务机构。支持开展知识产权资产评估、交易、转化、托管、投融资等增值服务。完善无形资产评估制度，形成激励与监管相协调的管理机制
《关于完善科技成果评价机制的指导意见》（国办发〔2021〕26 号）（国务院办公厅）	2021 年 7 月 16 日	大力发展科技成果市场化评价。健全协议定价、挂牌交易、拍卖、资产评估等多元化科技成果市场交易定价模式，加快建设现代化高水平技术交易市场。引导规范科技成果第三方评价。发挥行业协会、学会、研究会、专业化评估机构等在科技成果评价中的作用。健全科技成果转化有关资产评估管理机制，明确国有无形资产管理的边界和红线，优化科技成果转化管理流程
《关于强化知识产权保护的意见》（中共中央办公厅 国务院办公厅）	2019 年 11 月 24 日	强调探索加强知识产权侵权鉴定能力建设，研究建立侵权损害评估制度，进一步加强司法鉴定机构专业化、程序规范化建设
《关于加强战略性新兴产业知识产权工作的若干意见》（国办发〔2012〕28 号）（国务院办公厅）	2012 年 4 月 28 日	形成以咨询、评估、金融、法律等为重点，全方位配套、一体化衔接的知识产权服务体系和以知识产权为纽带的产学研合作机制
《文化体制改革中经营性文化事业单位转制为企业和进一步支持文化企业发展两个规定的通知》（国办发〔2018〕124 号）（国务院办公厅）	2018 年 12 月 18 日	经营性文化事业单位转制为企业，要认真做好资产清查、资产评估、产权登记等基础工作，依法落实原有债权债务。针对文化企业的特点，研究制定知识产权、文化品牌等无形资产的评估、质押、登记、托管、投资、流转和变现等办法

政策与规划		
《知识产权对外转让有关工作办法（试行）》（国务院办公厅）	2018 年 3 月 18 日	强调各行政主体要强化知识产权对外转让情境下的审查机制（未明确提出涉及知识产权评估相关内容）
《"十三五"国家知识产权保护和运用规划》（国发〔2016〕86 号）（国务院）	2016 年 12 月 30 日	要求研究建立商标价值评估体系；完善知识产权资产的财务、评估等管理制度及相关会计准则，引导企业发布知识产权经营报告书
《国务院关于新形势下加快知识产权强国建设的若干意见》重点任务分工方案（国办函〔2016〕66 号）（国务院办公厅）	2016 年 7 月 8 日	推动企业建立知识产权分析评议机制，重点针对人才引进、国际参展、产品和技术进出口等活动开展知识产权风险评估，提高企业应对知识产权国际纠纷能力（未明确提出涉及知识产权评估相关内容）
《关于新形势下加快知识产权强国建设的若干意见》（国务院）	2015 年 12 月 18 日	细化会计准则规定，推动企业科学核算和管理知识产权资产。支持研究机构和社会组织制定品牌评价国际标准，建立品牌价值评价体系。加强知识产权专业人才队伍建设（未明确提出涉及知识产权评估相关内容）
《深入实施国家知识产权战略行动计划（2014—2020 年）》（国办发〔2014〕64 号）（国务院办公厅）	2014 年 12 月 10 日	建立健全知识产权价值分析标准和评估方法，完善会计准则及其相关资产管理制度，推动企业在并购、股权流转、对外投资等活动中加强知识产权资产管理
《知识产权人才"十四五"规划》（国知发人字〔2021〕38 号）（国家知识产权局）	2021 年 12 月 31 日	提高相关机构和人员知识产权质押、保险、证券化等金融服务能力，提升知识产权评估水平
《关于进一步推动文化文物单位文化创意产品开发的若干措施》（文化和旅游部、中央宣传部、国家发展改革委、财政部、人力资源社会保障部、市场监管总局、国家文物局、国家知识产权局）	2021 年 8 月 17 日	文化文物单位对用于投资设立文化创意产品开发企业、对外授权合作开发文化创意产品的知识产权要进行专门评估、规范管理，原则上应由第三方专业资产评估机构进行评估，合理确定知识产权价值

续表

政策与规划		
《关于促进和规范知识产权运营工作的通知》（国家知识产权局）	2021 年 7 月 27 日	鼓励评估服务机构开发针对不同应用场景的知识产权评估工具，围绕创新主体、市场主体的转让许可、投资融资等需求，提供规范、便捷的知识产权评估服务。引导企业建立知识产权质量评价和价值评估机制，对知识产权在企业竞争力中的作用进行定性定量分析，指导企业科学管理和使用知识产权
《2020 年深入实施国家知识产权战略加快建设知识产权强国推进计划》（国务院知识产权战略实施工作部际联席会议办公室）	2020 年 5 月	要加快制定出台促进知识产权服务业高质量发展的政策文件，高标准推进知识产权服务业集聚区建设，打造服务业品牌机构（未明确提出涉及知识产权评估相关内容）
《关于组织开展国家知识产权试点示范工作评估的通知》（国家知识产权局）	2020 年 10 月 9 日	对近五年国家知识产权强省建设试点省、试点示范城市、试点示范县、试点示范园区、优势示范企业等各类知识产权试点示范工作的开展情况和成效进行评估。从知识产权创造质量、运用效益、保护力度、意识和环境，以及知识产权促进区域经济发展等方面评估试点示范工作取得的总体成效（未明确提出涉及知识产权评估相关内容）
《关于推进中央企业知识产权工作高质量发展的指导意见》（国资发科创规〔2020〕15 号）（国资委、知识产权局）	2020 年 2 月 26 日	加强知识产权合规使用。在知识产权许可、转让、收购时，通过评估、协议、挂牌交易、拍卖等市场化方式确定价格。建立知识产权运营平台。建立服务于科技成果转移转化的知识产权运营服务平台，为企业知识产权提供咨询、评估、经纪、交易、信息、代理等服务
《服务业创新发展大纲（2017—2025 年）》（发改规划〔2017〕1116 号）（国家发展改革委）	2017 年 6 月	大力发展知识产权服务，完善知识产权交易和中介服务体系，建设专利运营与产业化服务平台（未明确提出涉及知识产权评估相关内容）

续表

政策与规划		
《关于抓紧落实专利质押融资有关工作的通知》（国知办函管字〔2017〕733号）（国家知识产权局）	2017年10月19日	强化专利项目担保和资产评估服务，鼓励引进或培育专利资产评估等服务机构，加强业务培训，提升服务能力；探索建立科学、快捷的专利资产评估模式，加强对专利资产评估服务的规范、指导和监督
资产评估行业财政监督管理办法（财政部）	2017年4月21日	加强资产评估行业财政监督管理
《贯彻落实〈深入实施国家知识产权战略行动计划（2014—2020年）〉实施方案》（工业和信息化部）	2015年7月31日	实施"行业知识产权服务能力提升工程"。依托专业机构，创建一批布局合理、开放协同、市场化运作的产业知识产权服务平台。支持服务平台集成、优化配置各类知识产权资源，开展信息分析研究、转移转让、价值评估、风险预警、创业辅导和实务培训等服务。加强部属高校知识产权专业建设，尽快形成具有行业特色的知识产权专业人才培养体系和培养基地
《关于进一步加强知识产权运用和保护助力创新创业的意见》（国家知识产权局、财政部、人力资源社会保障部、中华全国总工会、共青团中央）	2015年9月7日	完善知识产权估值、质押、流转体系，推进知识产权质押融资服务实现普遍化、常态化和规模化
《关于进一步推动知识产权金融服务工作的意见》（国知发管字〔2015〕21号）（国家知识产权局）	2015年3月30日	开展本地区知识产权出资情况调查，了解有关知识产权和企业发展现状，会同工商等部门建立项目资料库；开展对出资知识产权的评估评价服务，推进专利价值分析指标体系运用，结合知识产权资产评估方法，对专利项目进行科学合理评价，支持专利投融资工作有效开展

续表

政策与规划		
《关于知识产权服务标准体系建设的指导意见》（国家知识产权局、国家标准委、工商总局、版权局）	2014 年 12 月 31 日	推进知识产权评估、价值分析、交易、转化、质押、投融资、运营等商用化服务标准的制修订工作。加快知识产权资产评估服务、知识产权质押融资服务、知识产权价值分析服务等服务标准的出台
《关于深入实施国家知识产权战略 加强和改进知识产权管理的若干意见》（知识产权局、教育部、科技部、工业和信息化部、国资委、工商总局、版权局、中国科学院）	2014 年 7 月 15 日	建立健全知识产权资产管理制度。建立健全知识产权资产价值评估体系。鼓励建设多方参与、机制开放、资源共享，集交易、评估、投融资服务于一体的知识产权运营中心
《关于大力推进体制机制创新 扎实做好科技金融服务的意见》（中国人民银行、科技部、银监会、证监会、保监会、知识产权局）	2014 年 1 月 7 日	大力发展知识产权质押融资。加强知识产权评估、登记、托管、流转服务能力建设，规范知识产权价值分析和评估标准
《关于商业银行知识产权质押贷款业务的指导意见》（中国银监会、国家知识产权局、国家工商行政管理总局、国家版权局）	2013 年 1 月 21 日	建立和健全知识产权质押评估管理。商业银行要建立和完善知识产权质押评估管理制度，审慎评估知识产权质押风险，定期或不定期地动态评估质物的质量。商业银行可以委托专业评估机构对出质知识产权进行评估，也可以自行评估。委托外部机构评估的，要建立评估价值复核认定机制。商业银行、出质人或借款人可以委托一家或多家知识产权评估机构完成知识产权评估工作

续表

政策与规划		
《关于加强知识产权质押融资与评估管理支持中小企业发展的通知》（财政部、工业和信息化部、银监会、国家知识产权局、国家工商行政管理总局、国家版权局）	2010 年 8 月 12 日	完善知识产权质押评估管理制度，加强评估质量管理，防范知识产权评估风险。各有关部门要引导商业银行、融资性担保机构充分利用资产评估在知识产权质押融资中的作用，促进知识产权、资产评估、法律及财政金融等方面的专业协作。要进一步加强知识产权、资产评估、金融等专业知识培训和业务交流，开展相关政策与理论研究，提升商业银行、融资性担保机构、资产评估机构等组织及有关从业人员的专业能力。建立知识产权质押物价值动态评估机制，落实风险防控措施。鼓励商业银行、融资性担保机构、中小企业充分利用专业评估服务，由经财政部门批准设立的具有知识产权评估专业胜任能力的资产评估机构，对需要评估的质押知识产权进行评估。要监督资产评估机构按照国家有关规定合理收取评估费用，制止资产评估机构低价恶性竞争或超标准收费行为
《"十四五"时期资产评估行业发展规划》（中国资产评估协会）	2021 年 9 月 22 日	服务知识产权有序流转，健全知识产权评估体系
关于开展全国知识产权资产评估状况调查工作的通知（国家知识产权局办公室、中国资产评估协会）	2008 年 9 月 1 日	面向资产评估机构、资产评估师、企业、大学与科研院所、知识产权系统及相关部门、金融机构五类主体设置综合调查问卷

　　如果从这些政策和规划的时间序列来看，也可以发现相关政策和规划关于知识产权评估的内容也在不断深化。早期的知识产权评估相关政策、规划的条文内

容所涉及的方面较为基础，大多就了解知识产权评估现状、健全知识产权价值分析标准和评估方法等方面提出目标和指导意见。如 2015 年 10 月实施的《深入实施国家知识产权战略行动计划（2014—2020 年）》提到要建立健全知识产权价值分析标准和评估方法等相关内容。2016 年及以后的政策、规划的侧重点在于制定并完善知识产权评估相关应用情景的要求和规定。例如，2018 年 3 月实施的《国务院办公厅关于印发〈知识产权对外转让有关工作办法〉（试行）》的通知中指出，强调各行政主体要强化知识产权对外转让情境下的审查机制，这一表述就知识产权对外转让情景作出了指示；2021 年 10 月实施的《"十四五"国家知识产权保护和运用规划》指出要建立知识产权侵权损害评估制度，这一表述对知识产权侵权赔偿作出了指示。

随着时间推移，相关政策、规划条文内容的侧重点更为前沿、先进，强调需要运用新兴的科学技术，提升知识产权评估的科技化、智能化水平。如 2021 年 7 月实施的《国务院办公厅关于完善科技成果评价机制的指导意见（国办发〔2021〕26 号）》指出，要大力发展科技成果市场化评价。2021 年 7 月实施的《国家知识产权局关于促进和规范知识产权运营工作的通知》中指出，要运用大数据和智能化技术，发挥知识产权评估案例参考作用，提升知识产权评估服务的专业化、智能化水平。这一表述将智能评估提上了议程，为知识产权价值评估提供了新思路和新方案。

二、中国知识产权评估准则与规范文件现状

当前关于知识产权评估的实践中，特别是在知识产权质押融资的相关报道中，大量提到知识产权评估缺乏相关标准和规范，影响了知识产权评估的公信力。事实上，我国财政部早就制定了相对完善的资产评估准则体系，规范资产评估执业活动，保障知识产权评估服务质量。

我国的第一项资产评估准则就是无形资产评估准则。由于资本市场无形资产相关经济行为日益活跃，而无形资产价值波动较大，评估面临更大挑战，因此在资产评估基本准则还未出台的情况下，财政部于 2001 年 7 月 23 日率先制定和发布了《资产评估准则——无形资产》（财会〔2001〕1051 号）。此后，中国资产评估协会加快了资产评估准则体系的建设。2006 年，财政部和国家知识产权局

发布了《财政部、国家知识产权局关于加强知识产权资产评估管理工作若干问题的通知》，要求资产评估机构严格遵守资产评估准则和规范。这标志着政府部门对评估准则的认可，也是我国知识产权评估体系完善的重要基础。

2007年11月28日，财政部、中国资产评估协会在人民大会堂举行中国资产评估准则体系发布会。会议发布了包括8项新准则在内的15项资产评估准则，同时宣布成立财政部资产评估准则委员会。

2016年7月2日《中华人民共和国资产评估法》（简称《资产评估法》）通过，并自2016年12月1日起施行。为贯彻落实《资产评估法》，满足行业监管需求和执业需求，财政部和中国资产评估协会于2017年对我国已有的资产评估准则进行了全面修订。根据《资产评估法》的相关规定，财政部制定了《资产评估行业监督管理办法》，规定财政部门认定虚假资产评估报告和重大遗漏资产评估报告，应当以资产评估准则为依据，组织相关专家进行专业技术论证，也可以委托资产评估协会组织专家提供专业技术支持。资产评估法律法规和评估准则提高了对资产评估从业人员的执业要求，同时有助于虚假报告的认定，能够更有效地约束资产评估执业行为。目前我国已形成了三个层面的执业标准：第一个层面为《资产评估法》，是执行资产评估业务的法律依据；第二个层面为财政部根据《资产评估法》制定的《资产评估行业财政监督管理办法》；第三个层面为资产评估准则。

我国的资产评估准则经过不断修订和发展，已经比较完善，能够基本适应各种评估实务的需求。我国的资产评估准则体系是由《资产评估基本准则》《资产评估职业道德准则》和若干资产评估执业准则三部分构成。资产评估基本准则由财政部制定，是资产评估专业人员执行各种资产类型、各种评估目的资产评估业务应当共同遵循的基本规范。资产评估职业道德准则对资产评估机构及其资产评估专业人员应当具备的道德品质和体现的道德行为进行规范。资产评估执业准则包括具体执业准则、评估指南和指导意见三个层次，是资产评估机构及其从业人员在执行资产评估业务过程中应当遵循的程序规范和技术规范。

从整体而言，我国的资产评估基本准则、资产评估职业道德准则和资产评估执业准则中的程序性准则，都能够为知识产权资产的评估服务。除了上述通用性质的准则，还有专门规范知识产权类资产的评估准则和规范，如《资产评估执业准则——无形资产》《知识产权资产评估指南》《商标资产评估指导意见》和《著作权资产评估指导意见》等。涉及知识产权评估的相关准则见表2-7。此外，中评协2021年12月31日制定和发布了《资产评估专家指引第14号——科创企业资产评估（中评协〔2021〕32号）》，供资产评估机构及其资产评估专业人员执行科创企业资产评估业务时参考，其中涉及科创企业资产评估中大量的知识产权评估业务。

表2-7　　　　　　　　知识产权评估涉及的评估准则文件

准 则 名 称	施 行 时 间	适 用 范 围
《资产评估执业准则——资产评估方法》（中评协〔2019〕35号）	2020 年 3 月 1 日	执行资产评估业务，应当遵守本准则
《资产评估执业准则——资产评估档案》（中评协〔2018〕37号）	2019 年 1 月 1 日	执行资产评估业务，应当遵守本准则
《资产评估执业准则——资产评估程序》（中评协〔2018〕36号）	2019 年 1 月 1 日	执行资产评估业务，应当遵守本准则
《资产评估执业准则——资产评估报告》（中评协〔2018〕35号）	2019 年 1 月 1 日	执行资产评估业务，应当遵守本准则
《资产评估执业准则——无形资产》（中评协〔2017〕37号）	2017 年 10 月 1 日	执行无形资产评估业务，应当遵守本准则
《资产评估执业准则——利用专家工作及相关报告》（中评协〔2017〕35号）	2017 年 10 月 1 日	执行资产评估业务过程中利用专家工作及相关报告，应当遵守本准则
《资产评估职业道德准则》（中评协〔2017〕30号）	2017 年 10 月 1 日	执行资产评估业务，应当遵守本准则

续表

准则名称	施行时间	适用范围
《资产评估机构业务质量控制指南》（中评协〔2017〕46号）	2017年10月1日	具有证券评估业务资格的资产评估机构应当遵守本指南，其他资产评估机构可以参照本指南
《以财务报告为目的的评估指南》（中评协〔2017〕45号）	2017年10月1日	执行以财务报告为目的的评估业务，应当遵守本指南
《知识产权资产评估指南》（中评协〔2017〕44号）	2017年10月1日	执行知识产权资产评估业务，应当遵守本指南
《金融企业国有资产评估报告指南》（中评协〔2017〕43号）	2017年10月1日	根据金融企业国有资产评估管理的有关规定执行资产评估业务，编制和出具金融企业国有资产评估报告，应当遵守本指南
《企业国有资产评估报告指南》（中评协〔2017〕42号）	2017年10月1日	根据企业国有资产评估管理的有关规定开展资产评估业务，编制和出具企业国有资产评估报告，应当遵守本指南
《体育无形资产评估指导意见》（中评协〔2022〕1号）	2022年3月1日	执行体育无形资产评估业务，应当遵守本指导意见
《人民法院委托司法执行财产处置资产评估指导意见》（中评协〔2019〕14号）	2019年7月1日	资产评估机构及其资产评估师执行人民法院委托司法执行财产处置资产评估业务，应当遵守本指导意见
《实物期权评估指导意见》（中评协〔2017〕54号）	2017年10月1日	执行涉及实物期权评估的业务，应当遵守本指导意见
《金融不良资产评估指导意见》（中评协〔2017〕52号）	2017年10月1日	执行金融不良资产评估业务，应当遵守本指导意见
《商标资产评估指导意见》（中评协〔2017〕51号）	2017年10月1日	执行商标资产评估业务，应当遵守本指导意见

续表

准 则 名 称	施 行 时 间	适 用 范 围
《著作权资产评估指导意见》（中评协〔2017〕50 号）	2017 年 10 月 1 日	执行著作权资产评估业务，应当遵守本指导意见
《专利资产评估指导意见》（中评协〔2017〕49 号）	2017 年 10 月 1 日	执行专利资产评估业务，应当遵守本指导意见
《资产评估对象法律权属指导意见》（中评协〔2017〕48 号）	2017 年 10 月 1 日	执行资产评估业务，应当遵守本指导意见
《资产评估价值类型指导意见》（中评协〔2017〕47 号）	2017 年 10 月 1 日	执行资产评估业务，应当遵守本指导意见
《文化企业无形资产评估指导意见》（中评协〔2016〕14 号）	2016 年 7 月 1 日	执行文化企业无形资产评估业务，应当遵守本指导意见

本书在梳理这些中评协制定的知识产权评估相关准则的过程中发现，当前准则具有以下特点。

第一，准则文件之间呈现逐步细化、逐步完善的特点。后续的文件规范内容比前述几个文件更加具体化，纲领指导性逐渐减弱，实践可操作性逐渐增强。例如折现率的确定问题上，《资产评估执业准则——无形资产》只提到了风险因素和货币时间价值，而《专利资产评估指导意见》则提出了影响风险因素的具体内容，包括技术、经营、市场、资金等。各文件之间相互呼应、互为补充，但同时也存在规范内容重叠的问题，例如"保持预期收益口径与折现率口径一致"这一问题在《资产评估执业准则——无形资产》和《专利资产评估指导意见》中同时出现。

第二，这些准则文件存在的共同特点在于所提出的关注事项的性质偏向于提示性，对于具体内容的规范性不强，详尽性不足。同样以折现率的确定问题为例，准则体系中对此最详尽的规范为可以采用无风险报酬率加风险报酬率的方式确定，但无风险报酬率应该如何选取，风险报酬率的选取应该如何将技术、经营、市场、资金等因素合理考虑在内，准则体系并未给出相应规范，则容易导致相同资产在相同情景下，不同评估人员得到的评估结果不一，各方当事人存在争议的问题。

第三，篇幅有限，对具体的评估细则规范不足，仅仅作为部分事项的指南，无法作为统一的评估体系加以参考。以《知识产权资产评估指南》为例，该文件从知识产权种类和评估目的两大分类标准展开，分别提出了不同种类知识产权、不同评估目的的知识产权评估注意事项，但仍存在所规范的内容不够精细，实践指导意义有待提升的问题，不能作为统一的专利权评估体系。

专利权评估标准模糊不一，且存在评估实务中轻视评估所处交易情景的问题，在一定程度上引发了专利资产评估实践中评估需求方认为评估结果的科学性和公信度不高，无法满足专利相关经济活动需求的现状。

本书在调研过程中发现，很多金融机构从业人员和管理部门认为知识产权金融的瓶颈在于知识产权价值评估难，并且认为知识产权评估缺少规范和标准。此外，随着我国知识产权保护力度不断加大，知识产权领域相关法律修订，知识产权侵权诉讼标的大幅提高，激励了知识产权侵权诉讼案件的增长。但是在中评协制定的评估准则体系中，缺少针对知识产权金融和知识产权诉讼的专门评估指南。

第三章　关于健全我国知识产权
评估体系的调查分析

2020 年 11 月 30 日，习近平总书记在中共中央政治局第二十五次集体学习时强调，要深化知识产权保护工作体制机制改革，健全知识产权评估体系。之后，中国资产评估协会召开了健全知识产权评估体系座谈会，与会代表围绕知识产权评估的现状和问题，发展的机遇和挑战、下一步可采取的措施提出了意见和建议。《中国会计报》也组织资产评估行业专家围绕健全知识产权评估体系发表了多篇讨论文章。但这些讨论大多从资产评估专业人员视角展开，缺少知识产权评估其他相关方的参与。

本书基于知识产权评估相关文献研究基础上，结合对知识产权评估实践中相关方的调研，设计了调查问卷，进一步深入探讨我国知识产权评估体系现状、问题和建议，从多元视角为进一步加快我国知识产权评估体系建设提供参考意见。

第一节　调查样本描述

一、调查问卷设计说明

本书组对调查问卷进行了多轮设计。首先根据知识产权评估相关文献的研究，设计了初步的调查问题和选项，然后进行小范围的试调查，选择评估机构、金融机构和企业进行调研，根据试调查的反馈和调研，对调查问卷进行修改完善，形成了最终的调查问卷。

二、调查问卷发放与回收情况

2022年6月，本书组通过问卷星网站平台发布调研问卷。本次调查共回收到427份调查答卷。通过对数据不完整、逻辑错误、答题时间太短的答卷进行剔除，得到有效答卷425份。

三、调查样本基本情况

本轮调研所涉及的受调查者来自资产评估机构（48.47%）、非金融机构企业（22.12%）、高校及相关科研机构（16%）、金融机构（10.35%），见图3-1。超过80%的受调查者对知识产权有一定的了解，其中非常熟悉的占9.88%，比较熟悉的占37.18%，有一些了解的占36.71%，见图3-2。有超过70%的受调查者对于知识产权评估工作的了解有一定的年限，其中10年以上的占25.65%，5~10年的占15.06%，3~5年的占14.59%，0~3年的占25.41%，见图3-3。

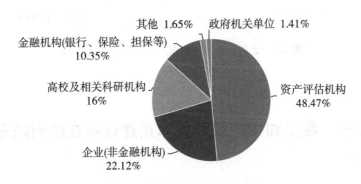

图3-1　受调查者所在工作单位

从受调查人员情况看，大部分受调查者对我国知识产权评估工作具有一定的熟悉程度，对我国知识产权评估体系的现状以及存在的问题有一定认知，表明本次调查样本具有较好的代表性。

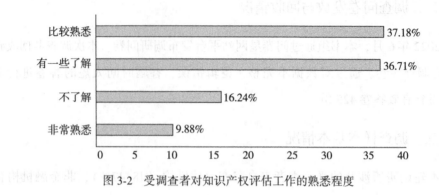

图 3-2　受调查者对知识产权评估工作的熟悉程度

图 3-3　受调查者了解知识产权评估工作的年限

第二节　我国知识产权评估体系建设存在的问题分析

一、知识产权评估的相关法规需要进一步完善

调查结果显示，受调查者认为我国知识产权评估相关法规基本完善、比较完善的占样本的 49.65%；认为比较不完善、非常不完善的合计占比为 36.7%，见图 3-4。

但从不同机构来看，政府机关单位、金融机构、非金融机构企业等评估业务的委托方对知识产权评估相关法律法规的认可度在"比较不完善"及以下的均占

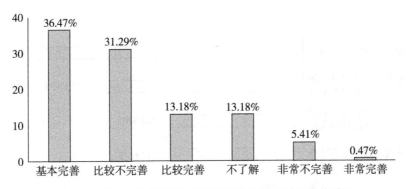

图 3-4　受调查者对我国知识产权评估相关法规现状的看法

样本的比例超过 50%，而资产评估机构等受托方对知识产权相关法律法规的认可度在"比较完善"及以上的占样本的比例超过 50%，见表 3-1。这表明知识产权评估业务的委托方与受托方对我国当前知识产权评估相关法律法规的完善程度存在认知差异。

表 3-1　　不同行业的受调查者对我国知识产权评估相关法规现状的看法

对知识产权法规的看法 受调查者所处行业	非常完善	比较完善	基本完善	比较 不完善	非常 不完善	不了解
政府机关单位	0.00%	0.00%	16.67%	50%	16.67%	16.67%
高校及相关科研机构	0.00%	19.12%	39.71%	33.82%	2.94%	4.41%
资产评估机构	0.00%	13.11%	45.15%	31.55%	5.83%	4.37%
金融机构（银行、保险、担保等）	2.27%	22.73%	20.45%	22.73%	6.82%	25%
企业（非金融机构）	0.00%	6.38%	24.47%	31.91%	4.26%	32.98%
其他	14.29%	0.00%	28.57%	28.57%	14.29%	14.29%

关于我国知识产权评估相关法规存在的具体问题，认为"缺少相关法规的实施细则"的受调查者占 76.24%；认为"关于知识产权评估的权责规范不清晰"的受调查者占 62.82%；认为"部分法规制约了知识产权评估实践"的受调查者占 41.88%；认为"不同法规之间存在不协调"的受调查者占 41.65%，见图 3-

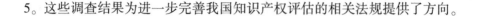

5。这些调查结果为进一步完善我国知识产权评估的相关法规提供了方向。

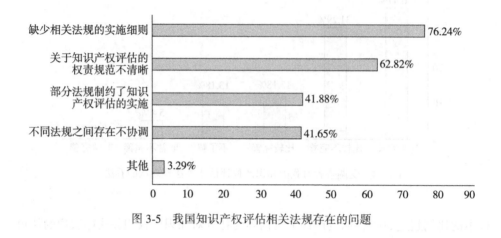

图 3-5 我国知识产权评估相关法规存在的问题

二、知识产权评估相关政策的操作性和配套措施有待加强

根据问卷调查结果，受调查者认为我国知识产权评估相关政策"基本完善"的占 39.06%，认为"比较完善"和"非常完善"的占比合计为 12.23%；但是也有 36.74% 的受调查者认为我国知识产权评估相关政策"比较不完善"或"非常不完善"，见图 3-6。但从不同机构来看，认为知识产权评估相关政策不完善以及对相关政策不了解的受调查者主要集中在非金融机构企业、政府机关单位和金融机构，占比分别达 65.95%、66.66% 和 52.28%，见表 3-2。知识产权评估活动的委托单位人员认为相关政策不完善的比例显著高于评估机构人员，也反映了这些单位人员可能对知识产权评估相关政策不了解。

表 3-2 不同行业的受调查者对我国知识产权评估相关政策现状的看法

受调查者 所处行业 ＼ 对知识产权 政策的看法	非常完善	比较完善	基本完善	比较 不完善	非常 不完善	不了解
政府机关单位	0(0.00%)	0(0.00%)	2(33.33%)	2(33.33%)	0(0.00%)	2(33.33%)
高校及相关科研机构	0(0.00%)	12(17.65%)	26(38.24%)	24(35.29%)	3(4.41%)	3(4.41%)

续表

对知识产权 政策的看法 受调查者 所处行业	非常完善	比较完善	基本完善	比较 不完善	非常 不完善	不了解
资产评估机构	0(0.00%)	21(10.19%)	100(48.54%)	67(32.52%)	8(3.88%)	10(4.85%)
金融机构(银行、保 险、担保等)	1(2.27%)	9(20.45%)	11(25%)	11(25%)	2(4.55%)	10(22.73%)
企业(非金融机构)	0(0.00%)	6(6.38%)	26(27.66%)	35(37.23%)	1(1.06%)	26(27.66%)
其他	1(14.29%)	2(28.57%)	1(14.29%)	2(28.57%)	0(0.00%)	1(14.29%)

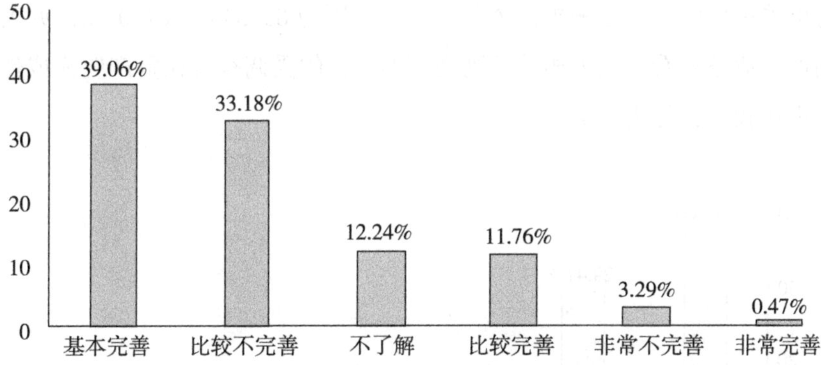

图 3-6　受调查者对我国知识产权评估相关政策现状的看法

关于我国知识产权评估相关政策存在的问题，认为"部分知识产权评估相关政策缺乏操作性"的受调查者占 76.24%，认为"部分知识产权评估政策实施缺少配套措施"的受调查者占 65.65%，认为"实务部门对知识产权评估相关政策不熟悉"的受调查者占 61.18%，认为"不同部门之间知识产权评估相关政策缺乏协调"的受调查者占 53.41%，见图 3-7。

三、知识产权评估相关准则规范应加强与应用场景的联系

根据调查，认为知识产权评估相关准则规范"基本完善"及以上的受调查者占 54.83%，但认为"比较不完善"甚至"非常不完善"的受调查者合计占 33.17%，见图 3-8。认为准则规范不完善以及对准则规范不了解的机构主要集中

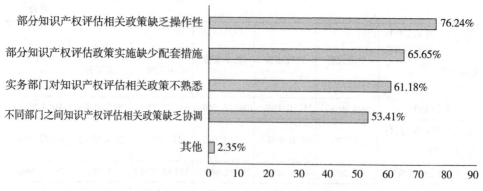

图 3-7　我国知识产权评估相关政策存在的问题

在政府机关单位以及非金融机构企业，占比分别为 83.34%、67.02%，见表 3-3。从不同评估业务来看，认为相关准则规范不完善的受调查者在资产置换或偿债业务中的占比较多，见表 3-4。

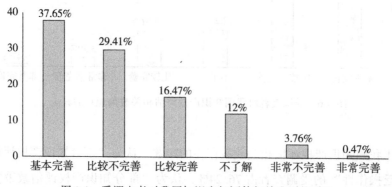

图 3-8　受调查者对我国知识产权评估相关准则的看法

表 3-3　　　　　　　受调查者对我国知识产权评估相关准则的看法

对知识产权评估准则的看法／受调查者所处行业	非常完善	比较完善	基本完善	比较不完善	非常不完善	不了解
政府机关单位	0(0.00%)	0(0.00%)	1(16.67%)	4(66.67%)	0(0.00%)	1(16.67%)
高校及相关科研机构	0(0.00%)	16(23.53%)	29(42.65%)	16(23.53%)	4(5.88%)	3(4.41%)

续表

对知识产权评估 准则的看法 受调查者 所处行业	非常完善	比较完善	基本完善	比较 不完善	非常 不完善	不了解
资产评估机构	0(0.00%)	34(16.50%)	94(45.63%)	60(29.13%)	8(3.88%)	10(4.85%)
金融机构(银行、保 险、担保等)	2(4.55%)	11(25%)	10(22.73%)	9(20.45%)	2(4.55%)	10(22.73%
企业(非金融机构)	0(0.00%)	7(7.45%)	24(25.53%)	35(37.23%)	2(2.13%)	26(27.66%)
其他	1(14.29%)	2(28.57%)	2(28.57%)	1(14.29%)	0(0.00%)	1(14.29%)

表 3-4 　　　关于不同知识产权评估决策情景下相关准则规范的看法

对知识产权评估 准则的看法 不同决策 情景	非常完善	比较完善	基本完善	比较不完善	非常不完善	不了解
转让	0.55%	18.03%	38.80%	27.60%	4.10%	10.93%
出资或对外投资	0.54%	16.09%	38.34%	29.76%	4.02%	11.26%
质押融资	0.93%	17.96%	34.67%	29.72%	4.64%	12.07%
侵权诉讼	0.43%	17.87%	39.15%	28.51%	4.26%	9.79%
拍卖	0.86%	17.24%	35.34%	32.76%	3.45%	10.34%
资产置换或偿债	0.93%	15.74%	32.87%	33.80%	4.17%	12.5%
减值测试	0.00%	17.91%	41.79%	27.61%	3.73%	8.96%
纳税	0.00%	17.5%	40%	27.5%	0.00%	15%
其他	0.00%	0.00%	50%	16.67%	0.00%	33.33%

在调研中，认为"针对不同评估情景（评估目的）的具体评估指南还不完善"的受调查者占 69.65%、认为"知识产权评估准则相关规定与知识产权相关业务情景需求差异较大"的受调查者占 66.35%、认为"知识产权评估相关准则规范对知识产权评估实践的指导性不足"的受调查者占 66.35%、认为"知识产权评估准则宣传不足导致知识产权业务关联方对相关准则不熟悉"的受调研者占

59.06%，见图 3-9。

我国知识产权评估准则规范存在的问题	比例
针对不同评估情景（评估目的）的具体评估指南还不完善	69.65%
知识产权评估准则相关规定与知识产权相关业务情景需求差异较大	66.35%
知识产权评估相关准则规范对知识产权评估实践的指导性不足	66.35%
知识产权评估准则宣传不足导致知识产权业务关联方对相关准则不熟悉	59.06%
其他	2.35%

图 3-9 关于我国知识产权评估相关准则规范存在的问题

从上述调查来看，虽然我国资产评估准则体系已构建多年，但在关于知识产权评估的准则方面仍有较大完善空间。受调查者中认为知识产权评估相关准则不完善的比例还较高，这可能既与评估准则本身不完善有关，也可能与评估准则的宣传推广不足有关。来自资产评估机构的受调查者中也仅有 62.13% 认为知识产权评估相关准则基本完善。

四、知识产权评估实践中存在的首要问题是评估结果可信度不高

关于知识产权评估实践中存在的问题，受调查者选择比例最高的是"缺少知识产权相关利益方共同认可的权威评估标准，评估结果可信度不高"，占比高达 71.53%，特别是在侵权诉讼、拍卖领域，选择该选项的比例更高；其次是"知识产权评估所需的相关数据和资料来源匮乏"，受调查者选择该项的占比也达到 68.94%；排在第三的是"评估机构因为业务收益和成本、风险不对称而缺少开展知识产权评估的积极性"，受调查者选择该项的占比达 62.12%。此外，认为"传统的成本法、收益法和市场法评估知识产权的结果难以得到客户认可"和"评估机构缺少能够胜任知识产权评估的专业人员"的占比都超过 50%，见图 3-

10 所示。从上述调查结果看，健全知识产权相关利益方共同认可的评估标准，提高知识产权评估结果的可信度是未来的首要挑战。评估结果可信度不高，可能也与知识产权评估相关数据和资料来源匮乏有关。从知识产权评估供给侧来看，评估机构参与知识产权评估的积极性不足，需要构建良性的激励机制，激励评估机构提升知识产权评估的专业能力和水平。

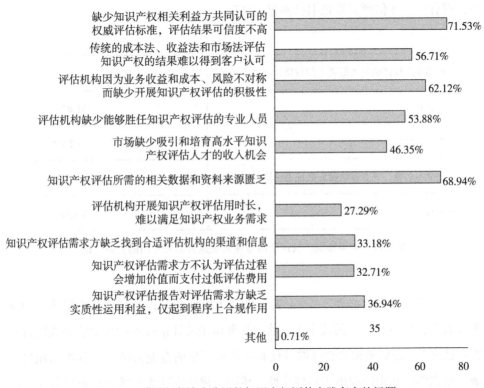

图 3-10　受调查者认为我国的知识产权评估实践存在的问题

调查结果显示，选择"知识产权评估报告对评估需求方缺乏实质性运用利益，仅起到程序上合规作用"和"知识产权评估需求方不认为评估过程会增加价值而支付过低评估费用"的受调查者占比并不高，分别为 36.94% 和 32.71%。这也表明知识产权评估对需求方而言还是有较大价值，并且需求方也愿意为此支付合理的评估费用，知识产权评估市场的潜力还没有被充分发掘。

五、知识产权评估有待设立专门的资格认证以提升执业能力

目前,资产评估从业人员需要持有资产评估师资格证书,但在知识产权评估领域暂无专门的资格认证。调查显示,七成以上的受调查者认为应增加知识产权评估资格认证,见图 3-11。认为"有必要"的受调查者占 38.82%;认为"非常有必要的"的受调查者占 35.76%。只有不足 20% 的受调查者认为"完全不必要,现有资产评估师资格证书已满足需要"。

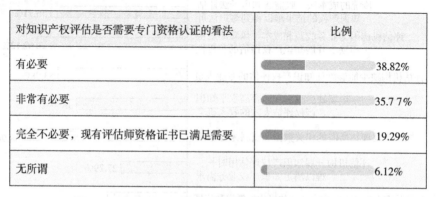

对知识产权评估是否需要专门资格认证的看法	比例
有必要	38.82%
非常有必要	35.77%
完全不必要,现有评估师资格证书已满足需要	19.29%
无所谓	6.12%

图 3-11 从事知识产权评估的专业人员是否需要专门的资格认证

在选择"非常有必要""有必要"的认为应增加知识产权评估资格认证的受调查者中,认为"传统的成本法、收益法和市场法评估知识产权的结果难以得到客户认可""评估机构缺少能够胜任知识产权评估的专业人员"的样本均超过五成。这表明,知识产权由于其特殊性,传统的评估方法无法满足知识产权评估的需要,获得现有的资产评估师资格证书可能仍然难以胜任知识产权评估工作。通过增加专门的执业资格认证,提升知识产权评估专业人员的执业能力,从而使得评估结果更能获得客户认可。

六、知识产权评估在线软件系统当前难以替代专业评估师但已带来危机

随着信息化和互联网的发展,出现了越来越多的在线知识产权评估软件系

统。从调查情况看，有接近70%的受调查者认为"线上知识产权评估软件的评估结果缺乏公信力"；认为"线上知识产权评估软件无法超越评估师的专业性"的受调查者占59.29%；认为"线上知识产权评估软件的评估结果缺少法定效力而无法运用"的受调查者占58.35%，见图3-12所示。但也有部分受调查者认为"线上知识产权评估软件提高了知识产权评估的效率"，占比达38.59；而认为"线上知识产权评估软件不断迭代完善后终将替代评估师的工作"的受调查者仅占18.35%；认为"线上知识产权评估软件出具的评估报告可直接替代评估师出具的资产评估报告"的受调查者仅占8.24%。从不同领域来看，来自资产评估机构的受调查者虽然也认同线上知识产权评估软件系统对评估效率的提升作用，但认为其难以代替专业评估师的占比较大，而来自企业和金融机构的受调查者认为线上知识产权评估软件终将代替评估师的工作，其出具的报告可直接代替评估师的报告的占比较大，见表3-5。上述调查结果表明，在线的自动知识产权评估软件系统作为新生事物，虽然在提高评估效率方面得到一定认可，但在能否最终替代评估师的工作方面还无法被广泛接受，专业的评估师在知识产权评估方面仍将发挥难以替代的作用。调查也反映资产评估机构从业人员面对在线知识产权评估软件的替代时缺少危机感，而企业和金融机构对在线知识产权评估软件的接纳度明显高于评估机构从业人员。这一调查结果值得评估机构从业人员反思和响应。

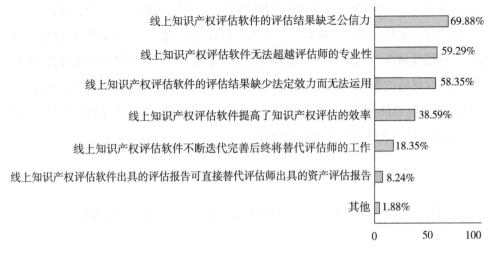

图3-12　受调查者对线上知识产权评估软件的看法

表3-5 不同领域的受调查者对线上知识产权评估软件的看法

对线上评估软件的看法 受调查者所处行业	提高了知识产权评估的效率	评估结果缺乏公信力	评估结果缺少法定效力而无法运用	无法超越评估师的专业性	不断迭代完善后终将替代评估师的工作	出具的评估报告可直接替代评估师出具的资产评估报告	其他
政府机关单位	50%	33.33%	33.33%	33.33%	33.33%	0.00%	0.00%
高校及相关科研机构	41.18%	72.06%	58.82%	52.94%	19.12%	8.82%	0.00%
资产评估机构	32.52%	70.39%	59.71%	67.48%	13.11%	2.91%	3.40%
金融机构（银行、保险、担保等）	50%	65.91%	52.27%	40.91%	27.27%	13.64%	2.27%
企业（非金融机构）	44.68%	70.21%	59.57%	56.38%	24.47%	17.02%	0.00%
其他	28.57%	85.71%	57.14%	57.14%	14.29%	14.29%	0.00%

第三节 对健全我国知识产权评估体系的未来展望

一、知识产权评估体系应具备的内容

调查显示，受调查者认为知识产权评估体系应具备的内容占比最高的三项是"知识产权评估相关法规与政策""知识产权评估准则""知识产权评估技术方法"，均超过80%；其次是"知识产权评估人才队伍""知识产权评估信息设施""知识产权评估的管理机制"，见图3-13。这表明法规、政策、准则和评估技术方法的完善应是健全知识产权评估体系时最需要关注的方面；但同时也不可忽略人才队伍、信息设施与管理机制的建设。

二、健全我国知识产权评估体系的重要措施

在本次调查中，问卷收集了受调查者对于健全我国知识产权体系的重要措施的看法，总结如下：

首先，应当完善知识产权评估相关准则、法规与政策，并加大其宣传力度。

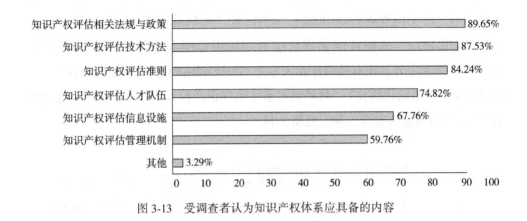

图 3-13　受调查者认为知识产权体系应具备的内容

调研显示，涉及完善知识产权评估相关准则、法规和政策的选项被选比例均超过 70%，其中认为需要"加快完善不同知识产权应用场景下的知识产权评估相关准则和指引"的受调查者占 82.82%，占比最高；认为需要"加快完善不同类型知识产权评估相关准则和指引"的受调查者占 75.06%；认为需要"加强知识产权评估相关法规、政策和准则的宣传和培训"的受调查者占 72%。

其次，要加快完善知识产权评估公共数据库建设。在调研中，认为需要加快"完善知识产权评估公共信息数据库建设"的受调查者占 76.24%。这与前面对知识产权评估存在问题的调查结果保持一致。知识产权评估所需的相关数据和资料来源匮乏是当前知识产权评估实践中面临的主要问题。

最后，构建合理的权责机制与收费机制，加强与国家知识产权局的协作。在调研中，认为需要"加强国家知识产权局的知识产权质量评价与评估机构知识产权资产评估的协作"的受调查者占 63.29%；认为需要"进一步明确知识产权评估人员执业责任并构建风险分担机制"的受调查者占 60.24%；认为需要"构建知识产权评估的合理收费机制"的受调查者占 55.76%。这些选项被选择的比例均过半，表明这些措施未来也应受到重视。

也有一定比例的受调查者认为应当发挥知识产权评估行业协会的作用，建设评估机构评级机制，明确智能化评估结果运用范围和条件。调研显示，认为需要"由行业协会建立知识产权评估机构信誉等级或排名制度并对社会公布"的受调查者占48%；认为需要"行业协会指导开发一批不同目的下的知识产权评估典型示范案例"的受调查者占 30.82%；认为需要"加快推动知识产权评估的信息化、智能化建设，明确智能化评估结果的运用范围和条件"的受调查者占 36.94%。除此之外，还有受调查者认为应"加强知识产权评估理论的研究""加强评估业务的市场化研究""培养具有水平的知识产权人才""加强职业道德教育""提高市场准入要求"等，见图 3-14。

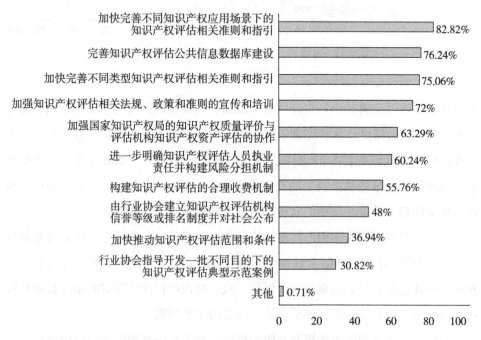

图 3-14　健全我国知识产权体系最重要的措施

第四章　健全我国知识产权评估体系的路径与措施

第一节　知识产权评估体系的总体框架分析

虽然在国家相关政策中均明确提出"健全知识产权评估体系"[1]，但没有指出什么是"知识产权评估体系"，它具体包含哪些内容。

在汉语大词典中，对"体系"的解释是"若干有关事物或某些意识互相联系而构成的整体"。百度百科中的解释是，"体系，是指若干有关事物或某些意识相互联系的系统而构成的一个有特定功能的有机整体"。这些解释均强调了系统和整体，并具有特定功能，而体系的构成则是若干相互联系的事物或意识。体系也是分层的，一个体系可能由若干个子系统组成，这些子系统按照一定的秩序和内部联系组合成新的体系。

根据"体系"的相关解释，"知识产权评估体系"是为了实现"知识产权评估"这一特定功能而构建的系统，它由实现"知识产权评估"功能涉及的各种构成要素或子系统按照一定的逻辑和联系组合而成。根据对已有的研究和实践的梳理，我们对本书构建的"知识产权评估体系"界定为由知识产权评估制度环境、知识产权应用场景、知识产权决策情景、知识产权评估技术和知识产权评估主体五大要素构成的系统，见图4-1所示。

---

[1]　参见以下政策文件相关内容：国务院发布的《"十四五"国家知识产权保护和运用规划》（国发〔2021〕20号），国务院知识产权战略实施工作部际联席会议办公室印发的《知识产权强国建设纲要和"十四五"规划实施年度推进计划》和中国资产评估协会研究编制的《"十四五"时期资产评估行业发展规划》。

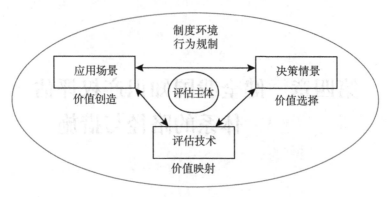

图 4-1 知识产权评估体系五要素模型

知识产权评估的制度环境包括相关的法律法规、政策和准则规范，它既为知识产权评估活动提供行为规制，也为知识产权评估实践提供规则依据。知识产权应用场景是知识产权应用于价值创造的具体条件，是进行知识产权评估过程中构建各类假设和参数的基础。知识产权决策情景提供了知识产权价值创造过程中涉及的决策背景，是在进行知识产权评估过程中明确评估目的、价值类型和假设的重要依据。评估技术是实施知识产权评估的技术子系统，通过评估技术手段把知识产权在不同情景下的价值活动映射到评估模型和评估结论。知识产权评估主体是实施知识产权评估的专业人员，是知识产权评估体系运行的发动机，缺少评估主体的活动，知识产权评估体系就失去动能无法运行。课题组在知识产权评估体系的五要素模型的指导下，分析提出"十四五"健全我国知识产权评估体系的路径和措施。

第二节 基于应用场景和决策情景的 知识产权评估功能定位优化

一、知识产权评估对象的拓展

资产评估对象是资产评估的客体。在资产评估中，明确资产评估对象是开展资产评估的一项基础性工作。知识产权作为无形资产的重要构成类别，其存在对法律保护有很强的依赖性，是依据相关的知识产权法律而形成的资产。《资产评估执业准则——无形资产》中，可辨认无形资产仅列示了专利权、商标权、著作权、专有技术等知识产权。《知识产权资产评估指南》中列示的知识产权资产包括专利权、商标专用权、著作权、商业秘密、集成电路布图设计和植物新品种等资产的财产权益。实践中，随着新产业、新业态的出现，国家也在不断完善知识产权相关的法律制度，知识产权评估对象也在不断拓展。中共中央、国务院印发的《知识产权强国建设纲要（2021—2035 年）》（以下简称《纲要》）提出，"根据实际及时修改专利法、商标法、著作权法和植物新品种保护条例，探索制定地理标志、外观设计等专门法律法规，健全专门保护与商标保护相互协调的统一地理标志保护制度，完善集成电路布图设计法规。制定修改强化商业秘密保护方面的法律法规……加快大数据、人工智能、基因技术等新领域新业态知识产权立法。适应科技进步和经济社会发展形势需要，依法及时推动知识产权法律法规立改废释，适时扩大保护客体范围"。从《纲要》的规划可以看出，未来知识产权评估的对象将进一步拓展，大数据、人工智能、基因技术等新领域新业态中将可能出现新的知识产权类型，知识产权评估的相关准则和技术规范也需要与时俱进地修订与完善。

二、知识产权价值创造和价值决策情景分析

毫无疑问，以知识产权为核心的无形资产在社会经济中的作用和地位日益重要。随着国内外市场竞争加剧和商业模式创新，知识产权参与价值创造的方式和知识产权决策情景也更加多样化和复杂化。

（一）知识产权价值创造的全链条场景

国务院印发的《"十四五"国家知识产权保护和运用规划》指出，"我国知识产权工作还面临不少问题和短板，主要表现为：关键核心技术领域高质量知识产权创造不足，行政执法和司法衔接机制不够完善，知识产权侵权易发多发和侵权易、维权难的现象仍然存在，知识产权转移转化成效有待提高，知识产权服务供给不够充分，海外知识产权纠纷应对能力不足，知识产权制度促进经济社会高

质量发展的作用需要进一步发挥等"。这些问题存在于知识产权创造、运用、保护、管理和服务的各个环节。因此，《知识产权强国建设纲要（2021—2035年）》提出要"打通知识产权创造、运用、保护、管理和服务全链条"。《"十四五"国家知识产权保护和运用规划》提出要"深化知识产权保护工作体制机制改革，全面提升知识产权创造、运用、保护、管理和服务水平"。

知识产权的价值创造同样贯穿知识产权创造、运用、保护、管理和服务全链条。在知识产权创造环节，企业可以通过知识产权评估帮助进行高价值知识产权的投资和培育决策。在知识产权运用环节，既可以通过把知识产权直接运用于企业的生产经营过程创造价值，也可以通过市场交易、开发金融产品等方式间接创造价值，这些价值创造过程均需通过知识产权评估进行商业价值的发现和释放。在知识产权保护环节，通过知识产权评估服务诉讼等提升知识产权保护效力从而增加价值。在知识产权管理环节，可以通过知识产权评估促进知识产权信息披露、经营绩效评价和激励。在知识产权服务环节，知识产权评估能够与知识产权交易、转化、托管、投融资等增值服务协同，促进知识产权市场化运营机制的构建。国资委和国家知识产权局联合发布的《关于推进中央企业知识产权工作高质量发展的指导意见》，也从"加强知识产权高质量创造、促进知识产权高效运用、提升知识产权保护能力、完善知识产权管理体系"四个方面提出了知识产权价值创造的具体场景和知识产权评估的具体需求。在上述全链条的各个环节，知识产权价值创造场景不同，知识产权评估需要构建不同的假设和参数对上述价值创造场景进行描述和模拟。

在我国的市场经济发展中，对知识产权的运用和相关决策涉及更复杂的具体场景。知识产权既是企业的再生产过程中产出资产化、资产结构轻型化和资产形成费用化作用的结果，也是包括企业改制、公司并购、绩效评价和破产清算等系列经营决策迅速增长的要求，还是克服会计信息系统在反映和计量无形资产价值既有制度缺陷的使然。因此，除了上述知识产权价值创造的全链条一般场景外，还有四类具体场景需要特别关注。

（1）股权定价。公司制几乎是所有现代企业的选择，在该类组织演化的初创期、成长期、成熟期和转轨期因投资协议、对赌协议、招股协议和期权激励协议，都涉及股权定价的要求。由于科技型企业具有消耗有形资产，形成无形资产的基本特征，股权定价的核心是界定和评估该类资产的价值。目前这种定价服务在需求和供给两端都存在亟待解决的问题。在需求端，一是国有企事业改制中，内部人控制诱导无形资产虚无化；二是公司上市过程中，市盈率规则抑制无形资产资本化；三是现行会计制度限制了非常规无形资产的资产化。在供给端，一是公司上市重组专业服务通常回避无形资产的界定和评估，不能提供资本市场最为重视的信息；二是专业机构将无形资产的定价交给由市盈率决定的股票定价机制，资本市场的投机活动决定的股票溢价很难真实反映受制于要素市场和商品市场的无形资产价值；三是现有法律、会计和评估专业服务有关无形资产的定义、范围和处理方式存在明显的学科壁垒或隔阂。正因为如此，在无形资产信息失真和扭曲状态下的股权定价和交易股权，往往不利于科技公司的健康发展。所以，为股权定价的无形资产尽职调查和价值分析的服务呼之欲出。特别是中国新建了科创板资本市场，科创企业的核心竞争力主要来自其掌握的知识产权类无形资产，这些知识产权在企业的价值创造中发挥了核心作用，其价值成为科创企业股权定价的基础。

（2）绩效评价。企业的绩效评价尽管已开始普遍应用包括平衡计分卡在内的综合考虑非财务指标和财务指标的评价模式，但在企业管理实践中该类模式仍然面临诸多难以解决的系列问题。一是企业在生产产品和服务的同时也在创造能够产生未来收益的资产，有关绩效评价制度即使能够界定这些资产的类型，但未必能够评估这些资产的价值。二是会计通常认为投资形成资产，并需要通过折旧予以回收，进而得以维持简单再生产。在高新技术企业，费用形成无形资产已成为共识，但在现实的绩效评价中，企业不发生资产重组，该类资产既不界定也不评价。三是如果认为企业价值就是企业未来获利能力的折现，那么这个能力的形成就是一个动态演化的过程，该能力既与过去的沉淀有关，又与现在的行为有关，还与未来的态势有关，但绩效评价并未理顺这三种关系。四是企业绩效也是多种要素综合作用的结果，既有内生因素的影响，又有外生因素的影响，而且各种因素影响绩效的路径、强度和惯性也有很大的差异，如果不能科学界定和评价绩效对应的要素及其贡献，就难以实行公平有效的治理。通过对以知识产权为核心的无形资产进行尽职调查和价值分析在一定程度上可以为解决上述问题提供符合逻辑的解决方案。此外，国有企业的领导人离任不仅需要进行离任审计，还应进行绩效评价，但传统的绩效评价在现有会计制度下无法全面评价企业经营绩效，因为对创新和知识产权的投资通常不利于当期财务绩效，但是对企业未来的竞争力和财务绩效具有重要影响，容易导致国有企业领导人倾向选择短期见效的决策而忽视长期的创新投资，因此需要建立以知识产权和创新为基础的离任绩效评价。

（3）知识产权金融。目前银行和保险机构在为科技中小企业提供融资服务时已经较为广泛地使用了包括工商、税务、海关和法院信息在内的数据，并开发了与税收记录等高度相关的信贷新产品。但该类数据不足以反映该类企业的真实信用，加之相关企业自身也未构建起规范的无形资产管理系统，致使无形资产内部不清和外部不明的问题同时存在。以银行为代表的金融机构在发现和释放科技中小企业的知识产权价值以支持信用能力评价方面的问题可以归纳为以下三点：一是现有银行信用甄别仍然较多依赖与销售收入、利润和税收相关的财务指标，对包括核心知识产权等在内的具有资产属性的非财务指标处于不能反映和难以计量的状态。二是认为知识产权等无形资产具有成本弱对应性和未来不确定的特征，难以界定和计量。所以现有银行信用评价既未与时俱进的拓展可确指无形资产的范围，致使轻资产的科技中小企业在融资中因缺少重资产遭遇第一还款来源的质疑，银行在应对该类问题的选择之一就是捆绑创业股东个人房产实施贷款，这在一定程度上将股份公司的有限责任无限化为股东个人责任。这除了表现为所有制歧视之外，也有悖于有限责任公司的基本制度。三是银行有关企业信用能力的判断依然高度依赖现行的会计制度，而该制度除了对部分开发费用在规定条件下予以资本化外，对高科技和互联网企业的年度高额研发和销售费用支出形成的诸多重要无形资产既不界定，也不评价，导致了企业资产信息的严重失真。建立以知识产权评估为基础的信用评价和金融产品创新，例如知识产权质押融资、知识产权保险、知识产权信托和知识产权证券化等，能够充分发挥知识产权的融资功能，化解科技中小企业融资难题，促进科技创新发展。

（4）破产重整。企业由于经营环境和决策失误等多种原因会面对破产重整的局面，尤其是科技类企业破产重整的比例明显高于非科技类企业，这既是该类企业构成要素特殊性所致，也是该类企业内外部环境不确定性所致。面对越来越多该类企业的破产重整，债权人不得不关注其无形资产的权利属性和价值状况。在现实中，我们既可以看到吉利收购资不抵债的沃尔沃，为数千项专利付费的案例，也可以看到谭鱼头破产商标 100 万元起拍的案例。所以在破产重整中对相关企业无形资产进行专项尽职调查，不仅必要，而且可行。需要指出的是，目前破产清算对无形资产存在三大问题：一是由于无形资产大多依附于既有企业，破产清算假设和破产重整假设下的无形资产存续情境分析显然不能满足相关决策的需要；二是企业破产中相关契约权利义务关系的调整对无形资产价值存续的特殊影响缺乏专业服务的响应，比如破产企业签订的有关设备长期维修合约的存续安排和价值实现；三是破产过程中的无形资产评估价值类型的选择到底是市场价值，还是清算价值，抑或是其他价值，均需要得到相关方面的认可。

（二）知识产权的价值决策情景

知识产权评估的目的是为知识产权价值决策提供参考依据。威廉·墨菲、约翰·奥科特、保罗·莱姆斯合著的《专利估值——通过分析改进决策》一书中就强调了通过专利估值可以显著地改进相关决策，他们提出专利创造价值所需的五类决策，包括创造决策、资助决策、法律决策、专利管理决策和政府决策。创造决策可以引领发明人创造值得专利保护的有价值的发明。资助决策需通过对知识产权进行估值以决策研究和开发的优先顺序，选择预期投资回报最大的项目。法律决策涉及选择以何种方式保护知识产权，以及进行知识产权诉讼管理。专利管理决策是知识产权的持有人制定和实施最有价值的商业化战略所做出的选择，这些决策需要建立在对知识产权不同应用场景下的价值进行评估的基础上。政府决策涉及制定恰当的知识产权法律规则，政府规则制定者就应当更多地依赖估值分析以指导其规则制定功能。[①]

中国资产评估协会发布的《知识产权资产评估指南》中列示了知识产权资产评估目的通常包括转让、许可使用、出资、质押、诉讼、财务报告等。根据是否发生产权变动，这些常见的评估目的所服务的知识产权决策情景又可分为产权变动类和非产权变动类决策情景，如表 4-1 所示。

---

① 威廉·墨菲，约翰·奥科特，保罗·莱姆斯.专利估值——通过分析改进决策 [M].张秉斋，肖迎雨，曹一洲 等，译.北京：知识产权出版社，2017：37-42.

表 4-1　　　　　　　　　　　常见知识产权经营决策情景分类

划分种类	决策情景	备　　注
产权变动类	转让	发生所有权转移
	许可	发生使用权转移
	出资	发生所有权转移
非产权变动类	质押	不以发生产权转移为目的
	侵权诉讼	不以发生产权转移为目的
	财务报告	不以发生产权转移为目的

在不同的经营决策情景下，业务主体、标的性质和经济决策侧重点均存在一定差异。以下以专利为例，分析不同的经营决策情景下知识产权评估受到的影响。

1. 转让情景

专利权转让是指专利权人让渡专利所有权并获取相应对价的行为。《专利法》第十条规定："专利申请权和专利权可以转让。"其中，专利申请权是向专利局提出专利申请的权利，具有被批准和被驳回两种可能性，申请被批准后才享有专利权。本书仅对已授权的专利权的转让情景进行讨论。2020 年国家知识产权局的调查显示，转让获取专利支付费用在 10 万元以下相对集中，整体来看外观设计专利转让费用相对较低。其中，发明和实用新型专利转让获取支付费用 5 万~10 万元的比例最高，分别为 41.2% 和 37.2%，外观设计专利转让获取支付费用 5 万元以下的比例最高，为 44.1%。

在转让情景中，交易双方的决策重点在于判断交易价格对自身的交易决策而言是否经济可行。对于购买方而言，关注内容在于专利权的交易价格是否等于或不明显高于具有相同经济效用的类似专利权当前的市场价格，是否等于或不明显低于该专利权在未来剩余经济寿命内所能够给购买方本身所带来的经济收益。然而，由于专利权所具有的技术特性，一般很难在公开市场上找到符合条件的可比对象，导致可比市场价格难以找到。同时，对于任何理性的经济主体而言，购买动机的产生必定源于经济利益的客观存在，即获得专利技术能够在某种程度上延续、协同或扩大其现有的生产经营或经济投资行为。因此，购买方在专利权转让的交易情景中侧重于关注专利技术投入使用后在未来剩余寿命中的经济收益。对于转让方而言，关注内容在于专利权的交易价格是否高于研发申请或通过其他方式获得该项专利权的历史投入成本，是否等于或不明显低于该专利权在未来剩余经济寿命内所能够给购买方本身所带来的经济收益。考虑到专利研发过程中投入的成本衡量存在较大的困难和阻碍，因此转让亦同样侧重于关注专利技术的预期经济收益。专利资产评估行为在其中的关键作用在于站在一个公平公正的立场为交易双方确定一个决策参考价值。

2. 许可情景

专利许可使用是指授权方将该专利技术的使用权让与受让方，同时收取受让方一定使用费的资产使用权转移行为。根据授权人的权利范围不同，专利使用权可通过独占许可、独家许可、普通许可等方式进行许可。2020 年许可实施的有效专利中，采用普通许可方式的占比最高，达到 60.1%。① 国家知识产权局调查显示，我国国内有效专利许可率近年来持续攀升，具体数据如表 4-2 所示。

表 4-2　　　　　　　　　　2018—2020 年专利许可率（%）

年份	发明专利	实用新型	外观设计	总体
2018	4.5	5.6	6.3	5.5
2019	5.5	5.5	8.3	6.1
2020	7.9	5.4	8.0	6.3

2020 年，相比其他专利权人类型，企业的专利许可率较高，为 6.5%；从区分企业规模的角度出发，大型企业专利许可率最高，为 7.8%；从区分专利类型的角度出发，大型企业发明专利许可率最高，为 13.4%，微型企业的实用新型和外观设计专利的许可率最高，分别为 6.8% 和 10.7%。

与前述转让的交易情景相比，该交易情景的不同之处表现在三个方面：第一，交易双方的关系不再是所有权的买卖关系，而是使用权的受让关系，交易双方分别为许可方和受让方；第二，许可情景下只发生专利使用权的转移而不发生专利所有权的转移，交易标的实则为专利技术的部分使用权，因此无权获得专利

① 数据来源：国家知识产权局《2020 年中国专利调查报告》。

权的处置等收益；第三，受让方获得的相关专利技术经济收益的期限受限于合同条文约束，而不一定是全部剩余经济寿命期限。对交易双方而言，许可方式及许可费率的确定可以通过两种方式。一方面，参照已有的市场标准，综合考虑自身经济行为的利弊因素及评估对象的具体情况，经适当调整后确定；另一方面，可参考转让情景下的未来经济收益测算路径，将合同约定许可期限内的相关经济收益进行折现确定。

3. 出资情景

专利出资，是指按照法律程序，以专利技术财产作价后以出资入股的形式，或与其他形式相结合，入股投资或组建公司。简而言之，出资实质上是以专利权作为出资对价对目标公司进行投资的行为。

在我国经济向高质量发展转型的当今，专利出资入股模式的发展一方面鼓励专利权人实现技术入股，激励其科技研发和科技创新，以其自身的股东意识反向提高专利的技术质量；另一方面有助于缓解研发方向和市场需求脱节的问题，促进更多专利技术为高新技术企业的发展注入强动力。

出资方作为以专利权进行投资的主体，其关注的内容可以分为两个方面：一方面是专利技术未来可产生的预期收益现值或专利权当前的公允价值，即专利权所能够换取到的股权份额或股权市价；另一方面是目标公司的整体经营情况及未来预期表现，作为潜在的投资人，同样尤为看重公司的发展潜力和成长空间，即股权的未来预期收益。相对应地，受资方同样关注两方面的内容，前者和出资方相同，后者是作为受资方在接受投资后股权变动的影响，例如衡量公司的股权扩张是否有利于调整资本结构，是否有利于未来发展管理。

因此，出资情景与转让情景类似，也具有自身的特点。一方面，出资情景下出资标的的估值路径和转让情景具有共同之处，无论是转让还是出资，其价值核心都是交易标的在评估基准日下的公允价值。由上文所述，专利权在转让情景中着重考量其用于市场交换的公允价值，然而在出资情景下，出资方同样是以专利权的公允价值与目标公司的股权价值进行平等交换，只不过得到的对价形式和转让不同，但这并不能改变出资情景下的价值评估本质。

另一方面，出资情景下交易双方不仅仅考虑专利权和股权的市场价值，还关注假设出资后未来对双方带来的影响，出资方衡量公司是否具有良好的发展前景，被出资方衡量接受投资是否会带来积极影响，这些附加考虑因素在一定程度上会对出资专利权的交易定价产生影响。

4. 质押融资情景

专利权质押一方面为专利权所有者提供了银行或其他贷款主体方面的融资渠道，鼓励专利技术创新；另一方面帮助拥有高质量专利技术的高新企业走出资金困境，有效缓解其在发展过程中遇到的实物资产不足的瓶颈问题。因此，专利权质押融资是实现专利权价值的重要途径，鼓励专利权质押融资也是建设创新型国家的重要手段。在专利权质押贷款业务链中，涉及主体包含企业、银行、政府机构、中介服务机构等，而其中的核心参与者为企业和银行。

对银行而言，在专利权质押贷款中，追求盈利和防范风险的双重考量使得银行需要将盈利性和安全性相结合，力求在合理的风险范围内高效利用自身资金，获得期望收益。其中，由于银行贷款利息收入是确定的，而风险是不确定的，因此，银行放贷决策中应关注以下问题。

第一，贷款企业未来短期经营情况预测，即贷款企业是否有足够的经营现金流以保障第一还款能力，与转让情景不同的是，转让交易的完成意味着专利权后续经济价值的买断，而质押融资的贷款周期通常较短，因此银行在参照当前情况的基础上，更加侧重于考查其未来可见范围内的专利权使用用途和情况对还款能力的保障程度；第二，借款企业的违约概率估计，假设企业具备足够的还款能力，是否存在潜在的违约道德风险，例如质押专利权在贷款企业中的技术地位高低，以及企业对该技术的依赖水平高低等；第三，专利权质押物的变现价值，一旦企业违约，银行所需遭受的违约损益将受到专利权的可转移性和变现价值的影响，专利权质押物的变现价值提供了企业的第二还款能力，这也将直接关乎银行在企业违约时的损益情况；第四，可能存在的法定优先受偿款，当存在法定优先受偿权利①时，银行考虑的质押物变现价值实质上为可质押净值。②

---

① 法定优先受偿权利，即法律规定的特定债权人优先于其他债权人，甚至优先于其他物权人受偿的权利。

② 2010年7月印发的《上海市知识产权质押评估技术规范（试行）》第二条将其定义为，评估对象在评估基准日的价值，等于假定未设定法定优先受偿权利下的市场价值减去注册资产评估师知悉的法定优先受偿款。

对企业而言，首先考量的是专利权质押贷款的各项可见成本是否经济可行，以做出最优的筹资决策，如果企业决定进行专利权质押融资行为，一般可认为该问题已被合理考量，因此不将其作为资产评估过程中的重点分析问题。除此之外，企业的决策重心在于以下两个方面的问题：一是专利权市场价值的高低影响其在质押贷款活动中所能够撬动的贷款额度，是企业质押贷款的核心关注问题所在；二是专利权的未来经济收益，即收益现值。专利权收益现值的高低意味着企业一旦出现财务困难，无力偿还贷款金额时所需付出的机会成本，因此企业一般不希望由于违约失去较为重要的核心技术，故在质押时对其技术、经济重要性，以及未来收益现值进行慎重考查。

综上所述，在专利权质押融资活动中，交易双方的共同关注点在于质押融资视角下被质押专利权的未来经济收益，这同样也是资产评估工作所需解决的关键问题。

5. 法律诉讼情景

专利诉讼是指当事人和其他诉讼参与人在人民法院进行的涉及与专利权及相关权益有关的各种诉讼的总称。专利诉讼有狭义和广义理解的区分，狭义的专利诉讼指专利权被授予后，涉及有关以专利权为标的的诉讼活动；广义的专利诉讼还包括在专利申请阶段涉及的申请权归属的诉讼、申请专利的技术因许可实施而引起的诉讼、发明人身份确定的诉讼、专利申请在审批阶段所发生的是否能授予专利权的诉讼以及专利权被授予前所发生的涉及专利申请人以及相关权利人权益的诉讼等。

2020 年国家知识产权局调查显示，我国遭遇过专利侵权的专利权人占比为 10.8%，较 2015 年下降 3.7 个百分点，总体呈下降趋势；我国企业专利权人遭遇侵权后采取维权措施的比例为 73.9%，比 2015 年增加 12.1 个百分点，近年来该比例连续提升，表明"十三五"时期我国知识产权保护环境持续向好，专利权人维权意识持续增强，我国专利侵权易发多发现象得到有效遏制。同时，调查显示 2020 年我国专利侵权诉讼法院判定赔偿、诉讼调解或者庭审和解金额中 100 万元以上的占比为 7.3%，较 2015 年增加 4.4 个百分点，近五年该比例整体呈现增长态势。

我国《专利法》第七十一条规定，"侵犯专利权的赔偿数额按照权利人因被侵权所受到的实际损失或者侵权人因侵权所获得的利益确定；权利人的损失或者侵权人获得的利益难以确定的，参照该专利许可使用费的倍数合理确定。对故意侵犯专利权，情节严重的，可以在按照上述方法确定数额的一倍以上五倍以下确定赔偿数额。权利人的损失、侵权人获得的利益和专利许可使用费均难以确定的，人民法院可以根据专利权的类型、侵权行为的性质和情节等因素，确定给予三万元以上五百万元以下的赔偿"。虽然根据我国法律规定，在专利权侵权案件中的赔偿数额优先按照被侵权的实际损失或因侵权所获得的利益确定，其次参照专利许可使用费确定，最后按照法定赔偿确定。但由于实践中的种种障碍，我国目前司法实践倾向于以法定赔偿作为专利权侵权案件的主要赔偿计算方式，长期以来形成了90%以上案件都采用法定赔偿的问题。[①] 法定赔偿方式虽然更符合诉讼经济与效率原则，能够避免损害赔偿数额的认定困难，但这一方式广泛使用后给了法官过大的自由裁量权，主观性强，针对性弱的弊端较为明显，因此评估行业存在较多质疑声音。

计算侵权损害赔偿额首先应遵循一个基本原则，即补偿性原则。侵权人所需承担的赔偿额为权利人直接或间接的全部经济损失。其中，直接损失是指因侵权行为发生，权利人所遭受相关产品的销量和价格下降的损失；间接损失则包含成本的增加，消除影响的合理费用等。在补偿性原则的基础上，如果侵权人属于恶意侵权人，还需额外采用惩罚性原则，即要求侵权人额外支付惩罚性赔偿。但是，在现实司法审判案件中，侵权人是否以侵权为业，恶意侵权很难界定，因此惩罚性原则很少被采用，多是以补偿性原则为唯一原则。

在专利权侵权诉讼的情景下，诉讼双方及审判人员的共同关注问题在于确定公正合理的赔偿额度，这一问题也是专利权侵权诉讼中的核心问题。参照许可使用费和确定法定赔偿的方法都是侵权遭受损失或侵权所获利益无法直接确定时的替代举措。虽然参照许可使用费在我国的司法实践中很少得到应用，但该方法在兼顾可操作性的同时，能更高程度上保证赔偿数额的公平合理。该方式一方面有助于突破我国法定赔偿的困境，更为科学客观地确定损害赔偿数额，从而促进知

识产权的保护；另一方面是目前资产评估行业及法律行业呼声较高的计算方式，对许可使用费的确定进行研究具有更强的实践意义。在以专利许可使用费确定赔偿额的过程中，应当注意审查参照的许可使用合同的真实性、合理性，注意结合侵权案件事实，将调整后的许可使用费作为侵权赔偿额。

6. 财务报告情景

财务报告情景下的评估主要服务于会计的计量、核算及披露。在该情景下，评估标的是财务会计报告中的各类资产和负债，主要包括以合并对价分摊、公允价值评估和资产减值等资产评估业务类型。该情景的特点是，评估人员应当加强关注相关会计准则规定，相关资产负债在企业运营中的作用，以及相关管理层的经营规划等。

为满足会计准则要求，财务报告情景下的资产评估价值类型一般选用公允价值、市场价值或其他满足会计准则要求的特定价值类型。在会计和资产评估中均存在公允价值概念，会计中的公允价值建立在公平交易、熟悉情况和双方自愿的基础上，而资产评估中的公允价值基于被评估资产的自身条件和所处的市场条件，对其客观价值进行合理估计（段晓芳，2021）。评估公允价值可从以下视角展开。首先，相同资产或负债在活跃市场上的公开报价；其次，类似资产或负债在活跃市场上的公开报价；最后，当活跃市场条件无法满足时，通过合理估值技术得到估值结果。对前两种满足市场条件前提的方式而言，市场法是首选方法；而对于第三种方式，收益法是更加可行的评估方法。

根据上文分析可知，六种常见专利权决策情景之间存在相同和不同之处。其相同之处在于，业务主体类型均包含企业、个人、高校、科研单位等。同时，由于交易主体关注内容不同及由此产生的交易决策的差异，在主体层面、标的层面和决策层面均存在不同。

在专利权产权变动类决策情景中，由上文的分析可知，交易目的和经济决策性质存在较大差异。转让是较为直接的商品买卖性质；许可则更强调专利权的授权使用；出资从表面上看是以专利权作为对价的投资入股，但实则是以专利所有权换取目标公司权益份额的交易活动，该情景是以市场价值为媒介，先分别考量专利权和单位股份的市场价值，再进行两者间的等价值交易，在一定程度上同属于商品买卖性质。因此，转让和出资的标的性质均为专利所有权，许可情景下为专利使用权。同时，与此相对应的业务主体的性质也存在差异。产权变动类决策情景的对比分析如表 4-3 所示。

表 4-3　　　　　　　专利权价值评估服务的不同交易情景比较研究

决策情景	主体层面	标的层面	决策层面		交易主体关注内容	
	业务主体性质	交易标的性质	交易目的	决策性质	原专利权持有方	另一方
转让	出售方购买方	专利所有权	专利技术所有权的交易	商品买卖	专利权过去的投入成本、未来的经济收益	专利权当前的市场价值、未来的经济收益
许可	许可方受让方	专利使用权	专利技术使用权的交易	技术授权	专利权过去的投入成本、未来的经济收益	专利权当前的市场价值、未来的经济收益
出资	投资方被投资方	专利所有权	以专利技术所有权进行的投资	商品买卖	专利权当前的市场价值、公司预期发展情况	专利权当前的市场价值、股权结构的变动影响

相比专利权产权变动类决策情景，非产权变动类决策情景存在更多的特殊要求。

首先，在诉讼情景中不仅考虑当前的市场价值，更侧重于考虑过去或持续至今的侵权活动中，侵权人的实际非法收益和被侵权人的实际经济损失。虽然同样可选取市场价值类型，但需注意其估值时点可能存在的差异。其次，在财务报告情景下，评估人员需加大对会计准则要求内容的关注，以资产评估活动服务于会计报告的实际需求。最后，在质押融资情景下，与其他决策情景相比，其关注内容不仅限于专利权的经济价值和相应公司主体的未来发展前景，还存在对风险的关注和考量，其中既包括相应主体的违约道德风险，还包括专利权的变现价值估计，因此该情景更加强调谨慎性原则。以上差异均可能会对该情景下的专利权价值评估过程和结果产生重要影响。

非产权变动类决策情景的对比分析如表 4-4 所示。

表 4-4　　　　　　　　专利权常见的非产权变动类决策情景比较

决策情景	主体层面 业务主体性质	标的层面 交易标的性质	决策层面 交易目的	经济决策性质	交易主体关注内容 原专利权持有方	另一方
质押	出质人质权人	质押标的，违约时专利所有权发生变动	以专利所有权质押的融资活动	质押融资	专利权的未来经济收益、技术地位	贷款利息收入、专利权的未来经济收益、贷款企业的还款能力、违约风险、未来短期经营情况预测、专利权的变现价值、可能存在的法定优先受偿款
诉讼	被侵权方侵权方	专利侵权导致的经济损失	专利侵权的赔偿定价	赔偿定价		被侵权的实际损失或因侵权所获得的利益
财务报告	专利权人等	财务报表计价	财务报表的披露定价	财报计价		根据财务报表主体需要，确定专利权的公允价值或特定价值

除了现有的评估准则文件中提到的常见知识产权决策情景外，中国资产评估协会制定的《"十四五"时期资产评估行业发展规划》也提出应加强服务企业知识产权管理活动涉及的决策活动，"要研究科技创新价值市场化规律，重点关注国有科技型企业分红、知识产权资产处置等企业经营活动，推进资产评估行业服务科技创新和知识产权运用的相关新业务，助力知识产权强国战略和创新驱动发展战略实施"。这些经营活动涉及的评估目的不同于传统的资产评估目的，有其自身的价值运行规律和决策需求。

三、基于知识产权评估业务性质的功能定位优化

资产评估到底提供的是鉴证性服务，还是咨询性服务，抑或既包括鉴证性服务又包括咨询性服务。经过 30 余年的探索，第三种观点已经成为主流观点。所以资产评估师在执业中往往会在评估报告中就这两种业务作出明确的界定，以防止评估报告的误读、误用和误导。即便如此，鉴证和咨询的边界仍然是困扰评估行业的现实问题，需要深入研究。在知识产权评估领域，由于知识产权的高不确定性，评估使用者往往更倾向于评估师能够给出一个标的知识产权的确定价值结论，这种内在矛盾既限制了知识产权评估发挥作用，也更易导致知识产权评估报告的误用。从前面的调查中也可以发现，受调查者认为知识产权评估实践中存在的主要问题就包括知识产权评估的可信度不高，评估结果难以得到客户认可。因此有必须深入分析资产评估业务的性质，明确知识产权评估在社会经济发展中的功能定位。

关于我国资产评估业务的鉴证性定位，一是中国资产评估行业诞生之初参照了注册会计师行业的既有执业制度，相应认为评估报告具有与审计报告相同的鉴证性功能；二是中国资产评估行业诞生之初主要服务于国有企业改革，成为防止国有资产流失的重要手段，鉴证性被认为资产评估报告需要承担该类评估业务的规制依据；三是有关法律和行政法规设置了法定评估相关规定，行业一般认为法定评估也就是鉴证性评估。这一鉴证性定位有其历史原因，但在当前进一步深化市场经济体制建设的进程中需要进行讨论和重新定位。鉴证性只是资产评估服务中部分环节履行的功能，而不是资产评估服务的本质特征。从资产评估提供的价值分析、估算和专业意见来看，其本质是发挥咨询性功能而不是鉴证性功能。[1]

现代汉语词典对咨询的解释是征求意见。咨询服务就是对发出征求意见的主体提供的一种服务。因此，咨询也可看成一个征求意见的过程，是委托方和受托

---

[1]　关于资产评估的鉴证性历史定位及其原因，主要来自与汪海粟教授的讨论，他对资产评估行业发展历史和行业性质进行了详细回顾和深入思考，相关成果发表在中国资产评估杂志。

方之间双向的信息交流。百度百科把咨询解释为通过某些人头脑中所储备的知识经验和通过对各种信息资料的综合加工而进行的综合性研究开发，咨询产生智力劳动的综合效益，起着为决策者充当顾问、参谋和外脑的作用。就资产评估而言，委托方为了实现某种经济行为或进行决策，就经济行为或决策活动涉及的标的资产的价值向受托方发出征求意见，受托的评估专业人员根据专业知识和技能向委托方提供分析、估算和专业意见，满足委托方的决策需求。从资产评估专业人员所采用的专业知识和程序来看，其估算的价值并不是历史实际已发生的事实，而是某项资产根据特定价值定义在某一特定时点价值多少的意见（王诚军，2009）。这种专业意见建立在评估专业人员所储备的知识经验基础上，并在特定的假设下才成立，它既不是决策本身，也不是可验证的精确结论，因而只能发挥为决策者提供参考的功能。

尽管我国的资产评估行业一直以来被赋予鉴证性质并被相关市场主体接受，但涉及知识产权评估时，由于知识产权自身的无形性和价值的高不确定性，使得知识产权评估服务更易受到相关主体的质疑。墨菲等人指出，"尽管估值已经在其他商业情境中被接受，但是对于专利，估值一直发展很慢，尚未成为广泛的决策工具。因为专利的法律稳固性的不确定性以及发明的潜在技术生存力和商业生存力的不确定性使得用于专利的信息收集比用于各类资产的信息收集更为主观。专利估值更偏重于艺术侧而不是科学侧"。他们认为，对知识产权进行评估，其核心功能不在于鉴证，而在于帮助决策者利用评估技术改进决策。评估专业人员不是决策者，而是受托的掌握评估专业知识和技能，为决策提供服务的专业人员。

只有明确了知识产权评估的咨询性功能性质，才能化解在市场经济活动中委托方对知识产权评估不切实际的期望或误解。特别是当委托方需要为决策承担责任时，他们天然地希望评估专业人员能够提供一个精确的、可靠的结果，并分担其决策责任。在美国评估准则（USPAP）中，强调了评估结论的可信（credible）。王诚军（2009）把其解释为"根据预期用途的相应要求，可信业务结论需要获得相关证据和逻辑的支持"。委托方应当关注评估报告所收集采用的证据和分析估算的逻辑，以改进自身的决策质量，而不是仅关注评估的结论。委托方只有把重点重新回归到决策本身，才能更好发挥知识产权评估的作用，利用知识产权评估的专业意见进行决策创新，实现经济行为或决策目标。

第三节　知识产权评估的技术体系优化

技术是解决问题的方法及方法原理，是指人们利用现有事物形成新事物，或是改变现有事物功能、性能的方法。知识产权评估技术就是评估知识产权价值的方法及方法原理。我国资产评估行业从第一例资产评估业务开展以来，已经过30 多年发展，形成了比较成熟的评估技术体系，以成本法、市场法和收益法为主体的评估方法得到广泛的应用。但是，在知识产权评估领域，传统的技术体系仍面临诸多挑战。

中国资产评估协会制定的《"十四五"时期资产评估行业发展规划》要求"提升服务知识产权市场化运营能力，面向生物医药、人工智能、基因技术等新兴产业领域，开展相关关键核心技术专利、商业秘密等知识产权资产评估技术方法研究"。这些领域的知识产权评估难度大，还没有明确评估的模型与思路等，不同专利技术的获利模型、评估思路和方法会有重大的差别（刘伍堂，2022）[1]。我们的问卷调查也表明，"传统的成本法、收益法和市场法评估知识产权的结果难以得到客户认可"，"知识产权评估结果可信度不高"，究其原因在于知识产权的应用场景差异大，决策更复杂，价值具有高不确定性，知识产权价值评估涉及的影响因素众多，对决策情景的理解和评估参数选择的差异对评估结果有较大影响，降低了评估结论的一致性和可比性。此外，一些新兴技术领域和知识产权应用场景的兴起，对知识产权评估技术创新提出新的挑战，特别是大数据和人工智能技术的发展，使得传统的知识产权评估方法面临改进，一些过去较少应用的技术方法引入知识产权评估成为可能。专利资产评估是知识产权评估中占比最多的业务类型。课题组以专利资产评估为例，从三个层面研究了知识产权评估技术体系的改进。

---

[1]　高鹤. 做好知识产权评估 服务国家"十四五"建设——《"十四五"时期资产评估行业发展规划》系列解读（十）［N］. 中国会计报，2022-01-11.

一、基于价值创造场景和交易情景构建知识产权评估假设体系

（一）评估假设的内涵与分类

《资产评估基本准则》第二十二条规定，资产评估报告正文应当包括评估假设。《资产评估执业准则——资产评估程序》（中评协〔2018〕36 号）第二十条要求，"资产评估专业人员执行资产评估业务，应当合理使用评估假设，并在资产评估报告中披露评估假设"。根据中国资产评估协会发布的《资产评估准则术语 2020》的解释，"评估假设是指资产评估专业人员在现实普遍认知的基础上，依据客观事实及事物发展的规律与趋势，通过逻辑推理，对评估结论的成立所依托的前提条件或者未来可能的发展状况作出的合理的推断或者假定"。王诚军（2009）翻译的《美国评估准则》提到假设（assumption）一词，被解释为"被视为是真实的（条件）"，特别假设（extraordinary assumption）被解释为"直接与某项特定业务相关的，如果不成立将会改变评估师意见或结论的假设"。

从上述概念的解释可以看出，评估假设与客观事实及事物发展规律有关，也与特定业务有关。充分理解资产评估假设的理论意义，有助于更加理性地看待资产评估行为，从而在最大程度上发挥资产评估假设的实践价值（洪成文和王萌，2011）。具体到知识产权评估，评估人员明确评估假设，需要建立在对知识产权对象及其存续环境的事实和规律基础上。假设不同，评估师的意见或评估结论将不同。在实践中的挑战是，针对同一评估对象和评估目的，评估人员的假设会一致吗？如果假设存在差异，评估意见和结论就会存在差异。这是否也意味着，我们的问卷调查中反映知识产权评估结果可信度不高，其重要原因就是评估假设的可信度不高，评估假设可信度不高的可能原因在于知识产权评估对象价值创造场景和交易决策情景的高不确定性。因此，有必要基于知识产权价值创造场景和交易情景构建知识产权评估的假设体系。

我们将知识产权评估假设体系分为基本假设、外部共性假设、内部假设三种类型，如图 4-2 所示。基本假设符合资产评估学科理论框架中对评估业务的基本设定，包括公开市场假设、交易假设、持续经营假设和清算假设。外部共性假设体现知识产权资产及相关业务所处时点的外部一般市场环境。内部假设体现知识

产权价值创造场景和交易情景，它又分为内部一般共性假设、基于决策情景的内部共性假设和内部个性假设。其中，基本假设是构成资产评估理论体系的最基本的评估假设，是对资产评估理论体系具有统领作用的高度抽象的假设。外部共性假设是在知识产权实际交易活动中对知识产权实际所处的外部市场交易环境所做出的共性的假设说明。内部假设是对知识产权所有人自身或专利权自身所做出的必要的假设说明。基本假设在资产评估理论与实践中已讨论得比较充分并取得共识，个性假设需要针对具体的评估业务项目实际情况，发挥评估人员的专业技能进行构建，因此本书重点讨论知识产权评估中的外部共性假设和内部共性假设的优化，建立知识产权评估的共性假设基础，以提高知识产权评估的一致性和可信度。

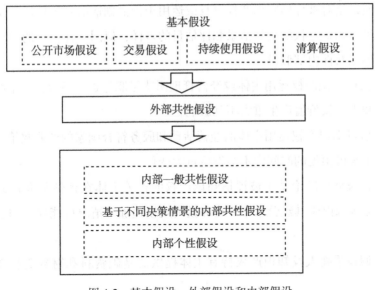

图 4-2 基本假设、外部假设和内部假设

（二）知识产权评估的共性假设的构建

共性假设是指不同评估主体实施同一评估对象和评估目的时都普遍采用的评估假设。目前评估实践中在外部共性假设方面具有一定的共识，通常形成以下外部共性假设：

（1）假设有关国家和地区的政治、经济和社会环境在评估基准日后无重大变化；

（2）假设有关国家宏观经济政策、产业政策和区域发展政策在评估基准日后无重大变化；

（3）假设有关的利率、汇率、赋税基准及税率等在评估基准日后无重大变化；

（4）假设评估基准日后通货膨胀水平不发生重大变化，在合理范围内波动；

（5）假设评估基准日后新兴知识产权的出现不会对被评估知识产权所涉及的行业及市场造成重大不利影响；

（6）假设评估基准日后不会出现对被评估知识产权价值造成重大影响的不可抗力或不可预见因素。

内部假设是对被评估知识产权自身或运用于价值创造的具体环境作出的假设或说明。虽然知识产权的交易情景和评估目的多样，但同一评估目的和交易情景下仍可以构建共性内部假设：

（1）假设知识产权运用主体或经营管理团队尽职尽责，不因自身组织或人员变动等对知识产权价值产生重大不利影响；

（2）假设知识产权运用主体的经营活动和服务符合国家的产业政策，合法合规，并在未来可预见的时间内不会发生重大变化；

（3）假设评估结论基于被评估知识产权的相关主体在评估基准日的经营能力，不考虑未来由于其经营策略变动和投资规模追加等情况可能导致的经营能力扩大；

（4）假设委托人及知识产权持有主体提供的基础资料和财务资料真实、准确、完整；

（5）假设知识产权持有主体在预测年度内均匀获得现金流；

（6）假设被评估知识产权的权属及有效性不存在法律争议。

以上共性假设未必完善，但通过以上共性假设的构建，可以让评估人员在实施知识产权评估时建立可比较的，较为稳定的评估结论成立基础条件。但这并不意味着这些假设不可改变。这些假设在现实的市场中往往与实际情况存在一些偏差，导致得出的评估结论与知识产权相关利益主体的主观感觉存在差异，引发对知识产权评估结论的质疑。同时，这些共性假设也表明知识产权评估结论只在一定的时限内有效。因此，评估人员不应仅仅在评估报告中列示这些共性假设，还应与客户沟通，并在报告中说明这些共性假设对评估结论的影响，以及对客户决策可能产生的影响。

（三）不同知识产权决策情景下的知识产权评估内部共性假设

除上述知识产权评估的一般共性假设外，评估人员仍需要理解知识产权评估所服务的各类决策情景，并根据不同的决策情景作出内部共性假设。

1. 知识产权使用权转移情景下的内部共性假设

知识产权出资、转让、许可、侵权诉讼情景下，如果选择市场价值类型进行评估，就应当构建知识产权可转移性共性假设。该共性假设强调未来经营者能够通过知识产权的独立运用获益，或该经营者已经具备或易于获得发挥知识产权的经济价值所依赖的其他要素。在该共性假设下，评估师应当识别知识产权的价值依赖于其当前所有者或特别方的技能，或依赖于与他人所有或控制的其他产品、技术或流程共同使用的效果。

2. 知识产权质押情景的内部共性假设

在知识产权质押情景下，有两个重要的内部共性假设：

一个假设是：出质人对出质知识产权有持续的开发维护投入以能够合理保证知识产权价值的维持和实现。

一方面，知识产权作为一种无形资产，其价值具有波动性，需要出质人具备持续的维护其价值的能力，以保证在质押融资期间知识产权的价值不会出现较大波动；另一方面，出质人缴纳知识产权年费或申请续展等行为会影响知识产权有效性的维持，从而直接影响被质押知识产权经济价值的实现。因此，需要对知识产权质押融资情景下知识产权价值的维持和实现做出假设限定。

另一个假设是：知识产权必须是能够独立处置的质押物。进行质押的知识产权价值能够从企业整体价值中分离出来。对质权方而言，知识产权作为质押物的意义不在于获取其所有权，而在于当出质人无力偿还贷款时，可以将质押知识产权的处置价款作为自身经济利益的补偿。因此，知识产权作为质押物的前提条件是该知识产权能够独立转让，在评估时需要对此进行假设限定。

3. 财务报告决策情景的知识产权评估内部共性假设

在财务报告决策情景下，需满足四项会计基本假设，即会计主体、持续经营、会计分期和货币计量假设。会计基本假设对会计核算所处时间、空间环境等作出合理设定，是企业会计确认、计量、记录的基础，是企业财务报告编制的前提假设。在以财务报告为目的的知识产权评估实践中，评估人员应引入财务会计准则的相关要求构建内部共性假设。

4. 知识产权侵权诉讼情景下的知识产权评估内部共性假设

随着我国知识产权相关法律制度不断完善，知识产权保护水平持续提升，知识产权主体通过诉讼进行维权的活动近年来大幅增长，也给知识产权侵权损害赔偿评估业务带来机会。由于知识产权侵权损害赔偿评估具有更复杂的背景（杨伟曒，骆自玲，2022），需要在相关的法律框架下实施评估业务，因此需要构建该类决策情景下的内部共性假设的标准，例如：评估对象、评估范围、评估期间范围等。① 这些内部共性假设构建标准可以避免评估人员在实施该项业务时出现基本条件的差异导致评估结论存在争议。

二、引入专利质量评价体系的专利权评估模型优化

在专利权评估中，一个核心的问题就是专利权质量如何，它对专利权价值评估有何影响。虽然当前已有大量关于专利质量评价的研究，但放在具体的评估情景中，这些专利权质量评价模型直接用于专利权价值评估的仍不常见。因此有必要建立专利质量评价与专利权评估模型之间的有效关联，优化专利权评估技术体系。

（一）专利质量评价相关概念

1. 专利质量内涵

质量是我们了解和评价某一客观事物必不可少的要素。国际标准化组织 ISO9000 族标准中的定义：质量是反映实体满足明确或隐含需要能力的特征和特征的总和。根据质量的内涵，可知专利质量是专利的内在特性所满足专利权人对

---

① 杨伟曒，骆自玲. 知识产权资产评估业务新探 [N]. 中国会计报，2022-09-30 (8).

其要求的程度，目前国内外诸多学者将专利质量分为法律、技术、市场这三个维度。

专利的法律质量是专利在法律寿命内和权利要求保护范围内依法享有法律对其独占权益的保障，专利是法律的产物，法律赋予专利所有者独占权与排他权，获得法律授权是保证专利质量的基本条件（Saint-Georges，2011）。许鑫等（2019）指出，一件专利法律质量的高低，最终体现在专利申请文件撰写的好坏，能够经得起授权审查、无效抗辩和侵权诉讼考验的专利申请文件才是高质量的专利文件。

专利的技术质量即专利所承载的科技含量，它是构成专利质量的基础，专利法规定授权专利必须具备新颖性、创造性和实用性，这是专利获得授权的最低技术要求（Burke and Reitzig，2007）。与现有技术相比有显著区别的新颖性要求和服务于生产实践需要的实用性要求，比较容易判断。在此前提下，创造性对专利技术质量的影响显得至关重要，它能够直接决定专利是否具有技术上的重大突破和显著进步（李牧南等，2019）。

专利的市场质量是专利在商业化的过程中能够为专利权人带来的回报收益。专利申请的最终目的是进行市场化应用，一项科技含量很高的专利，如果难以进行市场化推广，也不能被称为高质量专利（刘立春，2017）。然而，2020 年我国有效发明专利转化率仅为 34.7%，近 2/3 的专利都没有被商业化运用。[①] 因此在对专利质量进行评价时，能够产生经济收益是投资人在面对专利交易时应考虑的判断标准之一，但不应该成为唯一的标准。

在专利权质押融资情境下，专利质量评价的目的是帮助银行等金融机构更为科学合理地确定专利质押贷款额。银行在筛选高质量专利时，除了考虑专利自身质量，还会考察专利权主体企业[②]的规模实力和运营状况，抗风险能力强的企业

---

① 国家知识产权局《2020 年中国专利调查报告》http：//www. cnipa. gov. cn/art/2021/4/28/art_53_158967. html.

② 《中华人民共和国专利法》第六条：执行本单位的任务或者主要是利用本单位的物质技术条件所完成的发明创造为职务发明创造。职务发明创造申请专利的权利属于该单位，申请被批准后，该单位为专利权人。该单位可以依法处置其职务发明创造申请专利的权利和专利权，促进相关发明创造的实施和运用。

所拥有的专利更易获得质押融资贷款（向军、方厚政，2017）。因此，我们认为质押专利的质量内涵除了具有传统的法律维度、技术维度、市场维度，还应包括企业维度。高质量的质押专利应在专利法给予保护的时间范围和地域范围内，凭借其先进的技术为企业获取可观的经济收益，同时又能够作为优质质押标的帮助企业获取外部融资。

2. 专利价值内涵

在专利评价的研究领域，专利价值是一个常与专利质量放在一起讨论的概念，两者常被混淆，因此本书对两者的内涵进行梳理和辨析。

专利价值可分为狭义的价值和广义的价值。狭义的专利价值即专利在技术市场上的商业价值，这与前文所述的市场维度的专利质量大致相同。然而，狭义界定下的专利价值在评估实务中存在诸多难题，一方面，专利的经济价值总是依附于有形资产，评估实务界多采用分成率的方式将专利权收益从综合收益中进行剥离，但目前分成率的取值比较主观，难以确保评估结果的公信度和精准度；另一方面，我国存在大量尚未实现市场化应用的专利，由于没有财务数据，此类专利的估值仍是评估界的一大难题。

广义的专利价值除了经济收益，还包括其他维度。随着企业专利行为和专利战略的复杂化，专利申请背后的专利价值理念越来越多样化。有些企业认为专利具有类似于广告的宣传价值，能够向投资者和消费者展示自身过硬的技术能力（王会良、和金生，2007）；有些企业申请专利的目的不是商业化，而是出于战略考虑布局大量的外围专利，起到保护核心专利的作用，从而阻止诉讼，并在专利谈判中占据优势地位（马天旗、赵星，2018）。

3. 专利质量与专利价值辨析

基于前文对专利质量和专利价值内涵的梳理，我们可以发现专利质量和专利价值的概念有两个不同的层次。

首先，从概念范畴来看，广义的专利价值覆盖范围最大，不仅包含狭义的专利价值、专利质量，还包括战略价值、广告价值等维度；专利质量的覆盖范围适中，主要集中在法律、技术、市场这三个方面。狭义的专利价值覆盖范围最窄，仅考虑了专利对专利权人所带来的经济回报。资产评估中的专利价值属于狭义的专利价值范畴。三者概念关系如图 4-3 所示。

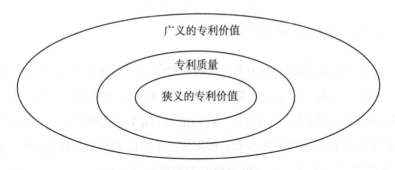

图 4-3 专利评估中的概念辨析

其次，专利质量和专利价值的判断标准存在不同。专利质量的判断依据是同一领域专利技术的创造性和创新性，这是比较客观的判断标准，不会随评价主体的不同而改变。专利价值强调专利技术为专利使用者带来的效用，以专利使用主体的自身利益作为主要考量。在资产评估中，由于价值前提和价值类型的不同，专利价值评估结论也存在差异。此外，专利的质量能够在较短时间内体现，而一些专利的价值要基于专利权人雄厚的经济实力和独特的商业模式在较长的一段时间内才能够体现（谷丽等，2017）。

最后，专利质量和专利价值并不存在线性相关关系。高质量专利不一定是高价值专利，低价值专利也可具备高质量。例如，现有 A、B 两个专利，A 专利的产品市场规模较大，销售额为 100 亿元，但由于 A 专利申请书的撰写质量差，导致 95% 的市场被竞争对手抢夺，则 A 专利所有权人只能得到 5% 的市场份额，则 A 专利的价值为 5 亿元；B 专利的产品市场规模较小，销售额为 100 万元，但 B 专利申请书的撰写质量高，该专利可以覆盖整个 100 万的市场，任何竞争对手都无法突破该专利，则 B 专利价值为 100 万元。就 A 专利而言，价值 5 亿元的 A 专利明显属于高价值专利，但该专利的质量系数只有 5%，专利技术并没有为专利权人争夺更大的市场份额，为低质量专利；就 B 专利而言，价值 100 万元的 B 专利是低价值专利，但该专利的质量系数接近 100%，将专利的垄断功能最大化发挥，该专利是高质量专利。

综上所述，专利质量与专利价值是互相联系又相互区别的概念，对于专利的研究，应从质量和价值两个方面分别进行，两者缺一不可。

（二）现有专利评价体系研究的不足

目前国内外已开发出了多种专利质量评价体系，具有代表性的包括 2002 年丹麦专利商标局与哥本哈根商学院合作开发的 IPscore 评价系统，2006 年由美国 Ocean Tomo 集团与美国证券交易所共同推出 Ocean Tomo 300™ 指数，韩国知识产权局下属组织研发了 SMART3 专利分析系统，中国国家知识产权局与中国技术交易所于 2012 年开发的基于专利价值度的专利价值分析指标体系。通过分析比较这些已有的代表性专利评价体系，我们认为现有的专利质量评价体系存在以下不足：

一是适用范围受限，缺乏对多样化交易场景的灵活变通。现实生活中专利的交易活动包括转让、许可、质押、拍卖等，在不同的交易场景下，影响专利质量和专利价值的关键因素不同，体现在评价体系中即为指标选取和权重设置的差异。基于前文的分析，可以看出目前国内外典型的专利评价体系，应用范围过于笼统，缺乏对应用场景的细分，运用一套指标体系来评价所有专利显然是不够严谨的。

二是主观评价指标过多，可操作性差。IPscore 专利评价系统、国知局专利价值分析指标体系设计复杂，并且包含了大量的定性指标，评价结果的可靠性高度依赖专业人士的经验和能力，缺乏统一的判断标准，主观色彩较强的评价结果可能会导致公信力不足。同时人工定性评价往往要耗费大量资金成本和时间成本，效率低下。当前的专利交易多以组合形式出现，需要在较短时间内完成专利组合的批量评价，这些专利评价体系明显无法满足此项要求。

三是专利质量评价结果在价值评估实务中的应用程度低。专利质量评价体系能够揭示专利的内在属性，但实务中往往需要确定专利价值的一个具体数值或区间。目前的专利评价体系通过打分数和评等级来表示评价结果，并没有给出评价结果在专利价值评估实务中的应用方法，这就导致了抽象的专利评价得分与具象的专利评估价值之间的脱节。一项关于国家知识产权局专利评价体系的问卷调查显示，近 70% 的资产评估从业人员认为指标体系分析结果的效用难以评价，在专利价值评估中引用专利评价结果存在困难（唐静、文豪，2019）。基于以上问题，本书认为有必要建立一套能够满足批量评价和快速评价要求的，服务于专利价值评估的专利质量评价体系。课题组以质押情景下的专利价值评估为例，构建了质押情景下基于专利质量评价的专利价值评估模型，并进行了案例研究。

（三）专利质量评价指标和评价指数构建——以质押情景为例

通过对当前典型的专利质量评价体系进行研究，我们可以发现对于质押专利质量的评价多围绕法律、技术、市场、企业这四个维度。在采用收益法对专利权价值进行评估时，对专利预期收益进行预测的基础就是专利产品的市场状况，法律和技术状况对基于市场状况的收益预测具有调节作用。因此，评价专利质量中如果也考虑市场维度会导致影响因素的重复考虑。因此，本书不再设置市场维度下的评价指标。

同时，考虑到专利质押情景下，并不发生所有权的变动，金融机构在关注出质的知识产权自身法律和技术状况时，也关注出质企业的状况及其对出质专利的影响。对质押专利的分析，通常是放在出质企业的存续环境下进行的，出质企业的一些特征影响金融机构对出质专利质量的判断。因此，本书研究中，我们在质押专利的质量评价体系中引入企业维度，构建基于法律维度、技术维度和企业维度的专利质量评价指标体系。

1. 专利质量评价指标的构建

（1）指标选取原则。本书选择采用指标体系法，并辅以机器学习算法来进行质押专利的质量评价。在评价体系的构建过程中，应把握好以下原则。

一是科学性原则。对于评价对象的内涵界定要清晰明确，不能模棱两可，同时根据评价对象的内在属性来对指标体系的评价维度进行划分，做到有理有据。

二是层次性原则。专利质量评价指标体系应当是立体的、多层次的，从多元化的评价维度出发，下设一级指标、二级指标。

三是独立性原则。建立的指标体系不仅要全面，还应相互独立，避免不同的指标之间存在高度的相联性。

四是可得性原则。评价指标的设置应考虑实践层面获取指标数据的难易程度。对于难以获取的数据，可进行相似数据的替代。需要注意的是，由于本书采用机器学习算法来实现对高质量专利的筛选，因此绝大多数的指标数据应当通过计算机直接提取或深度挖掘而得到，这样才能够满足质押专利的批量评估需求。

（2）法律维度指标的选取。如果把专利比作鸡蛋，那么法律质量就相当于蛋壳，它反映了专利在法定寿命和权利范围内所享有的对其独占权利的保障，以保证专利商业化的顺利进行。本书认为应从权利保护范围、权利稳定性、地域保护范围、时间保护范围这四个方面对质押专利的法律质量进行评价。

①权利保护范围。在进行专利授权申请时，为了说明专利权的法律保护范围，专利权人需要填写专利权利要求书。权利要求包括独立权利要求和从属权利要求，权利要求的类型包括产品权利要求、方法权利要求、应用权利要求等，权利要求的数量越多、类型越多，保护的范围越全面。本书选择权利要求数量和说明书页数这两个二级指标来表示权利保护范围。在我国专利权利要求数量超过 10 项，每项增收 150 元；专利说明书超过 30 页，每页增收 50 元。① 因此专利的权利要求数量和说明书页数较多，一定程度上能够反映出专利权人对该专利的重视程度。

②权利稳定性。权利稳定性指在专利能否持续稳定地获得法律保护，它包括两个方面，一是凭借高质量的专利申请文件顺利通过专利授权申请，可通过专利从申请到授权的间隔时长来体现，专利技术水平越高，专利审查员对专利的审查难度越大，专利的审查时间越长；二是在面临专利无效宣告请求时能够抵御无效风险，迅速使专利恢复到权利有效状态。我国专利法规定，如果对一项专利的授权合理性有异议，任何组织或个人都可以提出专利无效宣告请求，复审委员会负责对专利的有效性进行审查。一项经历无效宣告请求的专利在较短时间内摆脱权利不确定的状态，必然具有极高的权利稳定性。本书选择专利审查时长、专利是否经历无效请求后确权来表示权利稳定性。

③地域保护范围。专利在法律层面的地域保护范围可以通过专利布局情况来体现，即布局国家数指标和三方专利指标。专利权人就同一项专利技术在几个国家提出专利申请，布局国家数量越多，目标专利在全球的地域保护范围越广。三方专利即在美国专利和商标局（USPTO）、欧洲专利局（EPO）、日本特许厅（JPO）均提出授权申请的专利。美国、日本和欧洲是全球科技创新能力最强的国家和地区，并且这三个地方都有着比较高昂的专利申请费用，因此人们通常认

---

① 资料来源：国家知识产权局专利收费标准一览表。

为三方专利具有较高的科技含量和经济价值。

④时间保护范围。专利的时间保护范围是指专利从授权到失效的存活时长。专利权人需要缴纳专利年费以维持专利权有效，且年费会随着维持年限的增加而逐年提高，专利权人愿意花费高昂的年费来维持专利权，足以说明专利的竞争力之高，经济回报之大。学者薛明皋、刘璘琳（2013）在 686 份贷款合同的实证分析中发现专利质押融资额与专利剩余有效期的时间长度呈现正相关，专利剩余有效期每减少一年，质押贷款金额平均下降 10 万元。在 2021 年 3 月国家知识产权局明确了 5 种高价值发明专利，其中维持年限超过 10 年的发明专利属于高价值专利。①

专利质量评价的法律维度指标见表 4-5 所示。

表 4-5　　　　　　　　　专利质量评价的法律维度指标

准则层	一级指标层	二级指标层	指标属性
法律维度 A	权利保护范围 A1	权利要求数量 A11	正指标
		说明书页数 A12	正指标
	权利稳定性 A2	审查时长 A21	正指标
		无效请求后确权 A22	正指标
	地域保护范围 A3	布局国家数 A31	正指标
		三方专利 A32	正指标
	时间保护范围 A4	专利维持年限 A41	正指标

（3）技术维度指标的选取。专利的技术质量体现其内在属性，相当于鸡蛋的蛋黄，它是高质量专利的基础。专利是承载技术内容的信息载体，强调技术的创造性和新颖性，一项专利技术质量的高低体现在横向和纵向两个方面的比较，横向是同一领域内同类技术的质量比较，即平行方案；纵向是其他领域内替代技术的比较，即互补技术的比较。本书认为应从技术先进性、技术成熟度、技术应用

① 国知局首次定义 5 种"高价值发明专利"［EB/OL］.（2021-03-30）［2022-05-21］.http：//www.qqip.org.cn/category/view？id=297.

广度、技术可替代性这四个方面对质押专利的技术质量进行评价。

①技术先进性。技术先进性是指在当前评估时点，专利技术是否在其技术领域内处于优势地位。本书选择被引证次数和科学文献引用数这两个指标。

被引证次数，又称前向引证数量，是高质量专利筛选指标研究中应用最多的指标。一项专利如果对后续的专利技术具有深远影响，能够引领行业未来的发展方向，体现在专利信息上就是目标专利被引用的数量多且频次高。

科学文献引用数，即目标专利所引用的科研论文数量。马永涛等（2014）在对核心专利的识别研究中发现了大部分的高质量专利都具备引用科技文献多这一特质。科研论文作为科技研究成果的理论体现，通过专利技术的应用将理论转化为实践，架起了理论科学与应用科学的桥梁。目标专利引用的科学文献数量，能够反映专利对当前先进科研理论知识的学习程度。

②技术成熟度。技术成熟度是指专利技术从提出技术需求到实现产业化应用过程中的演变状态，反映技术对于项目目标的满足程度。技术成熟度越低，对专利研发时长、研发资金成本、研发的不确定性等因素影响越大，这直接关系到项目效益。在技术成熟度方面，本书选择专利引用数这一指标，即目标专利后向引证的专利文献数量。目标专利所在技术领域越成熟，科技成果越丰富，则目标专利可学习借鉴的在先专利数量越多。

③技术应用广度。专利技术的应用广度，即目标专利能够解决的技术问题所属的技术范围领域是否广泛。IPC 小类数能够很好地衡量目标专利的技术应用广度。一项专利在进行授权申请时，专利审查员会根据《国际专利分类表》① 对目标专利授予一个或多个 IPC 分类号，以划分其所处的科技领域。IPC 小类（IPC 前四位数字）表示专利所覆盖的宏观技术领域。以中国发明专利 CN201910871670.3 为例，其包含的 IPC 专利号包括 H04N19/124、H04N19/17、H04N19/182、H04N19/184、H04N19/137、H04N19/98，共 6 个，但只有 H04N 这 1 个 IPC 小类，说明该专利只覆盖了一个技术领域。

④技术可替代性。技术可替代性是指是否存在其他专利能够和目标专利解决

---

① 《国际专利分类表》是根据 1971 年签订的《国际专利分类斯特拉斯堡协定》编制的，是唯一国际通用的专利文献分类和检索工具。

相同的技术问题。替代专利的数量越多，解决问题的效果越好，目标专利的不可替代性越弱。旁系引证指标能够鉴别出替代专利（马天旗，2018）。旁系引证专利是指和目标专利引用了相同的在先专利，旁系引证专利与目标专利同属一个技术领域，且参考了相同的在先技术，因此与目标专利的相似度较高。该指标为专利技术质量的逆向评价指标。

专利质量评价的技术维度指标见表4-6所示。

表 4-6　　　　　　　　　　专利质量评价的技术维度指标

准则层	一级指标层	二级指标层	指标属性
技术维度 B	技术先进性 B1	被引证次数 B11	正指标
		科学文献引用数 B12	正指标
	技术成熟度 B2	专利引用数 B21	正指标
	技术应用度 B3	IPC 小类数 B31	正指标
	技术可替代性 B4	旁系引证数 B41	逆指标

（4）企业维度指标的选取。专利技术的研发具有周期长、见效慢、风险高的特点，往往需要投入大量人力、财力、物力。综合实力强的企业具有雄厚的资金来负担高额的研发支出，且抗风险能力强，研发出高质量专利的可能性较大。同时，具有良好信誉和发展潜力的企业也更易获得银行的质押贷款。因此，在筛选优质专利时除了要考虑专利自身质量，还应考虑专利权企业对专利所产生的影响，本书从以下三个方面对专利权人①的水平进行评价。

①经营规模。经营规模能够反映企业的综合实力和对市场的适应能力。在经营规模方面，本书选择注册资本和成立年限这两个指标。注册资本既是股东投入公司用于从事生产运营的资产，也是企业偿还债务的资金保障，是企业经营实力的直观体现。就企业成长周期而言，企业要经历初创期到衰退期等一系列阶段，

---

①　《专利权质押合同登记管理暂行办法》第四条规定，出质人必须是合法专利权人。如果一项专利有两个以上的共同专利权人，则出质人为全体专利权人。本书对于企业维度的指标数据来源于专利权人，若专利发生过所有权变更，则技术实力指标数据选自专利申请人，经营规模和成长潜力指标数据选自专利权人。

在优胜劣汰的市场经济下，企业成立年限越久，说明企业的经营实力和抗风险能力越强。

②技术实力。专利作为凝结企业研发心血的知识密集型无形资产，专利的质量与企业的技术实力存在密不可分的关系。在技术实力方面，本书选择发明人数量、专利交易次数、持有专利总数、持有专利总被引次数这四个指标。

发明人数量，即参与目标专利研发的发明人。专利权人和发明人的技术水平越高，创新能力越强，专利质量高的可能性越大。同时，研发人员的数量是企业综合实力和对科技创新重视程度的体现。

专利交易次数，即目标专利的转让次数与许可次数之和。专利能够被转让或许可，是市场对该专利质量的高度认可。

企业持有的所有专利以及这些专利的总被引次数，能够反映出企业在其所处技术领域的影响力和贡献程度，从宏观上把握企业的科技创新能力和研发实力。

③成长潜力。企业的成长能力是指企业能够不断发掘新的资源优势，持续实现竞争潜力提升的能力，这是对企业未来发展状况的一种预期。处于新兴产业的高成长潜力企业在专利质押贷款中更受银行青睐。学者张超和唐杰（2021）基于2008—2020年149家专利出质企业的样本信息，对专利属性、出质企业特征与质押价值的相关性进行了实证研究，样本中属于新兴产业的出质企业占比高达71%，且新兴产业企业的专利质押额度比非新兴产业企业高出140余万元。

在成长潜力方面，本书选择高新技术企业这一指标。国家知识产权局于2021年2月发布了《战略性新兴产业分类与国家专利分类参照关系表（试行）》，该文件涵盖了九大类新兴产业，本书据此对目标专利企业是否属于战略性新兴产业进行判断。

专利质量评价的企业维度指标见表4-7所示。

表4-7 质押专利质量的企业维度指标

准则层	一级指标层	二级指标层	指标属性
企业维度 C	经营规模 C1	注册资本 C11	正指标
		成立年限 C12	正指标

续表

准则层	一级指标层	二级指标层	指标属性
企业维度 C	技术实力 C2	发明人数量 C21	正指标
		专利交易次数 C22	正指标
		持有专利总数 C23	正指标
		持有专利总被引次数 C24	正指标
	成长潜力 C3	高新技术企业 C31	正指标

2. 专利质量评价指数的确定

（1）指标权重的确定。在建立专利质量评价指标体系后，需要确定 ABC 四个准则层对目标层的权重以及 11 个一级指标、19 个二级指标的权重。本书通过专家打分法，邀请 30 位知识产权服务行业资深人士、银行信贷部员工和资产评估专家对指标的相对重要程度进行排序，把专家各自打分所得权重求取算数平均值，得到专利质量评价指标的最终权重，见表 4-8。

表 4-8　　　　　　　　　　　　**质押专利的质量评价体系**

准则层	权重	一级指标层	权重	二级指标层	权重	最终权重
法律维度 A	0.31	权利保护范围 A1	0.36	权利要求数量 A11	0.67	0.0753
				说明书页数 A12	0.33	0.0371
		权利稳定性 A2	0.28	审查时长 A21	0.50	0.0434
				无效请求后确权 A22	0.50	0.0434
		地域保护范围 A3	0.24	布局国家数 A31	0.33	0.0243
				三方专利 A32	0.67	0.0493
		时间保护范围 A4	0.12	专利维持年限 A41	1.00	0.0371
技术维度 B	0.20	技术先进性 B1	0.37	被引证次数 B11	0.75	0.0552
				科学文献引用数 B12	0.25	0.0184
		技术成熟度 B2	0.18	专利引用数 B21	1.00	0.0368
		技术应用广度 B3	0.28	IPC 小类数 B31	1.00	0.0569
		技术可替代性 B4	0.16	旁系引证数 B41	1.00	0.0326

续表

准则层	权重	一级指标层	权重	二级指标层	权重	最终权重
主体维度 C	0.49	经营规模 C1	0.31	注册资本 C11	0.67	0.1024
				成立年限 C12	0.33	0.0504
		技术实力 C2	0.49	发明人数量 C21	0.12	0.0288
				专利交易次数 C22	0.28	0.0673
				持有专利总数 C23	0.33	0.0793
				持有专利总被引次数 C24	0.27	0.0649
		成长潜力 C3	0.20	高新技术企业 C31	1.00	0.0968

（2）评价指数的建立：

①指标的无纲量化处理。专利质量评价指标的含义和性质不同，使得指标数据在量级、量纲上存在较大的差异，这会影响专利质量评价结果的准确性，因此我们需要对定量指标数据进行标准化。本书选择运用分位数排序法对指标数据进行处理，将随机变量分布曲线与 X 轴包围的区域划分为 m 个大小相等的区间，得到 $m-1$ 个值，这些值即为 m 分位值。分位值可以用来描述一组数据的分布特征，受极大值、极小值影响较小，因此准确度和可信度更高。本书选择用 20 分位、40 分位、60 分位、80 分位这四个分位点将指标数据划分为 5 等份，依次设置指标得分为 1~5 分。本书选择 Matlab 工具对指标数据进行排序和分位。

②专利质量指数的确立。本书建立的专利质量评价体系从三个维度对质押专利质量进行评价，将各个维度下的指标得分进行加权统计能够得到目标专利更为全面和系统的质量评价。具体公式如下：

$$Q = \sum_{i=1}^{19} E_i H_i$$

式中：

Q——专利质量指数，满分为 5 分；

E_i——单个指标的权重；

H_i——单个指标的得分。

（四）基于粗糙集—支持向量机的专利质量评价模型

1. 粗糙集基本原理

1982 年波兰籍数学家 Pawlak 提出了粗糙集（Rough Set）理论，该数理工具能够对模糊的、不确定性的知识加以处理。粗糙集的核心思想是分析决策表中的离散型数据，找出数据之间隐藏的内在关联，利用知识约简来去除重要程度相对较弱的特征属性，在不影响分类功能的前提下实现分类规则的识别与导出。不需要任何附加信息或先验知识，完全通过分析数据本身所提供的信息来揭示数据规律，这是粗糙集理论相比较于其他处理不确定性问题的工具的最大的优势（于洪等，2015）。

（1）知识表达系统。知识在不同的学科研究中有不同的内涵，在粗糙集理论中，知识是一种对研究对象进行分类的能力。知识表达系统又叫作信息系统，设知识表达系统的公式为 $S = (U, A, V, F)$，其中 $U = \{x_1, x_2, \cdots, x_n\}$ 为论域，即对象的非空有限集；$A = \{a_1, a_2, \cdots, a_m\}$ 为属性的非空有限集；$\forall a \in A$，V_a 是属性 a 的值域；$f: U \times A \to V$ 是一个信息函数表达式，它为每个对象的各个属性赋予一种信息值，即 $\forall a \in A$，$x \in U$，$f(x, a) \in V_a$。

（2）决策信息系统。决策信息系统是特殊的知识表达系统，设 $C = \{c_1, c_2, \cdots, c_n\}$ 为条件属性集合，$D = \{d_1, d, \cdots, d_m\}$ 为决策属性集合，$f(x_i, c_j) = u_{j, i}$，$f(x_i, d) = v_i$，若 $A = C \cup D$，且 $C \cap D \neq \varnothing$，此时知识表达系统 S 则被称为决策系统，通常表达形式为决策表。根据决策属性集合 D 中元素数量的多少，决策信息系统又可以划分为单一决策信息系统（$D = \{d_1\}$）和多决策信息系统（$D = \{d_1, d_2, \cdots, d_m\}$，$m > 1$）。决策表的一般形式如表4-9所示：

表 4-9　　　　　　　　　　　**决策表的一般形式**

对象	条件属性			决策属性
U	c_1	$\cdots$	c_m	d
x_1	$u_{1, 1}$	$\cdots$	$u_{m, 1}$	v_1
x_2	$u_{1, 2}$	$\cdots$	$u_{m, 2}$	v_2

对象	条件属性			决策属性
…	…	…	…	…
x_n	$u_{1,n}$	…	$u_{m,n}$	v_n

（3）不可分辨关系。若 $P \in A$，且 $P \neq \varnothing$，则 P 中所有等价关系的交集即 P 上的不可分辨关系，记为 IND(P)，数学公式为：

$$\text{IND}(P) = \{(x, y) \in U \times U, a \in P, f(x, a) = f(y, a)\}$$

由不可分辨关系 IND(P) 产生的全部等价类的集合，记为 $U/\text{IND}(P)$，表示根据属性集 P 对论域 U 分割为若干个等价集合，每个集合中对象间的关系是不可区分的。

（4）上、下近似集。$x \in X$ 这一元素与集合的隶属关系是否成立，存在以下三种判断情况：

①对象 x 一定在集合 X 中；

②对象 x 一定不在集合 X 中；

③对象 x 可能在集合 X 中，也可能不在集合 X 中。

正域、负域和边界是粗糙集理论中解决元素与集合隶属关系问题的重要概念，这三者是通过上、下近似集与 U 的加减运算来得到。在知识表达系统 $S = (U, A, V, F)$ 中，设知识库 $K = (U, R)$，其中 $X \in U$，$R \in A$，X 关于 R 的上、下近似集公式如下：

$$\overline{R}(X) = \cup \{Y_i \in U/R \mid Y_i \cap X \neq \varnothing\}$$

$$R\_(X) = \cup \{Y_i \in U/R \mid Y_i \in X\}$$

上近似集 $R(X)$ 表示论域 U 中根据属性 R 判断可能属于集合 X 的全部元素组成的集合，是 X 关于 R 的最大精确集；下近似集 $R\_(X)$ 表示论域 U 中根据属性 R 判断一定属于集合 X 的所有元素所构成的集合，是 X 关于 R 的最小精确集。若 $R(X) = R\_(X)$，则称 X 为精确集，否则 X 为粗糙集。

对上、下近似集进行计算变换，可得到正域、负域和边界，公式如下：

X 的 R 正域：$\text{POS}_R(X) = R\_(X)$

X 的 R 负域：$\mathrm{NEG}_R(X) = U - \overline{R}(X)$

X 的 R 边界：$\mathrm{BN}_R(X) = R(X) - R\_(X)$

通过公式我们可以得知，正域 $\mathrm{POS}_R(X)$ 为 X 关于 R 的下近似集，此区域表示一定属于 X 的对象组成的集合；负域 $\mathrm{NEG}_R(X)$ 为论域与上近似集的差，即论域中除了上近似集以外的所有区域，此区域表示一定不属于 X 的对象所组成的集合；边界为上近似集与下近似集的差，此区域表示可能属于 X 也可能不属于 X 的对象所组成的集合。

2. 支持向量机基本原理

支持向量机（Support Vector Machine，SVM）是 Vapnik 等人提出的机器学习方法，该方法基于统计学 VC 维理论和结构风险最小化原理，能够较好地解决小样本、非线性、高维数和局部极小点等各种问题，具有很强的泛化能力。由于本书的专利数据具有非线性的特点，很难用明确的数学公式进行描述，而 SVM 可利用核函数将低维空间的非线性问题转化为高维空间的线性问题，非常适合对质押专利的质量得分进行回归预测。其中样本专利的著录项信息为自变量，为输入集，专利质量得分为因变量，为输出集，SVM 的结构设计由输入、隐藏和输出三个层次构成，如图 4-4 所示。

（1）基本理论。支持向量算法最初主要是用来解决分类问题，由于其强大的分类泛化功能以及成熟的模式识别功能，后来开始逐步扩展回归领域。独特的结构风险最小化机理和良好自适应功能的非线性特征，从理论上给予了支持向量回归更出色的泛化预测能力，其算法的基本理论如下：

给定训练集 $\{x_i, y_i\}_{i=1}^n$，其中，$x_i \in R^m$ 为输入的 m 个解释变量；$y_i \in R^1$ 为输出的 1 维被解释变量。假定在 x_i 与 y_i 之间确实存在一个未知的映射函数关系 $g(a)$，支持向量回归的作用即通过训练集估计出一个如下式所示的决策函数 $f(a)$ 来近似 $g(a)$。

$$f(x) = \sum_{l=1}^{L} \omega_l \, \varphi_l(x) + b = w^{\mathrm{T}} \varphi(x) + b$$

其中，$\varphi(x) = [\varphi_1(x), \cdots, \varphi_L(x)]^{\mathrm{T}}$，$w = [\omega_1(x), \cdots, \omega_L(x)]^{\mathrm{T}}$，$\varphi(x)$ 即从输入层到隐藏层的非线性转换方程，代表了输入空间的特征，其维数越高，近似精确度越高；ω 为连接隐藏层到输出层的线性权重，b 代表阈值。

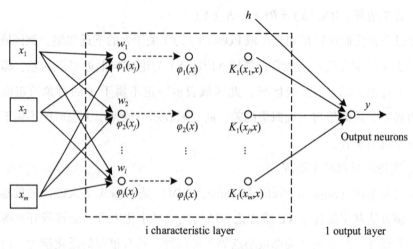

图 4-4　支持向量算法的神经网络结构

得到 $f(a)$ 后，通过其来拟合训练点，使 $R[f] = \int c(x, y, f) \mathrm{d}P(x, y)$ 最小，其中 c 为惩罚参数，代表了对错误的惩罚程度，c 越大，表示越不能容忍错误，但此时会造成泛化能力的下降。

$$E(\omega) = \frac{1}{2}(\omega \cdot \omega) + C \cdot \frac{1}{l} \sum_{i=1}^{l} | y_i - f(x_i) |_{\varepsilon}$$

其中，$| y_i - f(x_i, x)_{\varepsilon} | = \max\{0, | y_i - f(x_i) - \varepsilon |\}$ 为 ε - 不敏感损失函数，$(\omega \cdot \omega)$ 表示函数 $f(a)$ 的复杂性。

把上式转化为对偶形式，可得最终决策函数为：

$$f(x) = w^{\mathrm{T}} \varphi(x) + b = \sum_{SV} (\overline{a} - \overline{a*}) K(x, x_i) + b$$

其中 $K(x, x_i)$ 为核函数，目前常用的核函数类型包括：

线性核函数：

$$K(x, x_i) = x \cdot x_i$$

多项式核函数：

$$K(x, x_i) = [g(x \cdot x_i) + r]^d$$

径向基高斯核函数：

$$K(x , x_i) = \exp(-g \mid x - x_i \mid^2)$$

Sigmoid 核函数：

$$K(x , x_i) = \tanh(g(x \cdot x_i) + r)$$

支持向量机的核函数和核函数参数的选取对支持向量机的预测功能有很大影响，径向基高斯核函数因其较宽的收敛域和强大的非线性映射能力被广泛运用。因此本书支持向量机的核函数选取径向基高斯核函数，此时模型中存在两个需要调节的参数：惩罚参数 c 和核函数参数 g，SVM 模型的搭建即运用合适的方法确定最佳的一组 c 和 g 的过程。

（2）参数寻优。SVM 性能的好坏，主要源于惩罚参数 c 和核函数参数 g，这两个参数的优化对 SVM 性能的提升具有重要意义。惩罚参数 c 是错分样本比例和算法复杂性的折中，c 值越大，表示对识别错误的惩罚度越高，此时更强调模型的复杂化，可能导致过学习的问题；但 c 值定得过小，又会使模型过于简单，造成欠学习的问题，一般来说 c 的默认范围是 [2^-10，2^10]。径向基高斯核函数的参数 g 直接影响着高斯核函数性能的优劣，$g = \dfrac{1}{\sigma^2}$，σ 为径向基半径，因此优化 σ 即为优化核函数参数 g。径向基半径 σ 会影响映射到高维特征空间环境中样本数据的复杂程度，该参数的取值范围一般为 [0.001，10000]。

目前 SVM 参数寻优的方法包括网格搜索算法、遗传算法和粒子群算法等，本书选择网格搜索算法进行参数优化。网格搜索法的基本原理是在一定的空间范围内将待搜索参数划分为网格，随后遍历网格中全部的点来寻找使模型性能最优的参数值，该算法在处理小样本数据集时具有简单易操作，寻优速度快的优点。该算法的具体步骤如下。

首先设定惩罚参数 c 和核函数参数 g 的范围，在 c、g 坐标系上构建二维网格，网格节点就是 c、g 的参数组；其次针对每一组 c、g 的值，计算支持向量机的均方误差 MSE，并将其用等高线绘制出来，得到等高线图；如果求得的均方误差 MSE 无法达到要求，则可以进一步缩小搜索范围，减小搜索步长，直到确定最优的参数值，MSE 最小的一组即为最优参数组合。

3. 专利质量评价模型的搭建

粗糙集和支持向量机在数据处理方面具有较强的互补性（张立民等，2012）。

粗糙集能够根据数据间的内在关联，在保证分类能力不变的前提下去除冗余信息，这就简化了支持向量机模型中输入变量的维数，能够提升 SVM 的识别速度；然而粗糙集理论对异常点相当敏感，无法有效解决测量噪声问题，支持向量机通过引入松弛变量、设定惩罚参数，使其具有较强的抑制噪声能力和泛化能力。

因此本书选择运用粗糙集和支持向量机来构建专利质量评价模型，该模型的基本思想是先运用粗糙集对评价指标的数量进行属性约简，再利用支持向量机对样本专利进行训练并预测。具体步骤如下。

步骤1：样本数据的搜集。根据前文建立的专利质量评价指标体系，选取一定数量的样本专利，得到专利著录项和专利持有企业的工商信息。

步骤2：指标数据标准化处理。使用分位数排序法对指标原始数据进行标准化，将其转化为 1~5 分的分值。将各个维度下的指标标准化数据进行加权计算得到样本专利的质量评价得分。

步骤3：指标属性约简。将标准化处理后的指标数据作为条件属性，将样本专利质量得分作为决策属性。运用 Rosetta 软件自带的属性约简功能，在保持分类能力不变的前提下将重要程度相对较弱的指标剔除，得到新的专利质量评价指标体系。

步骤4：数据结果归一化。在运用支持向量机开展数据训练前，对指标数据进行归一化处理，将样本数据转化为 [0，1] 之间，以提高模型的收敛速度。归一化公式为：

$$x = \frac{x - x_{\min}}{x_{\max} - x_{\min}}$$

步骤6：支持向量机参数寻优。将归一化后的样本专利数据作为输入指标，将专利质量指数作为输出指标，采用网格遍历法对于惩罚参数 c 和高斯径向基参数 g 进行寻优。

步骤7：模型测试。将测试数据输入建立好的支持向量机模型中，若测试值与真实值误差控制在可接受的范围内，则模型训练成功。

步骤8：待估专利质量得分的确定。收集待估专利的原始指标数据，将其作为输入指标放入训练好的模型当中，得其质量评价得分，作为下一步的质押专利价值评估中的重要估值参数。

（五）专利价值评估的收益法模型优化——以质押评估为例

1. 基于改进收益法的专利质押价值评估模型

（1）质押专利价值评估基本模型。本书将专利质量评价理论引入质押专利价值评估领域，能够有效弥补传统收益法忽视质押专利价值评估特殊目的的缺陷，使评估结果更加符合质押价值类型的要求。在该评估模型中，价值下限为质押专利悲观情景下的收益现值，价值上限为质押专利乐观情景下的收益现值。同时利用专利质量评价指标体系来确定专利质量指数，若质押专利的质量评价指数高，则表示该专利具有较高的内在价值和市场认可度，质押专利作为第二还款来源的可靠性强，此时企业能够得到的贷款额度随之提高；反之，企业能够得到的贷款额度则较低。基本公式如下：

$$V = P_1 + Q \times (P_2 - P_1)$$

式中：

V——目标专利的最终评估值；

P_1——目标专利的预计未来现金流量现值的悲观估计值；

P_2——目标专利的预计未来现金流量现值的乐观估计值；

Q——目标专利的质量指数。

（2）质押专利预期收益现值评估。基于预期收益原则，利用收益法评估质押专利权价值。首先估计目标专利在剩余经济寿命内的收益，再根据预期收益实现的风险水平来确定贴现率，最终将预期收益折现得到目标专利的评估价值。具体公式如下：

$$P = \sum_{t=1}^{n} \frac{KS_t}{(1+r)^t}$$

式中：

P——目标专利评估值；

K——目标专利收入分成率；

S_t——使用目标专利的产品第 t 年的销售收入；

r——适用的折现率；

n——目标专利的预期经济寿命。

（3）情景分析框架的搭建。1972 年，壳牌石油公司员工 Pierr Wark 在分析公司未来发展前景时提出情景分析法，该方法基于对项目的内在影响因素和外在驱动力进行系统分析，预测项目未来可能存在的两种及以上的发展前景，并确定不同情景发展的概率，对企业制定战略决策具有极大帮助（莫荣团，2017）。

情景分析法在质押专利价值评估领域同样适用。一方面，情景分析法在解决评估中对参数的预测问题上具有优势。情景分析法能够深入探究影响企业营收能力的内在因素和外在因素，综合考虑企业在生产经营过程中的多种可能，通过构建多种情景来降低未来不确定性的预测难度。另一方面，情景分析法符合质押专利的估值逻辑，不同情境下的评估结果能够有效兼顾出质企业和银行的利益。乐观情景下的专利估值更加符合出质企业的利益，使其获得更高额度的贷款，而悲观情景下的专利估值更加符合借款银行的利益，使其降低坏账风险。通过情景分析法，能够为出质企业和银行提供双方都可接受的价值区间，增强评估的公信力。

情景分析法应用于质押专利价值评估的主要步骤如下：

①识别重要影响因素，选择关键驱动力量。重要影响因素，是指会对质押专利估值结果发生重大变化的影响因素。评估人员应在收集并分析了大量外部信息的基础上，对影响企业未来发展的外在驱动力量进行排序，如图 4-5 所示。情景构建中需要对外部驱动力量按照不确定性和重要性这两个维度进行排序，其中第二象限应该着重考虑的。

②构建情景框架。不同的驱动力量之间相互联系，在其共同作用之下会产生不同的发展情景。在搭建未来情景框架时，应尽可能涵盖影响质押专利估值的所有关键因素。情景框架设计应包括 2 个及以上的情景方案，评估实务中以双情景和三情景最为常见。基于前文设计的收益法估值模型，本书选择双情景分析方案，从表 4-10 可以看出，此情景模式下两个情景的属性分明、对立强烈。专利质押融资业务中的双情景模式：一是企业正常经营，能够按期还款的乐观情景；二是企业经营不善，无法按期还款的悲观情景。

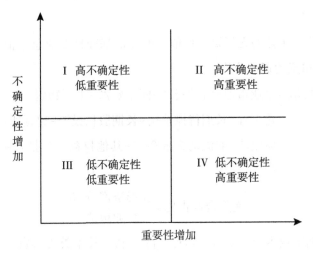

图 4-5　情景构建中的驱动力量排序

表 4-10　　　　　　　　　　　**常见的双情景内容划分方案**

情景	内容一	内容二	内容三	……
情景 1	积极	乐观	事件发生	……
情景 2	消极	悲观	事件不发生	……

③估算情景的发生概率。在对项目可能发生的情景进行划分之后,确定每个情景的发生概率是重点和难点问题,情景概率的确定方法包括信息分析法、概率树法、交叉影响分析法等(陈蕾等,2019)。本书选择采用历史财务信息法,通过对企业过去经营期间的财务信息进行统计,基于不同的情景确定关键财务指标的划分依据,通过对历史财务指标的频数统计来对不同情景的发生概率进行估算。

(4)超额收益的确定。专利的预期收益需要通过分成率来确定。本书确定的专利技术的分成率思路为:行业分成率乘以调整系数。具体公式如下:

专利权收入分成率=行业惯例下限+调整系数×(行业惯例上限−行业惯例下限)

对于专利分成率调整系数的确定,本书选择运用市场比较法,选取与待估专利所有权人处于同一行业的、生产规模相似的企业作为参照企业,通过计算这些企业的技术类无形资产对营业收入的贡献度来得到目标专利收入分成率的调整系数，具体步骤如下：

步骤 1：估算企业的无形资产价值，即评估基准日企业总市值扣除有形的非流动资产价值和流动资产价值。

无形资产价值 = 企业市值 – 流动资产 – 固定资产 – 工程物资 – 投资性房地产 – 在建工程 – 长期待摊费用 – 长期股权投资 – 递延所得税费用 – 长期应收款 – 非流动金融资产 – 其他权益工具投资 – 其他非流动资产

$$无形资产占比 = \frac{无形资产价值}{企业市值}$$

步骤 2：确定技术类无形资产占比，除专利等技术类无形资产外，企业所拥有的无形资产还包括商标、合同资产、人力资本等，在与无形资产评估专家、企业技术管理人员充分沟通后，本书认为技术类无形资产在无形资产中的比例应为 25%。

技术类无形资产占比 = 无形资产占比 × 25%

步骤 3：计算技术类无形资产对经营活动现金流净额的影响值。企业的运营状况可以通过经营活动现金流量反映，本书将其与技术类无形资产占比相乘得到专利技术的现金流影响值。

技术类无形资产的现金流影响值 = 技术类无形资产占比 × 经营活动现金流净额

步骤 4：计算技术类无形资产对营业收入的贡献度。将各企业技术类无形资产对营业收入的贡献度进行排序，排名的高低能够间接反映各企业的行业地位。

技术类无形资产对营业收入的贡献度 = 技术类无形资产的经营现金流影响值/营业收入

步骤 5：计算调整系数。先求出目标企业的营业收入贡献度与全部企业贡献度均值的差值，再得到参照企业最高贡献度与全部企业贡献度均值的差值，两者相除得到目标专利分成率的调整系数。

$$调整系数 = \frac{目标专利贡献度 - 全部企业贡献度均值}{参照企业贡献度上限 - 全部企业贡献度均值}$$

（5）折现率的确定。专利权等无形资产的投资收益高，风险大，因此此类资产的折现率要高于企业的整体折现率。在选择折现率时，要综合考虑企业的资产负债结构、经营规模和发展前景，确定反映企业整体经营风险的加权平均资本成本，并在此基础上考虑与目标专利相联系的特定风险，给予适当的风险溢价，进而确定目标专利的综合风险报酬率。具体公式为：

$$目标专利折现率 = 企业加权平均资本成本 + 专利特有风险报酬率$$

（6）剩余收益年限的确定。专利寿命包括法律寿命和经济寿命。根据国家相关法规，发明专利的法定寿命为 20 年。近年来我国技术创新不断加速，原先的专利技术在将来可能会被更高级、更成熟的技术所替代，专利的实际寿命往往低于法律寿命。按照法定有效期限与收益年限孰短的原则，将专利的经济寿命作为收益法的剩余收益年限更为妥当。因此，评估人员应充分考虑专利技术的更新迭代速度，合理确定待估专利的剩余收益年限。

通过构建自动化的专利质量评价模型，把机器学习引入专利评估中，能够减少专利的传统收益法评估中评估人员的大量信息收集和分析工作，通过大数据分析和机器学习，提高评估效率和客观性。

三、探索构建"专业人员+智能评估"的专利评估体系

大数据和人工智能快速发展，正在颠覆传统资产评估模式。人工智能正在以前所未有的方式颠覆越来越多的产业，给资产评估行业也带来了深刻的变化。部分资产评估机构正在探索智能化资产评估方向，搭建平台推进评估信息化数据库建设。"摩估云""评贷网""估车网"等产品将大数据挖掘分析技术与计算机批量评估技术深度结合，有效提升行业工作效率、解决数据孤岛、升级生产方式。但是，目前开发的产品对于资产评估业务中哪些评估环节和参数应当运用智能评估，哪些评估环节和参数应当结合评估师经验判断，尚没有统一的标准，使得估值作为市场价值尺度的功能有折扣的可能性。同时，由于房地产和二手车市场数据较为健全，评估程序更趋流程化，需要以数据为支撑的智能评估在房地产和二手车估价领域应用较高。适用领域更广的"摩估云"等产品目前只能实现移动拍照、现场录入、批量勘查等基础功能，目前尚未开发出在不同评估场景和评估标的下常用评估方法适用的智能评估产品。本报告提出将智能评估运用于专利质押价值评估，并以收益法应用为例，探索智能评估适宜参与的具体环节和参数，构

建"专业人员+数据智能"有效结合的专利权评估新模式。

（一）智能评估在资产评估中的应用研究现状

在国外，智能评估在资产评估中的应用起步较早。1989 年，美国国会通过法案明确指出，在不动产贷款中可以引入其他评估方法，随后计算机辅助复核评估与自动估价模型不断发展并被广泛应用（刘辰翔等，2020）。国内对于智能评估在资产评估中运用的研究和实践都较晚。目前国内外的研究主要有两方面：

一方面是建议完善信息化平台，利用大数据改进评估技术。杨志明等（2010）构思了资产评估行业信息化建设思路，认为应当从管理系统和执业系统两条主线进行信息化建设。尹林等（2011）从评估活动的业务流程和信息化管理的目标出发，认为资产评估信息化管理系统应当包含业务管理系统、项目管理系统、风险管理系统等五个子系统。王炜昱（2020）引入基于大数据的地理信息系统，发现将该系统运用于房地产评估行业可以解决因获取地理信息而耗费大量资源的问题。刘伍堂等（2020）探索将大数据技术运用于专利价值评估中，该方法以文献和大数据为基础，能够大批量评估专利寿命和专利价值，克服了传统评估方法评估效率低，耗时长的问题。总体来看，目前缺乏较全面的知识产权价值评估数据库，因此部分技术的应用存在一定困难，未来应当结合新兴技术完善知识产权价值评估信息化平台（严晓宁等，2021）。

另一方面的研究是运用深度学习等算法构建智能评估模型。这方面的研究早期主要集中在房地产批量评估。Wisniewski（2005）在多层神经网络模型的基础上，构建了房地产批量评估模型。Peterson 等（2009）将多层神经网络应用于批量评估中，实证表明该方法优于传统的幸福回归模型。Antipov 等（2012）等将随机森林算法运用于住宅房地产评估中，并验证了该方法的稳定性。赵振洋等（2018）探索了 BP 神经网络模型在中国房地产价格评估中的适用情况，通过对精确性、集中程度等四个方面指标分析，验证了 BP 神经网络更加适用。许泽想等（2019）基于评估的基本程序，分析了人工智能可以适用评估活动中的哪些环节，从而为设计支持评估全流程的平台提供基础。近年来，少数学者开始研究将智能评估方法运用于知识产权评估领域。王子焉等（2019）考虑到网络平台的特点，设计了新的专利价值评估指标体系，并以灰色关联分析—随机森林回归为基础，构建了专利价值评估模型，运用结果表明，该模型较客观和精准。再从敬等（2021）兼顾易获取的原则，构建专利价值评估指标体系，采用熵值法与人工神经网络算法，提出了基于人工和智能评估相结合的专利价值混合智能方法。

综合以上研究，知识产权评估具有以下特殊性：①知识产权评估需要对知识资产中的知识和技术含量进行测算；②知识产权的成本与收益之间具有内敛性和弱对应性；③知识产权具有"价值漂浮"特征，因此变现能力和风险的不确定性较大。基于此，知识产权评估应当坚持以下原则：①及时性原则；②规则统一性原则；③评估工作的专业化原则。

针对知识产权评估的特殊性，学者们探讨了专利权价值的评估方法。成本法评估忽视了知识产权的成本与收益之间具有弱对应性，仅适用于为交易主体设置专利价值的最低限制或用于涉诉的有争议的特定无形资产以及计算税基；市场法评估主要的困境在于目前难以找到合适可比的交易案例；收益法评估存在参数确定主观性强的问题。不少学者探索将新兴评估方法运用于知识产权评估，但相关方法评估的复杂度较高，而且存在对评估逻辑解释不足的问题，因此实务中较少使用。总结来看，目前的评估方法研究对于知识产权评估问题的优化不明显，不能解决知识产权评估中的不及时、效率不高、风险较大等问题，因此仍然需要探索效率更高，更加及时和动态的评估方法，响应评估需求。

目前关于智能评估方面的研究，主要有两个方面：一是运用机器学习算法构建智能评估模型；二是完善信息化平台，利用大数据对现有评估方法进行改进以及完善。但是目前关于智能评估运用于资产评估的研究主要是有形资产方面，对于知识产权，尤其是专利权领域的研究较少。因此有必要进一步研究智能评估运用于专利权评估的可行性，细化收益法评估中大数据适宜参与的环节和参数计算，缓解知识产权评估中的不及时、效率不高、风险较大等问题。

（二）专利价值评估存在问题和改进思路

1. 专利价值评估存在的问题

（1）评估参数的确定过程主观性强，操纵空间大。专利作为评估对象，评估过程更加复杂，专利价值评估涉及的参数较多，对于评估过程中部分参数的估计方法和过程，行业没有统一的标准，这给评估师提供了比较大的调整空间，而评估结论对评估参数的敏感性很高，一个微小的变动就可能对专利权的估值带来比较大的影响。表4-11说明，在专利权评估业务的评估方法选择上，评估机构主要采用三大传统评估方法。其中，收益法占比最大，达到了92.8%。评估过程中，收益法的三个参数估测均存在较大的调节空间。

表4-11　　　　　　　湖北省2020年专利评估案例中评估方法选择情况①

评估方法	收益法	市场法	成本法	总数
案例数	26	1	1	28
占比	92.8%	3.6%	3.6%	100%

首先，关于收益法中超额收益的预测，目前实务中采用分成率方法居多，分成率方法下有两个主要参数，即产品收益和分成率。对于产品收益，在企业会计核算资料健全的情况下，专利直接相关的产品的收益能够较清楚地确定，企业能够操作的空间不大。然而，在分成率的确定方面，分成率的确定依据有收入和利润，选择不同方法确定的分成率会产生较大差异。通常只要保证分成率在行业惯例合理的区间范围内，并有较合理的理由，评估报告就能通过审核。然而分成率的行业惯例合理范围较宽泛，评估师可以调节的范围较广。例如，关于利润分成率，联合国工业发展组织认为发展中国家的无形资产收益分成率在16%~27%比较合理，我国行业惯例认为25%~33%比较合理，甚至对于部分特殊的行业，分成率还可以更高。其次，对于收益法中的收益期和折现率的预测，行业缺乏约束，而且理论上来说，专利质押评估应当着重考虑专利的变现风险和启动第二还款源的可能性，但是评估实务中并未体现这个突出特点，一定程度上会导致风险低估。

综合上述分析，收益法是专利评估中主要使用的评估方法，而评估师对收益法的三个参数的估测均有较大的主观性，出于回应委托方的高估值期望及自身利益考虑，评估师倾向于高估专利的价值。

以专利质押情景为例，从主观动机来看，专利价值评估的评估目的是向金融

----

①　数据来源：湖北省资产评估协会。

机构申请质押融资提供质押标的物的价值参考。如果质押标的物价值较高，通常委托方更容易获得期望融资金额。委托方出于生产经营资金需要，在专利权合理估值不能满足其融资需求时，容易产生调高专利质押价值的动机，并将其意愿传达给评估机构。原则上，《资产评估职业道德准则》要求评估师坚持独立、客观、公正的原则，而且在面对干预和压力时评估师应当保持应有的独立性和谨慎原则。然而，委托方为了达成目的，可能会将估值结论是否符合预期与评估收费挂钩，部分评估机构在利益推动下，会利用评估参数选择主观性强、操纵空间大的特点，适当高估质押专利的价值。

（2）评估工作耗时长，估值结论出具不及时。从评估工作耗时长的原因来看，一是专利价值评估工作的难度较大，涉及的评估内容较多，专业性较强。专利价值受到诸多因素的影响，目前较多的研究认为主要从技术、法律、经济、企业等层面考虑，但是每一个层面又涉及很多因素，甚至难以穷尽。同时，每一个因素对价值的影响程度目前的认识仍然是在定性层次，难以量化。然而，评估结论又要求对模糊问题进行量化，这可能需要评估师耗费较多时间邀请相关行业专家确定各影响因素的权重和分值。例如，在具体参数估计上，实务中运用较广泛的收益法在评估中主要的难点有：一是在收益额的预测上，由于专利需要与其他资源整合在一起才能为企业创造价值，因此需要确定专利在收入中所作的贡献。然而，专利的贡献形式常常是"无形的"或"潜在的"，难以准确计量，评估师通过对企业生产经营过程的分析只能尽可能靠近准确值，并不能完全精确。二是在折现率的估测上，对于风险影响因素的识别和度量存在很大难度，要求评估师有较丰富的经验。三是在寿命期的预测上，需要评估师考察相关技术的更新换代等情况，需要对行业技术有较深入的了解，并掌握较多的数据，进行综合判断。四是专利价值评估过程高度依赖专业人员。目前的评估方法中，从勘查工作到评估方法的选择，再到具体参数的确定和计算，都需要评估人员全程参与和手工作业。在专利评估实务中收益法是运用较多的评估方法。传统收益法评估过程中无论是各参数影响因素的识别还是影响程度的测算，都离不开专业人员，这里的专业人员不仅包括有丰富经验的评估专业人员，也包括对专利所属技术领域有深入了解的技术专家。评估过程要求专业人员参与的越多，评估过程耗费的时间可能越长。综合上述两点原因，评估工作就需要消耗较长的时间，才能保证评估结论较合理可靠。

对于提供贷款的金融机构而言，若专利价值的评估工作耗时较长，影响专利价值的一些因素可能在评估过程中就会发生变化，时间越长，这种变化带来的影响可能更大。因为质押贷款的时间大多不会短于一年，意味着评估结论面临的不仅是质押贷款期间的变化，而且还有评估工作耗时期间的变化，这加大了金融机构承担的风险。同时，还会导致基于评估基准日所评估的专利质押价值与申请贷款日情况的吻合度降低，这可能会使得金融机构对评估结论存在质疑，需要重新估计风险。原本评估工作耗时长是因为评估师希望量化评估中的不确定性因素，提高评估结论的可靠性。然而评估工作耗时长却降低了评估结论的可参考性，这与评估工作的初衷背道而驰。这一过程如图4-6所示。

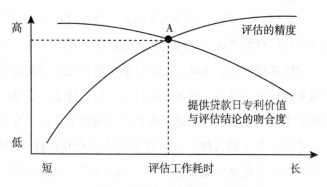

图4-6　评估工作耗时对精度和吻合度的影响

此外，企业需要待评估工作完成，才能依据评估结果向金融机构申请贷款。评估工作耗时长，可能会导致评估报告出具不及时，延误企业向金融机构申请贷款和缓解资金需求的时机。由于专利权的价值具有波动性大和不确定性高的特点，若评估工作耗时较长，影响专利权价值的一些因素已经发生较大变化，专利权的价值已经经历了较长时间的波动。

（3）传统人工评估模式无法实现动态评估。在一些专利评估业务情景中，需要动态监测标的专利的价值变化。例如，质押贷款的时间大多不会短于一年，而质押专利的价值受到诸多因素的影响，这些影响是动态变化的，可能在质押贷款期间内使得专利价值发生相当大的变化，这也是担心资金安全的金融机构非常关注的问题。所以金融机构希望能够实时了解质押专利价值的变化，以便其能够在质押专利价值发生较大波动时及时采取应对风险的防护对策。然而，传统评估模式下，评估人员全程参与评估过程，一次评估工作尚需要耗费很长的时间，动态评估需要耗费的时间和成本将更大。可以说，在传统人工评估模式下，实现动态实时评估几乎不太可能。

2. 引入智能评估方法优化专利价值评估的思路

传统的评估程序由评估师全程参与整个过程，表面上严格控制了评估的精度问题。但是由于评估工作耗时长，却加大了评估业务相关方承担的风险，延误了实现委托方实施经营决策的时机。因此，本书认为评估人员在专利价值评估过程中，寻求效率和精度二者关系的统一非常重要，即在提升评估精度的同时，也应当兼顾评估的效率，即找到图 4-7 中的 A 点。由于评估的精度需要以评估工作耗时为代价，我们认为并不是评估的精度越高越好，如图中 A 点向右的方向，随着评估工作耗时的增加，评估的精度并没有出现很大的提升，而委托方实现经济活动时的标的资产价值与评估结论的吻合度却出现较大幅度下降的情况，这种精度的提高实际上可能牺牲了评估结论的可信度。

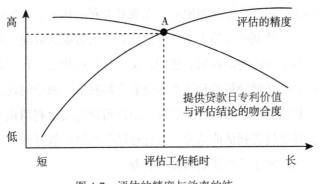

图 4-7　评估的精度与效率的统一

基于以上分析，本书尝试在传统收益法的基础上，引入智能评估方法。首先，本书对传统收益法评估过程进行分解。对于超额收益和专利寿命的估算，智能评估可以参与到大部分环节中，评估人员只需要在少部分需要结合评估经验加以分析确定。对于前文提到的质押风险因子，我们将影响质押风险的因素、量化指标以及打分规则确定以后，智能评估模型可以实现自动运算。因此，本书希望设计的智能评估模型可以解决以下问题：

（1）智能评估模型负责数据检索和获取。对于收益法中各个参数所需要的指标数据，智能评估模型可以根据指标关键词，通过联网模式向相应的数据库检索，并提取需要的指标数据。

（2）智能评估模型负责指标赋值和打分。根据上一步中提取的指标数据和评估师预先设置的打分标准，智能评估模型自动进行判断和打分。

（3）智能评估模型负责将指标值代入模型进行估值。智能评估模型进行数据获取和指标打分后，根据参数计算的模型对收益法各个参数进行运算，并代入收益法估值模型，得到估值结论。同时，为金融机构提供一个质押风险参考值。

（4）智能评估模型负责定期更新估值结论。以月为周期，智能评估模型定期对质押专利价值的变动因素进行重新评估，尤其是企业的还款能力和质押专利变现能力等金融机构非常关注的因素，从而可以呼应金融机构对风险变化的关注度，实现动态评估。

3. 智能评估模型的功能模块设计

智能评估模型主要由数据获取模块、文本分析模块、估值计算模块、信息存储模块四部分构成。四个部分互相配合，完成对专利的估值。评估师输入待估专利组合的专利号、评估基准日等重要条件，首先，由数据获取模块从相应数据库平台爬取评估过程中所需要的数据。然后，文本分析模块主要针对目前数据库难以直接获取的信息，通过分析专利文本和企业资料获取。两个模块完成对数据的获取和分析后，将数据传给估值计算模块，由估值计算模块利用预先设置的模型计算评估参数，并最终得到估值结论。信息存储模块将估值过程中重要的参数和估值结论存储下来，便于后期评估师复核查看。

此外，由于金融机构迫切需要及时了解专利价值和质押风险的变化，智能评估模型将以月为周期，更新以收益法评估专利价值过程中的相关指标数据和估值结论，并将最新的数据存储下来，为金融机构和企业提供及时的专利价值变动数据。

（1）数据获取模块。数据获取模块主要通过爬虫获取估值所需的数据和信息。所需要的信息包括四个方面：①专利相关的信息数据，如剩余法定保护年限、权利要求数等；②专利所属企业相关的信息，如企业的财务风险、信用评级等；③专利依附产品相关的信息，如产品历史销售情况等；④宏观环境数据，如国债收益率、股票指数收益率等。获取数据的来源主要分为：①innojoy专利数据库，用于获取专利相关的信息；②国泰安数据库，用于获取企业相关的数据和股票市场数据；③企业提供的经审计的年报和资料，用于获取专利依附产品的历史收入和企业收入构成情况；④中国外汇交易中心，用于获取国债收益率。

（2）文本分析模块。文本分析模块主要通过对专利文本和企业提供的文本资料及年报等进行分析，获取专利评估过程中所需要的数据。该模块分析的数据主要有：①专利文本，如专利的权利要求书、摘要和正文，从专利文本中主要获取专利应用领域和应用环节等信息，从而判断专利依附的产品等；②企业提供的文本资料和年报，从中主要是获取企业的主营业务范围，从而确定其所属的行业及与其经营范围相似的可比企业。

（3）估值计算模块。估值计算模块的主要功能是利用收益法完成对专利的估值。估值的模型和各参数计算的模型均需要预先设定。在启动专利估值后，估值计算模块收到来自数据获取模块和文本分析模块的数据，将数据代入相应参数计算模型和估值计算模型中，完成对专利的估值以及对质押风险因子的估测。

（4）信息存储模块。信息存储模块的功能是存储并定期更新价值评估的相关数据。这些数据包括：①数据获取模块获取的、评估过程中的重要参数，例如分成率和质押风险因子的各项指标数据；②文本分析模块分析得到的相关参数，如分析专利的应用领域、企业的主营业务等，这些信息通常在质押融资期间不会出现较大变动，存储下来便于后期更新专利估值时直接调用；③估值计算模块计算产生的重要参数信息和估值结论，如测算的折现率、分成率等。数据存储以后，便于评估师后期追溯查看评估过程。同时，自动估值模型每月更新的估值参数和结论也会被存储下来，有利于信息使用者查看整个质押融资期间专利价值的波动过程。

根据上述思路，我们以专利质押为例，探索了收益法评估专利价值的智能化评估模型与流程。通过探索关键性评估假设和评估参数的标准化，能够提高专利评估的效率，缩短评估周期，使动态高频跟踪评估有可能实现，以更好地满足一些要求评估周期短，对精度要求不高，但对动态性要求高的决策需求情景。

第四节　我国知识产权评估机构培育与人才队伍优化

中国资产评估行业经过三十多年的发展，已形成了比较完善的人才培养体系，形成了"学历教育、准入教育、继续教育"的多维度人才培养体系，但是在高水平人才培养上仍需加强，特别是涉及知识产权评估这一复杂领域的高水平人才仍然紧缺。2021年10月，我们联合武汉市知识产权局组织的金融机构与评估机构知识产权评估研讨会上，评估机构也表示知识产权评估的难度大、风险高、收费低，承接业务的意愿不高。银行也表示对评估机构的评估报告难以认可。

中国资产评估协会制定的《"十四五"时期资产评估行业发展规划》（简称《行业发展规划》）指出，"行业高水平人才培养体系有待完善；资产评估机构战略管理能力、品牌优势、专业特色、内部管理和执业质量仍需提升。专业理论研究仍需深化，产学研相结合的机制尚需完善"。《行业发展规划》同时也提出要"加大对资产评估学科基地建设的支持，推进校企协同培养高素质应用型人才"。针对当前我国知识产权评估领域人才不足现状，落实《"十四五"时期资产评估行业发展规划》提出的"行业分级分类分专业人才培养体系建设"，加快高水平知识产权评估人才培养，可以从以下几个方面展开。

一、引导和培育具有知识产权评估特长的专业化评估机构

目前，我国专门从事知识产权评估的专业化机构不足，综合性资产评估机构在业务布局上也难以重视知识产权评估，导致知识产权评估高质量服务供给严重不足。我们前面的问卷调查结果显示，"评估机构因为业务收益和成本、风险不对称而缺少开展知识产权评估的积极性"，"市场缺少吸引和培育高水平知识产权评估人才的收入机会"，导致"评估机构缺少能够胜任知识产权评估的专业人员"。高水平的知识产权评估人才队伍培养，离不开专业化的知识产权评估机构。没有专业化的知识产权评估机构，高水平知识产权评估人才就会失去依托。由于知识产权评估的高难度、高风险特征，早期完全靠市场机制难以快速形成有效供给，因此有必要发挥行业协会作用，加强引导和培育。

一是在政策机制上，联合财政部、国家知识产权局等政府部门，制定专业化知识产权评估机构的支持政策，在人才引进、风险承担、税收减免、运营成本补偿等方面给予支持。

二是搭建专业平台，发挥协会专业委员会作用，为专业化知识产权评估机构提供技术支持和指导，加大对专业化知识产权评估机构的培训。

三是深化知识产权评估业务统计分析，及时掌握专业化知识产权评估机构业务动态和人才状况，利用行业协会平台，加强品牌知识产权评估机构的宣传和推广，联络推动知识产权评估机构与其他知识产权服务机构的联盟与合作。

二、加强高水平知识产权评估专业人才的培养

一方面，知识产权评估涉及的技术领域广泛，特别是专利、集成电路布图、计算机软件等对评估人员的技术背景要求较高，需要高端的知识产权评估专业人才队伍。另一方面，知识产权评估市场存在更大的信息不对称，评估委托单位更难评价和识别高水平的知识产权评估人员。而目前的资产评估人才考试和培养模式难以满足高水平知识产权人才培养需要。针对知识产权评估特点，可以从以下几个方面加强高水平知识产权专业人才培养。

一是落实"加大对资产评估学科建设基地的支持"。加大支持具有知识产权特色和研究基础的学科建设基地培养知识产权评估高端人才，支持这些学科建设基地与专业化知识产权评估机构、其他知识产权服务机构联合建设高端知识产权评估人才培养基地，支持有条件的基地和评估机构联合设立博士后流动站，通过高校、科研机构和评估机构的共同合作，培养知识产权评估高素质领军人才，以适应国际合作和重大课题研究的需要。

二是支持具有无形资产评估或知识产权评估特色和研究基础的资产评估本科和专业硕士培养院校开展知识产权（无形资产）评估专门化试点。依托这些培养单位遴选知识产权评估培养的专业指导委员会，参与教学规划制定、教师队伍培训和课程教材建设。同时可以在这些院校建立知识产权评估实验室，就知识产权强国建设中有关资产评估的需求，建立专业分工和特色鲜明的案例库和数据库。

三是探索资产评估专业硕士与知识产权专业硕士的联合培养模式。2022 年 9

月 13 日，国务院学位委员会和教育部联合印发了《研究生教育学科专业目录（2022 年）》，在法学一级学科目录下新设了"知识产权（0354）"硕士专业学位。知识产权专业硕士与资产评估专业硕士均难以独立满足知识产权评估专业人才培养跨学科的需要。可以由财政部和国家知识产权局联合推动，在同时具有以上两个专业硕士学位点的培养院校试点探索资产评估专业硕士与知识产权专业硕士联合培养双学位的知识产权评估硕士层次高端专业人才的试点，重点招收具有理工科背景的学生进行专业化培养。

四是对资产评估行业的从业人员组织系统的在职培训，通过线上与线下、行业与机构，国家与地方等多种类型的协同方式，提高无形资产评估从业人员的专业胜任能力。

五是研究制定在现有资产评估师考核基础上增加升级版的知识产权评估专业能力认证考试。

三、加强与国家知识产权局知识产权人才规划的协调与合作

知识产权评估人才的培养，不仅是资产评估行业的重要工作，还应纳入国家更高层次的规划中去。2021 年 10 月 9 日，国务院印发的《"十四五"国家知识产权保护和运用规划》提出，"引导知识产权代理、法律、信息、咨询、运营服务向专业化和高水平发展，拓展知识产权投融资、保险、资产评估等增值服务，促进知识产权服务业新业态新模式发展。开展品牌价值提升行动，培育一批国际化、市场化、专业化知识产权服务机构"。这一工作由国家知识产权局牵头，中央宣传部、司法部、商务部、国家统计局等按职责分工负责，并没有提到财政部的参与。《"十四五"国家知识产权保护和运用规划》提出，"鼓励支持有条件的理工科高校开设知识产权相关专业和课程。设立一批国家知识产权人才培养基地。做好知识产权职称制度改革实施工作，完善知识产权人才评价体系。建立知识产权服务业人才培训体系，提高服务业人才专业能力"。这一工作由教育部、人力资源社会保障部、国家知识产权局等按职责分工负责，仍然没有财政部门参与。以上可以看出，知识产权服务人才包含了资产评估增值服务人才，但相关工作由国家知识产权局牵头，财政部和中国资产评估协会并没有发挥有效作用。2021 年 12 月 31 日，国家知识产权局发布的《知识产权人才"十四五"规划》

提出，"提高相关机构和人员知识产权质押、保险、证券化等金融服务能力，提升知识产权评估水平"。在重点项目中提出了"知识产权人才培养培训基地建设项目""知识产权网络培训课程建设项目""知识产权智库专家库人才库建设项目""知识产权职称评价项目""知识产权专业学位设置支持项目"等。知识产权评估人才的培养均可以关联这些重点项目。中国资产评估协会可以通过财政部的协调，加强"十四五"知识产权评估人才培养与国家知识产权局的联动，把知识产权评估人才培养与国务院《"十四五"国家知识产权保护和运用规划》、国家知识产权局制定的《知识产权人才"十四五"规划》结合起来，依托相关项目和资源，开展联合培养活动。

第五节 我国知识产权评估的制度环境优化

知识产权评估的制度环境包括相关的法律法规、政策与规划、评估准则与技术规范等，为知识产权评估提供行为规制。知识产权评估的制度环境优化重点是加强这些制度之间的协调，优化评估准则体系。

一、知识产权评估法律法规的协调优化

课题组重点分析了 7 部与知识产权评估相关的主要法律文件，分别是：《中华人民共和国商标法》《中华人民共和国专利法》《中华人民共和国著作权法》《中华人民共和国企业国有资产法》《中华人民共和国公司法》《中华人民共和国资产评估法》《中华人民共和国民法典》。前三部法律称为知识产权专项法律，后四部法律称为知识产权相关法律。

知识产权专项法律针对不同类别知识产权的具体决策情景的业务流程和操作程序作出规定，与资产评估相关度较高的条文主要集中在知识产权的转让、许可使用和侵权赔偿三方面，且多处条文提及了相关知识产权转让、许可使用和侵权赔偿需要确定合理的费用，这也意味着在上述情景下对标的知识产权进行合规估值是相关业务开展的前提和基础。《中华人民共和国企业国有资产法》《中华人民共和国公司法》《中华人民共和国资产评估法》《中华人民共和国民法典》这四部知识产权评估的相关法律，相关内容以规范出资情景为主。2005 年第三次

修订的《中华人民共和国公司法》首先引入了与知识产权评估有关的规定:"股东可以用货币出资,也可以用实物、知识产权、土地使用权等可以用货币估价并可以依法转让的非货币财产作价出资;但是,法律、行政法规规定不得作为出资的财产除外。对作为出资的非货币财产应当评估作价,核实财产,不得高估或者低估作价。法律、行政法规对评估作价有规定的,从其规定。"这也表明知识产权出资时应当对出资知识产权的价值进行评估。

2009 年 5 月正式实施的《中华人民共和国企业国有资产法》针对企业改制时的知识产权出资折算问题进行了规定:企业改制时涉及知识产权折算为国有资本出资或者股份的,应当按照规定进行评估。2016 年发布并实施的《中华人民共和国资产评估法》指出:"自然人、法人或者其他组织需要确定评估对象价值的,可以自愿委托评估机构评估。涉及国有资产或者公共利益等事项,法律、行政法规规定需要评估的,应当依法委托评估机构评估。"这一论述也表明国有资产的价值评估具有一定的强制性,而非国有资产管理中涉及的价值评估更多以自愿为主。2021 年起正式实施的《中华人民共和国民法典》中的物权编规定了知识产权的种类和范围,并就知识产权的种类和转让、出质、许可、侵害赔偿等相关决策情景做了规定与说明。

总体来说,我国知识产权评估相关的法律对知识产权评估的具体决策情景作出规定。知识产权专项法律较相关法律而言,涉及的情景较少,主要针对不同种类知识产权的转让、许可使用和侵权赔偿三个主要决策情景做出了规定与说明,鲜有提及知识产权的出资、质押等决策情景。同时,和其他资产评估业务相同,我国知识产权相关法律较多内容是服务于国有知识产权资产管理而制定的,这一点在近几年的法律中也有体现。

从上述分析可以发现,未来相关法律的修订和完善,一是需要在知识产权评估相关决策情景的规定方面更加一致,避免在知识产权评估实践中适用相关法律时出现与决策情景的法律规定存在差异;二是关于知识产权评估法定业务与国有知识产权评估业务的关系需要协调。特别是随着我国市场经济的深化,需要消除市场主体的身份和性质差异,促进知识产权评估活动平等服务各类市场主体需要,扩大知识产权评估服务业务和市场范围。

二、知识产权评估政策与规划的协调与完善

知识产权评估的相关政策和规划是在相关法律基础上，政府相关部门针对知识产权评估的具体工作出台的激励、约束和指导性文件。课题组搜集了 2008 年至 2021 年知识产权评估相关的政策和规划。根据对这些政策与规划内容的分析，可以发现，不同的政策和规划涉及知识产权评估内容时，具有很强的部门特征，对知识产权评估的内涵和范围缺乏明确界定，导致相关政策和规划的实施时难以有效协调和整合跨部门的活动和资源。根据前面的分析，"十四五"期间可以从以下几个方面完善知识产权评估的相关政策与规划。

一是完善制定国家层面相关政策和规划的落地工作方案。国务院发布的《"十四五"国家知识产权保护和运用规划》（国发〔2021〕20 号）提出，"建立知识产权侵权损害评估制度。完善无形资产评估制度，形成激励与监管相协调的管理机制"。中共中央办公厅、国务院办公厅联合发布的《关于强化知识产权保护的意见》也提出"研究建立侵权损害评估制度"。但相关文件并没有明确上述评估制度建立和完善的主体，中国资产评估协会应发挥行业协会的专业优势，积极参与甚至牵头以上制度的制定和完善。

二是加强中国资产评估协会与国家知识产权局在政策和规划制定上的协同。《"十四五"国家知识产权保护和运用规划》还提出，"引导知识产权代理、法律、信息、咨询、运营服务向专业化和高水平发展，拓展知识产权投融资、保险、资产评估等增值服务，促进知识产权服务业新业态新模式发展"。知识产权代理、法律、信息、咨询、运营服务通常由国家知识产权局协调管理，这些机构如果拓展资产评估增值服务，需要协会积极对接，理顺关系，避免知识产权评估市场中出现混乱。《知识产权强国建设纲要（2021—2035 年）》（国务院）提出，"培育国际化、市场化、专业化知识产权服务机构"。这里的知识产权服务机构既包括国家知识产权局主管的知识产权服务机构，也包括知识产权评估机构。如何落实纲要的这一要求，需要中国资产评估协会与国家知识产权局进行协调。

此外，从 2008 年以来的国家部委发布的知识产权评估相关政策和规划文件看，共 18 个政策和规划文件，其中由国家知识产权局作为文件发布单位的占了 15 个。可见国家知识产权局在知识产权评估的相关政策文件制定中处于

主导地位。国家知识产权局单独制定发布的相关政策文件中，多个涉及知识产权评估。例如，《知识产权人才"十四五"规划》提出，"提高相关机构和人员知识产权质押、保险、证券化等金融服务能力，提升知识产权评估水平"。《关于促进和规范知识产权运营工作的通知》提出，"鼓励评估服务机构开发针对不同应用场景的知识产权评估工具"。《关于抓紧落实专利质押融资有关工作的通知》提出，"强化专利项目担保和资产评估服务，鼓励引进或培育专利资产评估等服务机构，加强业务培训，提升服务能力；探索建立科学、快捷的专利资产评估模式，加强对专利资产评估服务的规范、指导和监督"。这些政策文件都提出了促进知识产权评估服务的举措。这些举措的落实应当与目前的资产评估行业高度关联，需要中国资产评估协会在推进落实《"十四五"时期资产评估行业发展规划》时，加强与国家知识产权局的对接，探索与国家知识产权局相关政策的联动机制。

三是推动知识产权评估应用领域主管部门在相关政策和规划上的协调。知识产权评估的主要应用领域是国资管理、科技金融、资本市场、司法实践等，国资委、银保监会、证监会、司法部、工信部等部委对这些应用领域的市场主体履行管理职能。在梳理知识产权评估相关政策和规范中，虽然国资委、银保监会、工信部等也参与制定和发布相关的政策，但数量较少。作为知识产权评估应用的主要市场主体的监管部门，对知识产权评估体系的健全和发展具有重要作用，如果能够取得这些部门的认可与支持，能更好推动知识产权评估相关政策和规划目标的实现。同时，这些政府主管部门可能掌握大量的知识产权相关基础数据，是知识产权评估的重要参考依据。例如，科技部掌握的技术市场交易数据，国家知识产权局掌握的知识产权许可、转让备案数据等。国家知识产权局已经对专利实施许可合同的相关信息进行了分类统计并公布，为知识产权评估提供了很好的参考。如果中国资产评估协会能够联系这些部门，基于相关的数据针对知识产权评估进行相应的进一步开发，将使知识产权评估参数的确定有更好的参考依据，有助于提升知识产权评估的客观性和公信力。因此，中国资产评估协会应当加强与这些部门的沟通与联系，加强与这些部门在知识产权相关数据的共享和共同开发，在知识产权评估相关政策的落实中取得这些政府部门的参与和支持。

三、知识产权评估相关准则与规范的完善

知识产权作为无形资产的构成部分，其相关评估准则和规范大多包含在无形资产相关评估准则中。自 2001 年《无形资产评估准则》作为中国第一个资产评估准则问世以来，无形资产评估的对象和应用场景发生了重大变化。除了 2017 年修订的《资产评估执业准则——无形资产》，中评协先后发布了《商标资产评估指导意见》《专利资产评估指导意见》《著作权资产评估指导意见》《知识产权资产评估指南》《文化企业无形资产评估指导意见》《体育无形资产评估指导意见》《文物资源资产评估指导意见》《计算机软件著作权资产评估专家指引》《关键核心技术资产评估指导意见》《数据资产评估指导意见》《碳资产评估专家指引》《资产评估专家指引第 15 号——知识产权侵权损害评估》等与无形资产类型和行业高度相关的系列准则文件。另外，《企业价值评估准则》《实物期权评估指导意见》《以财务报告为目的的评估指南》《资产评估专家指引第 14 号——科创企业资产评估》等准则的内容也大量关联无形资产评估的内容。当然，无形资产评估细分规范最多，未必意味着准则的应用性越强。该类准则既有对无形资产和知识产权关系模糊化处理，将从属关系视作并列关系的问题；又因对个别行业制定的无形资产和知识产权评估规范，面对必要性与合理性的质疑；还因对细分无形资产的专门规定，面对限制资产评估师应对特殊问题创新能力的质疑。针对当前知识产权评估准则的现状和课题组关于知识产权应用场景和决策情景的分析，建议"十四五"期间知识产权评估相关准则的修订可以从以下几个方面展开。

一是进一步明确无形资产准则体系中不同类型准则规范的约束力，知识产权评估涉及执业准则、指导意见、指南、专家指引等四种类型。前三类在中国资产评估协会网页"法规制度"的"评估准则"下，后一类则在"法规制度"的"专家指引"项下。从协会信息披露的统计分类看，这四种类型的文件都属于法规制度的范畴，也就是对资产评估师的评估行为都有约束力，但就文件的标题而言，至少表明这些规范的职业约束力存在差异。如果有关准则体系就这些文件的约束力进行必要的解读，或许有利于资产评估师执业过程中理解和应用这些规则，但由于这些文件无差别的刚性用语，导致文件标题差异难以反映文件的约束

力差异。如果本质上这些文件约束力就完全一样，其实未必在文件标题中做差异化处理。虽然在相关发布专家指引的文件中，中评协使用了"供资产评估机构及其资产评估专业人员执行相关资产评估业务时参考"的提法，但由于该类指引在协会网页的法规制度项目下，指引"参考"就有可能被作为制度"强制"。由此可见，文件类型最全，并不意味着最具操作性。不同类型文件应针对不同层次的评估问题，因而文件的约束力要反映问题的层次性；不同约束力的文件用语也应有所不同，如果大量使用以"应当"为代表的刚性表达，将难以体现约束力差异；在中国资产评估协会网站法规制度栏目下的文件需要谨慎甄别，对既不是法规，又不是制度的文件，应另类处理。

二是重视基于决策情景和知识产权评估准则制定模式。当前的知识产权评估准则大多以评估对象不同制定相关的评估准则规范。由于知识产权的内涵和范围不断拓展，新的知识产权资产类型不断出现，导致知识产权评估准则规范的数量越来越庞大。前面已经分析，准则规范数量多并不一定意味着更有利于评估实践。我们的调查也显示，受调查者中仍有很大比例认为缺乏可靠的标准导致评估结论公信力不足。评估报告的使用者更加熟悉知识产权的应用场景和决策情景，如果评估师不能在应用场景和决策情景上与报告使用者产生共鸣，评估服务就难以获得报告使用者的认同。2021年国家知识产权局发布的《关于促进和规范知识产权运营工作的通知》也提出，"鼓励评估服务机构开发针对不同应用场景的知识产权评估工具，围绕创新主体、市场主体的转让许可、投资融资等需求，提供规范、便捷的知识产权评估服务"。因此，"十四五"期间，知识产权评估相关准则和规范的完善可以基于知识产权决策情景进行完善，这也更有利于评估报告的使用者理解和运用评估结论。

三是加强知识产权评估准则规范制定和运用中与其他政府监管部门的互动。知识产权评估相关准则和规范不仅是评估人员需要遵守的规范和指引，也是知识产权评估客户和报告使用者正确理解和运用评估结论的重要依据。前面已提出知识产权评估政策的规划制定中应当加强与国资委、金融监管总局、证监会、司法部、工信部等部委的互动，在相关准则和规范的制定中，也应提高这些部委的参与，主动为这些部委提供相关培训和推广。

四是加快知识产权评估需求突出领域的相关规范制定。根据目前我国知识产权评估相关准则和规范现状，传统的知识产权出资、转让、许可、财务报告等情景下的评估已受到重视，知识产权评估服务也较容易得到客户的认可。近年来随着知识产权金融的快速发展和知识产权保护力度不断提升，知识产权质押贷款、知识产权证券化、知识产权侵权诉讼等领域的评估需求日益增长，这些领域通常不涉及知识产权的所有权转让，决策需求也有别于传统的知识产权出资、转让、许可、财务报告等情景。因此，"十四五"期间，中国资产评估协会应组织专家加快知识产权金融和侵权诉讼情景下的知识评估相关准则规范的制定和完善。

第五章　智能评估在专利资产评估中的应用流程研究

第一节　研究背景与思路

一、研究背景

当前我国正处在产业变革和经济发展方式转变的历史交汇期，专利权在推动经济社会发展的进程中起着越来越重要的作用。早期，我国推出了多项政策，促进了我国专利行业的快速发展。2020 年我国专利数量增长到 363.9 万件，3 年时间专利总量增长接近 1 倍。近年来，我国更加关注专利发展质量，国家知识产权局于 2018 年发布了《全国专利事业发展战略推进计划》，提出了坚持"数量布局、质量取胜"的方针。在政策推动下，专利正在向高质量发展转变，2020 年我国专利转移转化指数为 54.7，明显提升。专利事业的快速和高质量发展，也产生了更加丰富的运用场景。专利权用于出口、质押融资、投资、损害赔偿等场景的案例大幅增加。"十三五"期间，知识产权使用费出口额连续 5 年保持两位数增长，2020 年达到 86.8 亿美元，年均增长 51.6%；2020 年，我国专利质押融资金额 1558 亿元，同比增长 41.0%，是 2015 年的 2.8 倍。① 专利权在多种场景中的运用案例大幅增加，对我国专利权评估的效率和质量提出了更高要求。

大数据和人工智能快速发展，正在颠覆传统资产评估模式。人工智能正在以前所未有的方式颓覆越来越多的产业，给资产评估行业也带来了深刻的变化。部

---

① 资料来源：国家知识产权局网站．https：//www.cnipa.gov.cn/。

分资产评估机构正在探索智能化资产评估方向，搭建平台推进评估信息化数据库建设。"摩估云""评贷网""估车网"等产品将大数据挖掘分析技术与计算机批量评估技术深度结合，有效提升行业工作效率、解决数据孤岛、升级生产方式。但是，目前开发的产品对于资产评估业务中哪些评估环节和参数应当运用智能评估，哪些评估环节和参数应当结合评估师经验判断，尚没有统一的标准，使得估值作为市场价值尺度的功能有折扣的可能性。同时，由于房地产和二手车市场数据较为健全，评估程序更趋流程化，需要以数据为支撑的智能评估在房地产和二手车估价领域应用较高。适用领域更广的"摩估云"等产品目前只能实现移动拍照、现场录入、批量勘查等基础功能，目前尚未开发出在不同评估场景和评估标的下常用评估方法适用的智能评估产品。

基于此，本章将智能评估运用于专利质押价值评估，并以收益法应用为例，探索智能评估适宜参与的具体环节和参数，构建"专业人员+数据智能"有效结合的专利权评估新模式。

二、研究思路与技术路线

本书的研究内容主要包括以下几个方面：

一是专利质押相关概念界定及理论基础。首先，明晰专利权质押评估的情景，区分单项专利评估和专利权组合评估，并结合专利权质押的不同情景，分析质押评估的特殊性。其次，分析专利权价值评估中常用的评估方法在专利质押评估中的适用性，从而确定收益法是最适宜用于专利质押评估的方法。最后，分析专利权质押评估的价值影响因素，并区分影响收益法中不同参数和参与主体的影响因素。

二是我国专利质押评估存在问题和改进思路。通过对 2020 年湖北省专利质押评估案例进行整理和归纳，了解专利权质押评估实务中亟须解决的问题，包括评估参数的确定较主观、评估结论出具不及时以及未体现金融机构关注点等问题，并分析问题产生的原因。在此基础上探究缓解这些问题的三条评估改进思路。同时，针对智能评估方法必需的功能模块进行了设计和介绍。

三是在质押专利价值评估情景中，构建智能评估与收益法结合的模型和流程。首先，在传统收益法模型中加入了质押风险因子，用以量化金融机构承担的风险。其次，基于改进后的收益法模型，探究智能评估可能参与的环节。在专利超额收益和质押风险因子的估测方面，本书选用能够从数据库直接获取的指标量化分成率和质押风险，并设计了指标量化规则，以便于智能评估可以直接获取数据并量化参数。折现率采用了传统估算模型，大部分数据均可由智能评估模型自动获取并计算。专利寿命综合法定寿命和经济寿命进行确定，仅在确定经济寿命时需要评估师参与。从整体上看，收益法涉及的四个参数的估测过程，智能评估模型能够参与大部分环节。

第二节　构建基于收益法的智能评估方法

一、收益法模型改进思路

传统收益法在评估质押专利价值时的模型为：

$$V = \sum_{t=1}^{n} \frac{R_t}{(1+r)^t}$$

式中，V 为专利组合的价值，R_t 为超额收益，r 为折现率，t 为收益期。

基于本书提出的改进思路，即凸显金融机构承担的风险，引入质押风险因子，引入质押风险因子 K 后，改进的收益法模型为：

$$V = (1-K) \sum_{t=1}^{n} \frac{R_t}{(1+r)^t}$$

模型中，超额收益、折现率、收益期、质押风险因子是评估过程中关键的四个参数，每一个参数对于估值结论的影响均较大。本书引入智能评估模型后，尽可能使不同的专利在确定同一参数时都采用合理统一的标准，减少主观性。

二、超额收益模型的构建

由于专利具有依附性，从产品收益中分离出专利权带来的超额收益是非常关键的步骤。目前对于专利权超额收益的预测主要有以下方法：直接计算法、差额法、要素贡献法、分成率法。

（一）直接计算法

直接计算法是通过对比专利权相关的产品在使用专利前后的收益额差异，将使用专利后增加的一部分收益或者节约的一部分成本费用确认为超额收益。这种确认方法符合超额收益的概念，但是这种方法要求专利使用前后的收益增量或成本节约额能够清晰地区分，同时这种变化应当主要是使用专利带来的。然而，无论是收益的增加还是成本费用的节约都是诸多因素共同作用的结果，而且专利以外其他因素的影响难以量化，那么从增量收益或者节约的成本中剥离专利权带来的影响难度较大。因此，直接计算法的使用条件难以满足，实务中该方法使用较少。

（二）差额法

差额法是通过比较专利权所属企业的综合收益与同行业企业的平均收益，将超出部分作为专利带来的超额收益。具体公式为：专利权产生的超额收益＝专利权所属企业的净利润−专利权所属企业的净资产总额×行业平均净利润率。这种计算方法隐含了一个假设条件，即企业超出同行业企业的收益额均是由该项专利带来的，企业的无形资产只有专利权且企业之间的管理水平均相当时，这种方法才适用。

（三）要素贡献法

要素贡献法认为，企业生产经营必备的生产要素对其利润带来的贡献具有一定的稳定性，专利是技术要素的一部分，因此同一行业的技术要素贡献率相同。目前常用的要素划分方式主要有三分法和四分法。三分法将要素分为技术、资金和管理三要素；四分法认为资金、组织、劳动和技术要素综合作用，为企业带来经营利润。但是不同的行业，技术要素的贡献有一定差异，例如三分法下，资金密集型行业的技术要素贡献率为30%，高科技行业的技术要素贡献率则为50%。然而，实际上，即使是同一行业，企业之间的发展也是有差异的。部分企业重视研发，研发占营业收入的比例高，核心专利较多，其技术要素的贡献率就应当高于同行业其他企业的水平。因此，这种方法并未区分不同企业的技术要素贡献率的差异，对收益额的预测就较为粗略。

（四）分成率法

分成率法从专利的贡献角度衡量专利权带来的收益，通过评估专利权在其相关的产品生产要素中的贡献比例，从产品收益中剥离专利权收益。分成率方法下，专利收益额的计算步骤为：首先，预测专利直接相关的产品未来收益额；其次，根据专利在产品价值实现过程中的贡献确定分成率；最后，根据产品的收益额和专利分成率计算专利收益额。因此该方法的难点在于确定分成率。分成率法分为从收入中分成和利润分成两种，具体公式为：

专利收益额 = 销售收入 × 销售收入分成率 或 销售利润 × 销售利润分成率

目前关于分成率的确定，国内外学者已做过较多研究。从利润分成率角度，联合国技术情报交流中心对一些发展中国家技术转让合同的调查显示收益分成率大多在 15%~30%；联合国工业发展组织认为发展中国家的收益分成率在 16%~27% 比较合理。从收入分成率角度看，联合国工业组织针对各个国家的技术贸易合同做过大量调查统计，发现收入分成率多在 0.5%~10%，各行业特点不同，分成率呈现较大差异。

综合上述分析，本书选用利润分成率法估算超额收益。同时，考虑到利润还受到一些偶发因素的影响，而且利润分成率不适合一些收益为负的企业，因此，本书选择从收入角度确定分成率。具体公式为：

$$I = E \times S$$

其中，E 为直接依附产品的预测期销售收入，S 为销售收入分成率。预测期销售收入和分成率是超额收益中两个关键的参数。

三、收益分成率的确定

（一）收益分成率模型构建

前文已经说明，本书在确定专利权收益额时使用销售收入分成率进行确定。根据联合国工业组织做的调查，收入分成率的范围在 0.5%~10%。刘京城（1998）认为在我国技术引进实践中，收入分成率一般不超过 5%，因此本书结

合我国的实际情况,将收益分成率的上限设为5%,下限设为0.5%,从而提出以下模型确定分成率:

收益分成率＝分成率下限＋调整系数×(分成率上限－分成率下限)

分析收益分成率模型,调整系数是影响收益分成率大小的关键。本书为了在提高评估效率的同时,能够尽量提高评估的精度,通过以下三步确定调整系数指标体系并确定各指标的权重和分值分配:

(1) 分析影响分成率的因素,确定指标体系。

(2) 征求专家意见完善指标体系,并确定指标体系的分值分配。

(3) 采用层次分析法,邀请多位专家对指标体系中各指标的权重进行打分。

(二) 调整系数指标体系的构建

调整系数的实质是待评估专利权对于产品收益的贡献超过其他企业的程度,因此,需要综合考虑技术分成率高于同行业其他企业的影响因素确定调整系数。冯丽艳(2011)从法律、技术、经济三个角度确定了影响知识产权质押评估中分成率的因素,但是相关的11个二级指标的得分情况是评估师根据自己的经验和对专利的分析得到的,存在较大的主观性。2012年国家知识产权局发布的《专利价值分析指标体系操作手册》中,专利价值分析评价的三个维度和相关指标如表5-1所示。这些指标很全面,但需要大量的专家定性判断,不仅在操作上面临专家遴选难题,也存在专家定性评价主观性强,稳定性差,评价周期长等问题,难以实现智能化自动分析评价。

表 5-1 　　　　　　　　　　　调整系数指标体系分值分配表

评价维度	二级指标	定　义	三级指标
法律维度	稳定性	一项被授权的专利在行使权利的过程中抵御无效风险的能力	① 新颖性 ② 创造性 ③ 撰写质量 ④ 保护范围 ⑤ 诉讼与复审历史

续表

评价维度	二级指标	定　　义	三级指标
法律维度	专利侵权可判定性	基于专利的权利要求，是否容易发现和判断侵权行为的发生，是否容易取证，进而行使诉讼的权利	⑥ 技术特征属性 ⑦ 权利要求主题类型
	专利有效性	专利权的保护期限对法律价值的影响，包括专利类型和专利寿命/专利保护剩余有效期	⑧ 专利类型 ⑨ 专利寿命
	专利自由度	专利所有权或使用权在行使权利过程中的自由程度。可能会受到地域、共有人或其他专利权的限制	⑩ 同族专利 ⑪ 权利归属 ⑫ 许可转让 ⑬ 不可规避性 ⑭ 依赖性
技术维度	技术先进性	专利技术在当前进行分析的时间点上与本领域的其他技术相比是否处于领先地位	① 技术问题重要性 ② 原创性 ③ 技术效果 ④ 专利被引用
	技术发展趋势	专利技术所在的技术领域目前的发展趋势	⑤ 技术生命周期 ⑥ 专利增量分布
	适用范围	专利技术可以应用的范围	⑦ 技术问题适用范围 ⑧ 说明书实施例 ⑨ 专利分类号
	不可替代性	在当前时间点，是否存在解决相同或类似问题的替代技术方案	⑩ 替代技术 ⑪ 专利引用
	可实施性	反映专利未来的技术应用前景，以及技术成果转化实现程度	⑫ 成熟度 ⑬ 配套条件 ⑭ 技术独立实施度 ⑮ 产业化时间

续表

评价维度	二级指标	定　　义	三级指标
市场维度	市场应用情况	技术目前是否已经在市场上投入使用，如果尚未投入市场，则分析将来在市场上应用的前景	① 市场需求 ② 市场规模 ③ 市场占有率 ④ 市场利润 ⑤ 竞争优势
	政策适应性	国家与地方政策对应用一项专利技术的相关规定	⑥ 政策导向 ⑦ 政策发布方 ⑧ 行业审批
	获益能力	专利实施能够产生的经济价值或社会效益	⑨ 专利经济寿命 ⑩ 专利收益 ⑪ 社会效益
	标准相关度	本专利技术与标准的关系	⑫ 标准纳入 ⑬ 标准类型 ⑭ 与标准专利的关系

苑泽明等（2012）通过文献调查和访谈，从技术、经济、法律、管理、风险等5个方面提炼了37个价值影响因素，但是需要注意专利价值影响因素和分成率影响因素有区别。专利价值受到技术、经济、风险、企业管理水平等多方面影响，风险因素对于专利价值的影响主要体现在折现率和质押风险因子上，企业管理水平通过企业的盈利状况、营运状况等多方面体现对专利价值的影响，本书主要在质押风险因子中考虑。因此，本书在确定调整系数的指标体系时，不考虑风险、企业管理水平因素。进一步分析后，本书认为调整系数主要受法律因素、技术因素、经济因素影响。为了提高专利质押评估的效率，本书选用对影响因素具有代表性且能够从现有数据库直接获得的量化指标确定调整系数的取值。综合考虑影响因素以及数据的快速可获得性，最终确定以下因素对调整系数进行分析。

1. 法律因素

（1）剩余保护年限。在我国，发明专利的法定保护年限为20年，实用新型专利和外观专利的法定保护年限为 10 年。这意味着，在保护年限内，企业可以获得应用专利带来的垄断收益以及被侵权时依法获得赔偿的权利。因此，通常专利未来的收益额与剩余保护年限正相关。本书利用法定剩余寿命对剩余保护年限加以量化。

（2）权利保护范围。权利保护范围主要指权利要求数，权利要求数体现了申请人在专利申请书中要求保护的权利数量，权利要求数越多，通常认为，权利保护范围越大，专利越有可能产生较高的垄断收益，即超额收益越大。本书采用权利要求数对权利保护范围加以量化。

（3）地域保护范围。专利权具有地域性，即通常一项专利权仅在一个国家或地区内部有效。如果专利权人希望扩大一项专利保护的地域范围，在多个国家或地区保护专利的垄断性，则需要在多个国家或地区分别申请专利权，这组专利称为同族专利。同族专利的数量越多，通常表示专利受到保护的地域范围越大，那么专利在市场上为企业带来的垄断利润可能更大。在同族专利的申请方面，很多国家给予专利申请人一定时期的优先权。例如在国外先申请专利后，如果需要在中国申请专利权，专利申请人可以要求优先权，发明、实用新型专利的优先权期限是 12 个月，外观专利为 6 个月，在这一时期内，专利申请人享有优先申请专利保护的权利。采用同族专利数对地域保护范围加以量化。需要注意的是，对于专利组合而言，多项专利在同一国家申请专利，则同族专利数为 1。

2. 技术因素

（1）先进性。专利的先进性是影响超额收益的关键因素，专利的先进性程度越高，企业利用其获得垄断利润的可能性越大，因此分成率应当越大。富有新颖性和创造性的专利代表一个领域的先进技术，之后的专利发明人可能会借鉴其中部分创新方案，或者审查员在审查时可能会引用该项专利，所以先进性程度高的专利通常被引用次数较多。本书采用被引用次数对专利的先进性加以量化。

（2）核心专利数量。韩志华（2010）指出，核心专利是在某一技术领域中处于关键地位、对技术发展具有突出贡献、对其他专利或者技术具有重大影响且具有重要经济价值的专利。根据该定义，核心专利能够为企业带来更高的超额收益。因此，在专利组合中，核心专利的数量会极大地影响专利组合为企业带来超额收益的能力。马永涛（2014）等认为核心专利应当具备以下特征：一是具有较高的原创性，所以被引证次数较高；二是能尽可能大地占据市场，因此家族数较大；三是权利要求数较多。亢川博等（2018）在前述三个特征外，认为一定数量的 IPC 分类号也是核心专利的必要特征。综合这些特征以及学者们对于各指标的统计分析，只有被引证次数、专利家族数、权利要求数和 IPC 分类数均达到一定数量才能作为核心专利。

（3）专利类型。根据前文对专利不同类型的介绍，可知三种类型的专利在内容的创新性、创新难度、受法律保护的时间、获得授权的难度四个方面存在较大差异，这些差异使得三种类型专利的超额收益通常呈现如下规律：发明专利>实用新型专利>外观专利。有学者使用发明专利在专利组合中的占比来量化这一指标，专利组合的价值与发明专利占比正相关，但本书认为这一指标存在不合理处。若在现有专利组合中加入一定数量且有一定价值的实用新型专利，专利组合中有价值专利的数量在增加，专利组合的价值也理应增加。然而发明专利占比这一指标却由于加入实用新型专利而下降，根据这一指标，应该得出专利组合的价值下降的结论。这一结论与常理相悖。因此，本书采用对不同类型专利赋权的方法量化这一指标，在整理前人研究的基础上，咨询专家意见，将发明专利的权重设为 1，实用新型的权重定为 0.6，外观专利的权重定为 0.3。

3. 市场因素

（1）专利应用领域。IPC 分类表是国际专利分类表，体现了专利应用的领域。IPC 分类方法包括部、大类、小类、大组、小组五个等级结构和 8 个类目。IPC 分类数越多，通常意味着专利应用的领域更广泛，被广泛利用的专利能够为企业带来更多收益。通过对 IPC 等级结构的分析，本书采用 IPC 分类小组数对专利所属领域加以量化。对于专利组合而言，若多项专利运用于同一 IPC 小组领域，则分类应当只算作一项。

（2）市场活跃度。交易市场活跃度代表专利是否被市场认可。如果专利所属行业类似的专利有较多转让、许可的案例，表明这项专利能够被市场广泛运用于产品，市场需求量大，因此拥有这项专利的企业通常能够获得更多超额收益。由于质押风险因子中已经考虑了该因素，市场活跃度对于收益额和质押风险都有影响，而且对于收益额是正向影响，对于质押风险是反向影响。为了不重复考虑，而且突出银行承担的风险，本书仅在质押风险调整因子中考虑市场活跃度。

（3）三方专利数量。三方专利是指在欧洲专利局、美国专利和商标局、日本特许局获得专利权的专利。由于国家和地区之间的经济发展水平和专利审核难度存在差异，因此仅仅依据专利覆盖国家的数量衡量超额收益的高低存在不合理性（文豪，2013）。在世界范围内，欧美日三个国家（地区）专利申请的门槛较高，能够获得这三个国家（地区）的专利权，通常表明专利具有较高创新性。另外，这三个区域经济较发达，专利获得这三个区域的专利权，通常能够从市场中获取较高的超额收益。因此，本书选取在欧美日三个区域有布局的专利数量来量化这一指标。例如，一项专利在三个区域布局，则该项专利布局数为3，多项专利可以累加。

根据上述分析，调整系数指标体系如图5-1所示：

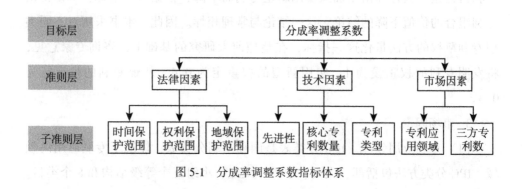

图5-1　分成率调整系数指标体系

（三）指标体系的分值分配

根据本书组分析构建的调整系数指标体系，参考2012年国家知识产权局发布的《专利价值分析指标体系操作手册》，综合对专利实际情况的分析确定，并结合专家意见，确定调整系数指标体系分值分配如表5-2所示。与《专利价值分析指标体系操作手册》相比，本书构建的指标体系自动评分的能力和客观性大大增强,用一些代表性指标评价影响专利质量的法律、技术和市场因素,但在一定程度上可能会降低评价的精度。①

表 5-2 调整系数指标体系分值分配表

指标维度	量化指标	分 值				
		10 分	9 分	8 分	7 分	6 分
法律因素	法定剩余寿命	≥16 年	13~15 年	11~12 年	9~10 年	7~8 年
	权利项数	≥46 项	41~45 项	36~40 项	31~35 项	26~30 项
	专利家族数	≥8 国	7 国	6 国	5 国	4 国
技术因素	核心专利数量	≥4 项		3 项		2 项
	被引证数	≥25 次	22~24 次	19~21 次	16~18 次	13~15 次
	专利类型权重	≥10	9~10	8~9	7~8	6~7
市场因素	IPC 小类数	≥29 项	26~28	23~25	20~22	17~19
	三方专利数	8	7	6	5	4
法律因素	法定剩余寿命	6~7 年	5~6 年	4~5 年	2~3 年	1 年
	权利项数	20~25 项	16~20 项	10~15 项	5~10 项	2~5 项
	专利家族数	3 国	2 国			
技术因素	核心专利数量		1 项			
	被引证数	10~12 次	7~9 次	4~6 次	1~3 次	
	专利类型权重	5~6	4~5	3~4	2~3	<2
市场因素	IPC 小类数	14~16	11~13	8~10	5~7	2~4
	三方专利数	3	2	1		

调整系数指标体系中各项指标的数值可以从专利数据库中提取得到,根据具体指标值和分值分配表可以确定该项指标得分情况。

---

① 专利质量评价没有最优的指标体系。关于专利质量评价体系的探索,总是在评价成本、可操作性与评价结果可用性之间进行综合平衡。评价指标体系也需要在实践中不断进行优化。本书仅从提高智能化评价的角度进行一些探索,并不表明本报告构建的指标体系就是最优指标体系。评估专业人员在实践中也需要根据实际情况不断进行优化完善。

（四）评价指标权重的确定

在确定指标体系中各指标的权重方面，层次分析法能够通过建立递阶层次结构，把因素权重的判断转化到若干因素两两之间重要度的比较上，从而将比较模糊的定性判断转化为较为清晰的重要度判断上。本书采用层次分析法确定指标体系权重的具体步骤如下：

（1）构造判断矩阵。从调整系数指标体系的第二层开始，对于从属于上一层每个指标的同一层多个指标，邀请多位专家进行两两比较后对相对重要程度打分，打分原则采用 1~9 比较标度，直到最下层。若 A_{ij}（表示第 i 行第 j 列指标，下同）相对于 A_{km} 的重要程度为 2，则表示 A_{ij} 指标比 A_{km} 指标稍微重要，那么 A_{km} 指标相对于 A_{ij} 指标的重要性应该为其倒数，即 1/2。

（2）计算权向量并做一致性检验。若满足 $A_{ij} \times A_{jk} = A_{ik}$，则称构造的矩阵为一致矩阵。为了检验构造的判断矩阵和一致矩阵是否有太大差别，需要进行一致性检验。首先将每一个成对判断矩阵的最大特征根和特征向量计算出来，然后计算一致性指标，其计算公式为：

$$CI = \frac{\lambda_{max} - n}{n - 1}$$

上式中，CI 为一致性指标，λ_{max} 为最大特征根，n 为矩阵阶数。

同时，根据矩阵的阶数和随机一致性指标的经验值对应关系，确定一致性指标 RI。对应关系表如表 5-3 所示。

表 5-3　　　　　　　　　　随机一致性指标对应表

n	1	2	3	4	5	6	7	8	9	10
RI	0	0	0.52	0.89	1.12	1.26	1.36	1.41	1.46	1.49

最后，利用一致性比例公式 $CR = \dfrac{CI}{RI}$ 计算判断矩阵的一致性比例，并将其与 0.1 比较。具体计算过程如表 5-4 所示。根据结果，判断矩阵的 CR 均小于 0.1 时，表明判断矩阵的一致性可以接受。

表 5-4   一致性检验

一致性计算指标	一级指标	法律因素	技术因素
CI	0.0324	0.0193	0.0035
CR	0.0624	0.037	0.0068

由于专家对于指标的打分通过了一致性检验，则可以将其作为确认权重的依据。将打分进行归一化后计算权重，最终结果如表 5-5 所示。

表 5-5   评价指标权重

指　　标	权　　重
时间保护范围	0.0158
权利保护范围	0.0064
地域保护范围	0.0385
核心专利数量	0.4593
先进性	0.1670
专利类型	0.0606
专利应用领域	0.1683
三方专利布局	0.0841

第三节　超额收益确定的智能评估模型与流程

一、辅助预测收益的智能评估模型与流程

对于专利依附产品的销售额预测，智能评估模型可以根据公开的资料和数据提供一个参考数据，由评估师根据具体情况做出调整。图 5-2 展示了智能评估模型辅助评估师预测专利依附产品收益额的过程。具体分为以下步骤。

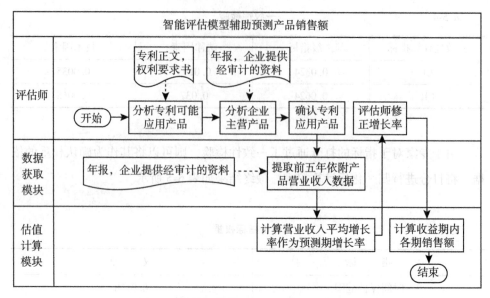

图 5-2　智能评估模型预测产品收益流程图

（一）确定专利依附产品

评估师通过分析专利涉及的技术与公司主营产品的相关性，确定专利主要应用于何种产品或业务，并将分析结论输入至自动评估系统。

（二）历史数据分析

在数据获取模块，自动评估系统需要根据专利依附产品分析结论，从年报和企业提供的经审计的资料中获取该产品近 5 年的销售情况，如果没有 5 年的数据，则可以获取近 3 年的销售数据，最低不得少于 2 年。金融机构为了保证贷款资金安全，通常会对专利设置一些贷款申请条件，如要求专利至少实施 2 年，具有稳定盈利能力。历史销售数据少于 2 年则意味着专利不具有稳定的市场，这加大了金融机构的资金风险，通常金融机构不会通过该笔贷款申请，因此本书要求 2 年及以上的销售数据。

（三）评估计算

智能评估模型获取产品一段时期的销售数据后，数据传递至估值计算模块，该模块计算产品近年销售收入的平均增长率，并将结果呈现给评估师。评估师结合行业发展情况、同行业竞争态势以及产品竞争力等，分析产品预测收益期内每年的销售收入增长率是否能够保持这一水平。若能够保持，则不需要调整，若不能够保持，评估师需要对每年的增长率进行调整。为避免高估专利的价值，智能评估模型不允许评估师调高增长率，仅允许评估师根据实际情况将增长率修正至较低水平，而且需要给出充分的依据。接着智能评估模型根据修正后的预期收入增长率和最近一期的销售收入水平，预测收益期内各期的销售额。

二、确定收益分成率的智能评估模型与流程

在智能评估模型的搭建阶段，需要将上文构建的模型、指标权重以及指标体系分值分配表预先在模型中进行设置。在使用智能评估模型时，评估师需要首先输入待评估专利的专利号和评估基准日等信息，模型的数据获取模块根据提供的专利号，从innojoy专利数据库中进行关键字检索，获取每个二级指标的数据，然后根据指标体系的分值分配情况，量化二级指标的分值。图5-3以先进性的量化指标—专利被引次数为例，展示智能评估模型的估值过程。智能评估模型在获取各指标的得分情况后，将分值归一化，并结合指标权重计算调整系数。最后，根据收益分成率模型计算收益分成率。

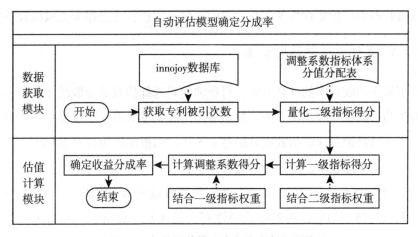

图5-3　智能评估模型确定分成率流程图

第四节　折现率确定的智能评估模型与流程

一、模型的构建

由于本书将加入质押风险系数评测专利权评估中的专利技术风险、变现风险和企业还款能力等方面，因此本书在计算折现率时选择不考虑专利相关风险，仅考虑企业面临的风险，故选择资本资产定价模型估测折现率。具体模型如下：

$$r = r_f + \beta(r_m - r_f)$$

其中，r 为折现率，r_f 为无风险收益率，r_m 为风险报酬率，β 为风险系数。

二、折现率参数的计算

（一）确定无风险收益率

无风险收益率通常是名义无风险利率，由纯粹利率和通货膨胀补偿率组成。一般而言，无风险收益率的考虑因素与中长期国债利率考虑因素类似，因此通常采用中长期国债利率代表无风险收益率。本书选择过去 5 年的 10 年期国债收益率，然后将一个年度内的收益率取算术平均值作为当年的收益率。需要注意的是，由于折现率是复利，但国债收益率是单利，因此不能直接使用国债收益率作为无风险收益率，需要计算 5 年收益率的几何平均值，才能作为无风险收益率。

（二）确定市场平均收益率

在市场平均收益率的计算方面，行业惯例是选择指数成分股的多年收益率的平均值作为市场平均收益率。为了使市场平均收益率能够代表整个市场的收益率水平，本书选择沪深 300 指数成分股过去 5 年的回报率作为计算基础，回报率可以从国泰安数据库获取。具体计算过程如下：

（1）计算每个成分股的平均收益率。计算收益率的平均值时通常可以选择算术平均数或几何平均数，两者的适用性有一定区别。算术平均回报率计算较简单，适用于各期回报率差别不大的情况；几何平均收益率运用了复利的思想，考虑了货币时间价值因素。成分股收益率应当是考虑时间价值的收益率，而且通常在 5 年时间内的回报率差别较大，如果用算术平均回报率则可能会歪曲收益水平，因此本书计算成分股的几何平均收益率作为平均收益率。

（2）计算沪深 300 成分股回报率。将每个成分股的平均收益率计算出来以后，将每个成分股在沪深 300 指数中的权重作为权数，计算沪深 300 成分股的加权平均收益率，即为市场平均收益率。

（3）确定 β 系数。β 系数呈现了特定公司的风险相对于市场组合的平均风险的大小关系，可以通过特定公司股票的报酬率与整个市场平均收益率的线性关系求得，因此求取上市公司 β 系数较方便。非上市公司则需要在与其行业类似的上市公司的 β 系数基础上，结合待评估专利权所属上市公司的情况加以调整得到。需要注意的是，为了保持与市场平均收益率口径的一致，此处计算 β 系数时求取的是待评估专利权所属公司的风险，专利权特有风险则主要在质押风险因子中呈现。具体来讲，根据待评估专利权所属公司是否为上市公司采用以下不同的方法：

①若待评估专利权所属公司为上市公司，可以从国泰安数据库中直接获取 β 系数。为呈现上市公司在一段时间内的整体风险水平，本书选取评估基准日前 60 个月的月 β 值数据，将其平均值作为该公司的 β 系数。

②若待评估专利权所属公司为非上市公司，则选取 3~5 家经营业务与该公司类似的上市公司，运用求取上市公司 β 系数的方法得到可比企业的 β 系数。由于考虑到不同公司的财务杠杆不同，通过以下公式卸载可比公司的财务杠杆，并计算可比公司卸载财务杠杆后的 β 均值：

$$\beta_u = \frac{\sum_{i=1}^{h} \dfrac{\beta_{\text{可比}}}{1 + (1 - T_{\text{可比}}) \times \dfrac{D_{\text{可比}}}{E_{\text{可比}}}}}{h}$$

其中，β_u 为可比公司卸载财务杠杆后的 β 均值，h 为可比公司数量，$\beta_{\text{可比}}$ 为可比公司财务杠杆，$\dfrac{D_{\text{可比}}}{E_{\text{可比}}}$ 为可比公司的付息债务与权益资本之比，$T_{\text{可比}}$ 为可比公司的企业所得税。

得到可比公司卸载财务杠杆的 β 均值后，加载待评估专利权所属的企业财务杠杆，即可得到待评估专利权所属公司的 β 系数。公式为：

$$\beta = \beta_u \times \left[1 + (1 - T_{\text{目标}}) \times \frac{D_{\text{目标}}}{E_{\text{目标}}} \right]$$

其中，β 为目标公司财务杠杆，$\dfrac{D_{\text{目标}}}{E_{\text{目标}}}$ 为目标公司的付息债务与权益资本之比，$T_{\text{目标}}$ 为目标公司的企业所得税。

三、智能评估模型确定折现率

通过前面对折现率计算过程的分析，可以发现，折现率计算所需的大多数数据均可以从公开数据库中得到。只有在计算非上市公司的 β 系数时，公司的主营业务需要文本分析模块对公司的经营销售数据进行分析后，结合评估师的判断确定可比公司。具体来讲，智能评估模型确定折现率分为以下步骤（见图 5-4）：

（1）智能评估模型确定无风险收益率。智能评估模型根据评估基准日，通过数据获取模块，从中国外汇交易中心获取数据。选定检索的截止时间为评估基准日，开始日为前推 5 年的日期，从网页爬取 5 年的 10 年期国债收益率。估值计算模块根据获取的数据，计算每个年度内多个日期收益率的算术平均值作为当年的平均收益率，然后计算 5 个年度收益率的几何平均值，从而得到无风险收益率。

（2）智能评估模型确定市场平均收益率。首先，由于智能评估模型需要在计算过程中调用沪深 300 指数成分股股票代码和权重数据，需要下载备用。沪深 300 指数代码为 399300，该数据下载路径为：国泰安数据库—数据中心—单表查询—股票市场系列—市场指数—成分股信息—指数成分股权重文件。若评估基准日为年末，则以评估基准日的成分股数据为依据；若评估基准日不为年末，则以评估基准日上一年末的成分股数据为依据。然后，智能评估模型的数据获取模块从国泰安数据库中获取沪深 300 指数成分股近 5 年的年回报率，其下载路径为：国泰安数据库—数据中心—单表查询—股票市场系列—股票市场交易—个股交易数据—年个股回报率文件，数据的截止时间为评估基准日，开始日为评估基准日前推 5 年的日期，调用备份的成分股股票代码文件，下载不考虑现金红利的年个股回报率。最后，估值计算模块计算每个成分股 5 年的几何平均收益率，并结合

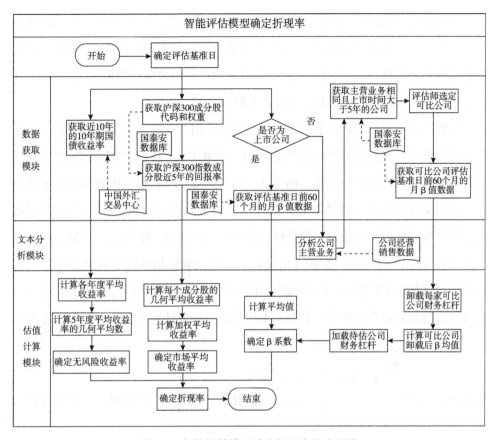

图 5-4　智能评估模型确定折现率的流程图

原下载的成分股权重数据，计算沪深 300 指数的加权平均收益率，将其作为市场平均收益率。

（3）智能评估模型确定 β 系数。首先智能评估模型需要判断待评估专利所属公司是否为上市公司，具体方法是通过"国泰安数据库—数据中心—单表查询—股票市场系列—股票市场交易—基本数据—公司文件"下载所有上市公司的全称、股票代码、发行日期以及所属行业，行业分类标准为 2012 年证监会行业，时间设定为最新日期，代码选择为所有上市公司，将数据下载并存储。智能评估模型根据待评估专利所属公司全称是否在上市公司文件中判断该公司是否为上市公司。

若该公司为上市公司，则调用数据获取模块，从国泰安数据库中获取该上市公司评估基准日前 60 个月的月 β 值数据，获取路径为：国泰安数据库—数据中心—单表查询—专题研究系列—风险评价系数 β—月数据—月 Bata 文件，获取该公司评估基准日前 60 个月的综合市场月 β 值后，由估值计算模块计算 60 个月 β 值的平均值，从而得到上市公司的 β 系数。

若智能评估模型判断该公司不是上市公司，则自动进入文本分析模块。该模块通过分析公司经营销售数据判断公司的主营业务，然后将其按照 2012 年证监会行业二级分类标准进行归类。确定该公司所属行业后，数据获取模块从下载的上市公司文件中检索与待评估公司处于同一行业且上市时间大于 5 年的公司数据，并将数据呈现给评估师。评估师对公司在经营风险、细分业务类型、商业模式等综合分析后，确定 3~5 家可比公司。数据获取模块从国泰安数据库中获取可比公司评估基准日前 60 个月的综合市场月 β 值，获取路径与上文中上市公司的月 β 值数据获取路径相同。数据获取后传递至估值计算模块，由估值计算模块

利用公式 $\beta_u = \dfrac{\sum\limits_{i=1}^{h} \dfrac{\beta_{可比}}{1+(1-T_{可比}) \times \dfrac{D_{可比}}{E_{可比}}}}{h}$ 计算可比公司无负债财务杠杆后的 β 均值，然后利用 $\beta = \beta_u \times \left[1+(1-T_{目标}) \times \dfrac{D_{目标}}{E_{目标}} \right]$ 加载目标公司的财务杠杆，从而得到非上市公司的 β 系数。

（4）智能评估模型确定折现率。折现率的三个关键参数，即无风险利率、市场平均收益率、β 均确定以后，估值计算模块根据模型 $r = r_f + \beta(r_m - r_f)$ 计算得到折现率。

第五节　专利权寿命确定的智能评估模型与流程

一、专利权寿命确定的方法

在运用收益法评估专利价值时，专利权寿命会影响企业获取收益的期间以及

专利权折现期，与其相关的寿命类型为经济寿命和法定寿命。法定寿命是专利权的有效期限，经济寿命代表专利权的获利期限。由于本书讨论的是专利组合，多项专利的法定寿命可能存在差异。本书认为专利组合的法定寿命受核心专利的影响较大，而且需要分不同情况讨论。若专利组合的多项专利是与产品相关的一系列方案，且有多项核心专利，那么专利组合的法定寿命是由多项核心专利中剩余寿命最长的专利决定的。若专利组合仅有一项核心专利，则专利组合的法定寿命由该专利决定。若专利组合中没有核心专利，专利组合的法定寿命则通过平均法定寿命来判断。本章第一节对核心专利进行了介绍，一项专利只有被引证次数、专利家族数、权利要求数和IPC分类数四项指标均达到一定数量，该专利才能作为核心专利。法定寿命和经济寿命二者同时对专利权寿命产生影响，若一项专利权的法定寿命大于经济寿命，那么即使法律实施保护，专利在经济寿命结束后也不能获得超额收益。若专利权的法定期限小于经济寿命，那么即使按照历史经验来看专利还能够获利，但是法律不再对其施加保护，公司对专利不具有垄断权，专利公开以后会被其他竞争公司利用，那么专利也没办法获得比较高的超额收益。因此专利寿命应当选择二者中的较小者。即：

$$M = \min(n_1, n_2)$$

其中，M为专利权寿命；n_1表示法定寿命，可以通过从国家知识产权局专利数据库中直接获取法定剩余寿命数据；n_2表示剩余经济寿命，经济寿命主要结合技术更新换代周期、产品的市场竞争等情况综合考虑。

二、智能评估模型辅助确定专利寿命

确定专利寿命过程中，智能评估模型主要起辅助作用，对于经济寿命的判断，仍然需要依赖评估师。确定过程（见图5-5）可分为：

（1）智能评估模型确定核心专利。被引证次数、专利家族数等核心专利的判断数据可以由数据获取模块从innojoy专利数据库中获取，估值计算模块将待估专利的这四项指标与核心专利的标准值进行比较，进而判断待估专利是否为核心专利。

（2）智能评估模型确定法定剩余寿命。确定核心专利后，数据获取模块将核

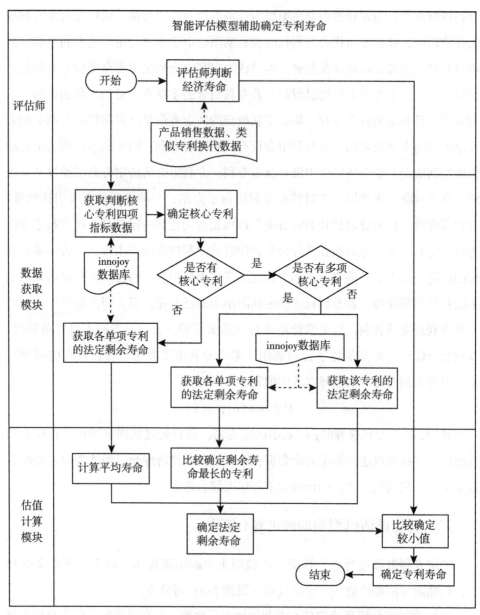

图 5-5 智能评估模型辅助确定专利寿命流程图

心专利的专利号传递至数据获取模块。数据获取模块需要根据核心专利是否包含多项采用不同的方法。若核心专利为多项，数据获取模块需要通过 innojoy 数据库获取各项核心专利的寿命数据，然后将数据传给估值计算模块。由估值计算模块比较多个专利的法定寿命，将法定剩余寿命最长的年限定为专利组合的法定剩余寿命。若核心专利不是多项，数据获取模块只需要获取该项核心专利的法定剩余寿命，其年限即为专利组合的法定剩余寿命。若专利组合中没有核心专利，则数据获取模块需要获取专利组合中所有专利的法定寿命，并由估值计算模块计算法定寿命的均值，将其作为专利组合的法定寿命。

（3）确定专利的寿命。首先，需要经验丰富的评估师判断专利的经济寿命。评估师需要结合专利的更新换代情况、专利与相似专利比较的竞争力以及产品更新换代情况和竞争力进行综合判断，评估师确定经济寿命后，将判断结果传给估值计算模块。估值计算模块比较经济寿命和法定剩余寿命，较小者即为专利组合的最终寿命。

第六节　质押风险因子确定的智能评估模型与流程

一、质押风险因子模型的构建

质押情景下金融机构承担的风险主要可分为第一还款源的还款风险、快速变现风险、企业信用风险和专利价值波动风险。考虑到不同风险对于金融机构的资金安全性的影响程度不同，针对不同风险依据影响程度的大小赋予相应的权重，从而构建以下模型度量质押风险因子：

$$K = p_1 k_1 + p_2 k_2 + p_3 k_3 + p_4 k_4$$

其中，K 表示质押风险因子，k_1、k_2、k_3、k_4 分别表示 4 种风险指标的大小，p_1、p_2、p_3、p_4 分别为 4 种风险指标的权重。

二、质押风险指标体系的建立和评分

前面已经分析了金融机构承担的风险因素，在此基础上，需要寻找合理且具有代表性的指标对风险因素加以量化。然而，目前对于多数风险的认识仍然处在定性阶段，难以量化。以往的研究多采用模糊综合评价等方法将定性指标定量化，但是这些方法可能需要不同领域的专家参与评估过程，对评估师的要求较高，耗时较长。为了在对银行进行风险提示的同时，提高评估的效率，本书尽可能选择能够从现有数据库中获取的数据，以方便智能评估模型整合各数据库中的数据。同时，由于部分量化指标在不同行业间的差异较大，例如营业净利率指标，白酒行业的营业净利率普遍较高，而传统制造业的营业净利率则明显较小，行业间差异较大，不利于对指标的分值进行统一分配量化。本书对于第一还款源的还款风险下的指标，采用企业的指标与同行业平均水平比较的方法来平衡这种差异。为避免企业某些特殊年度的数据具有偶然性，企业的数据以评估基准日前3年的平均水平为准。最终建立了如表5-6所示的指标体系。

表5-6　　　　　　　　　　　金融机构承担的风险因素量化说明

金融机构承担的风险因素	风险指标	说　明	量化指标
第一还款源的还款风险	偿债风险	偿债风险应从短期偿债风险和长期偿债风险两方面分析，并给予相同权重	企业流动比率与同行业平均水平之比
			企业资产负债率与同行业平均水平之比
	盈利风险	金融机构更关注企业从销售收入中获利的能力，故采用营业净利率相对于行业平均水平量化盈利风险	企业营业净利率与同行业平均水平之比
	营运风险	①质押贷款的资金用途常限制为日常经营，企业运营资产的能力可以体现日常经营效率；②应收账款周转能力体现销售业绩能否带来实际的现金流，实际现金流是还款来源。故从资产和应收账款角度衡量企业的营运风险，并给予相同的权重	企业资产周转率与同行业平均水平之比
			企业应收账款周转率与同行业平均水平之比
快速变现风险	市场活跃度	采用专利平均交易次数对交易市场活跃度加以量化，历史交易包含转让、许可和质押	专利平均交易次数

续表

金融机构承担的风险因素	风险指标	说　明	量　化　指　标
专利价值波动风险	技术替代风险	在一项专利申请日之后出现的专利若与该专利处于同一 IPC 小组，则可能对该专利具有一定技术替代作业	平均相似有效专利数量
企业信用风险	企业信用状况	企业信用等级是企业信用水平的集中体现，故用企业信用等级量化信用风险	企业信用等级

为了使指标得分体现公司的风险水平，经过对大量上市公司相关数据的整理，分析数据呈现的规律，最终确定了如表 5-7 所示的分值分配方法。

表 5-7　　　　　　　　　　　　指标分值分配表

指　　标	分　值					
	0 分	1 分	2 分	3 分	4 分	5 分
资产负债率水平	0~0.3	0.3~0.5	0.5~0.6	0.6~0.7	0.7~0.8	0.8~0.9
流动比率水平	>3	2.5~3	2~2.5	1.5~2	1.2~1.5	1.0~1.2
销售净利率水平	>3	2.5~3	2~2.5	1.5~2	1.2~1.5	1.0~1.2
资产周转率水平	>3	2.5~3	2~2.5	1.5~2	1.2~1.5	1.0~1.2
应收账款周转率水平	>3	2.5~3	2~2.5	1.5~2	1.2~1.5	1.0~1.2
平均历史交易次数	≥3		2~3		1~2	
平均相似有效专利数量	<1	1~2	2~3	3~4	4~5	5~6
企业信用评级	AAA		AA		A	

指标	分　值				
	6 分	7 分	8 分	9 分	10 分
资产负债率水平	0.9~1.1	1.1~1.2	1.2~1.3	1.3~1.4	>1.4
流动比率水平	0.8~1	0.6~0.8	0.4~0.6	0.2~0.4	<0.2
销售净利率水平	0.8~1	0.6~0.8	0.4~0.6	0.2~0.4	<0.2

续表

指标	分　值				
	6 分	7 分	8 分	9 分	10 分
资产周转率水平	0.8~1	0.6~0.8	0.4~0.6	0.2~0.4	<0.2
应收账款周转率水平	0.8~1	0.6~0.8	0.4~0.6	0.2~0.4	<0.2
平均交易次数	0.8~1	0.6~0.8	0.4~0.6	0.2~0.4	<0.2
平均相似有效专利数量	6~7	7~8	8~9	9~10	≥10
企业信用评级	BBB		BB		≤B

三、质押风险指标权重的确定

对于质押风险指标的权重，同样采用层次分析法确定。层次分析法的具体步骤在本章第一节有所介绍，此处不再赘述。表 5-8 展示了质押风险相关指标的一致性检验结果，从结果来看，指标均通过了一致性检验。经过归一化计算后，得到各指标权重如表 5-9。

表 5-8　　　　　　　　　质押风险指标打分一致性检验

一致性检验指标	一级指标	第一还款源的还款风险
CR	0.0536	0.0516
CI	0.0477	0.0268

表 5-9　　　　　　　　　质押风险指标体系权重

一级指标	权重	二级指标	权　重
第一还款源的还款风险	0.4092	偿债风险	0.5247
		营运风险	0.1416
		盈利能力	0.3338
快速变现风险	0.2150	市场活跃度	0.2150
专利价值波动风险	0.1104	技术替代风险	0.1104
企业信用风险	0.2654	企业信用状况	0.2654

四、智能评估模型确定质押风险因子

根据质押风险因子的不同种类风险，智能评估模型获取数据和估值计算的流程有一定区别。图 5-6 以资产负债率水平为例，展示了智能评估模型在测算第一还款源的还款风险过程中的流程。具体来看，可分为以下两个步骤：

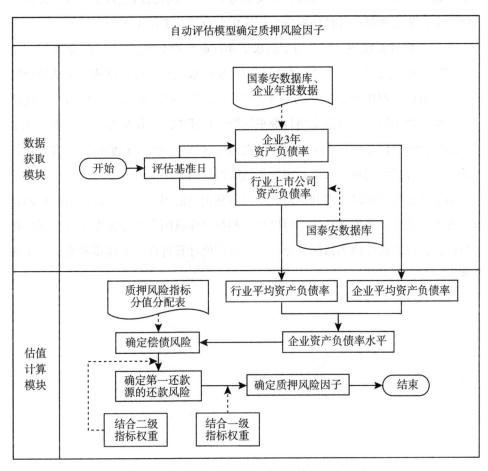

图 5-6　智能评估模型确定质押风险因子流程图

（1）数据获取模块获取公司和行业数据。数据获取模块依据评估师输入的评估基准日，获取企业最近三年的资产负债率数据和同行业上市公司的资产负债率。需要注意的是，若该公司为上市公司，数据可以从国泰安数据库中直接获取。首先，根据上市公司股票代码查询其按照 2012 年行业二级分类标准中所处行业，获取路径是：国泰安数据库—数据中心—单表查询—股票市场系列—股票市场交易—基本数据—公司文件，储存公司行业信息后，获取同行业所有上市公司的资产负债率数据，其中包含待估专利所属上市公司。若该公司为非上市公司，企业的资产负债率数据可以从企业提供的资料中计算得到，同行业资产负债率水平则需要结合折现率计算过程中文本分析模块分析公司主营业务以后确定的所属行业，依据所处行业从国泰安数据库中获取该行业的上市公司数据。

（2）估值计算模块计算公司平均水平和行业平均水平，并结合各级指标权重最终确定质押风险因子的大小。数据获取模块获取数据后将数据传递至估值计算模块。估值计算模块分别计算行业平均资产负债率和企业近三年平均资产负债率，并用企业平均资产负债率与行业平均资产负债率之比衡量企业资产负债率水平，结合指标分值分配表为指标打分。在同时计算了同级指标值以后，将分值归一化，并结合指标权重，最终确定质押风险因子的大小。

对于快速变现风险、专利价值波动风险和企业信用风险，智能评估模型的计算过程则更简单，智能评估模型可以从专利数据库或国泰安数据库中直接获取相关指标值，根据指标值为指标打分。之后的估值计算过程与上述步骤类似，不再赘述。

第六章　基于决策情景的专利权价值评估案例研究

第一节　不同决策情景下专利权评估的收益法参数选择

本节通过专利法估值实践中最常用的收益法入手，首先分析收益法在各个交易情景下的评估假设和评估参数的选取。

一、预期收益年限的选取

专利权的预期收益年限是指技术受保护期限内，能够持续发挥效用，并为相关方创造超额收益所持续的期间跨度。剩余获利年限的确定无法以偏概全，应综合考虑多重因素，最终取值应不长于以下期限：

（1）专利的法定寿命。我国《专利法》第四十二条规定，"发明专利权的期限为二十年，实用新型专利权的期限为十年，外观设计专利权的期限为十五年，均自申请日起计算"。专利权保护期限，亦称"专利权有效期限""专利权期限"，即专利权法律效力的存续期间。在专利权期限内，专利权人享有独占权，期限届满，该项发明创造即进入公有领域，任何人都可以自由使用。

（2）专利的产品经济寿命。专利权实现经济利益，需要通过专利产品这种物化形式体现。因此，专利权预期收益年限的确定不能离开对专利产品生产经营的研究。

（3）专利的技术经济寿命。作为一种技术型资产，专利技术的成熟度、可替代性、所处生命周期和具体技术类型都是专利技术经济寿命的影响因素。

（4）合同条文等所约束的专利保护期限。以上为各交易情景下的共性考虑，对于许可、质押、诉讼这三类交易情景下，专利权的预期收益年限还应该考虑合同条文等所约束的专利保护期限，收益法评估过程中的预期收益年限不因高于或有存在的合同条文等所约束的专利保护期限。

除此之外，预期收益年限的确定还需要综合考虑如下因素：

（1）专利所依托资产的情况。《专利资产评估指导意见》第二十三条指出，"当专利资产与其他资产共同发挥作用时，资产评估专业人员应当分析专利资产的作用，确定该专利资产的价值"。确定专利资产的价值，必须考虑其所在资产组及组内核心资产的收益期限。

（2）专利与相关市场的适应性情况。专利技术当前的市场格局现状和消费者的偏好倾向，未来市场发展趋势和产品盈利能力情况，该专利技术在市场上的适应程度及可适应年限，都将影响专利经济利益的实现，从而影响专利的预期收益年限。

二、预期收益额的确定

由上文可知，目前收益法评估无形资产价值较为常见的三种模式分别为增量收益折现模式、收益割差模式和收益分成模式。又由于目前收益法评估专利权价值的理论研究和实务操作中收益分成的路径较为常见，因此本书对于收益分成模式评估专利权价值进行研究，主要研究内容为被评估专利产品预期产生的预期销售收入（或利润）及相应的分成率的测算。

（一）预期收益基数

专利权预期收益额的测算离不开专利所生产产品预期收益基数的测算。对专利产品预期收益的测算通常基于企业历史数据，通过预测方法和预测模型完成，可借鉴的思路有灰度预测法、回归分析法、蒙特卡洛模拟法和成长曲线模型等。在具体预测的过程中，一方面要考虑预测方法的适配性，选用逻辑合理、思路适用、操作可行、结果准确的预测方法；另一方面也要充分考虑未来市场供求、技术开发、行业周期、政策法规等可能对预期收益产生直接或间接影响的内外部因素。

（二）分成率

专利权价值评估中的分成率采用可比公司法确定，选择同行业的可比上市公司，通过盈利能力和资本结构等财务指标的对比和分析，确定被评估专利权对整体收益贡献的比重。其主要步骤如下：

（1）选取同行业上市可比公司。可比公司的选取一方面要满足行业的匹配性，另一方面要满足上市公司的条件。前者是为了选取出在经营范围和商业运作方面具有可比性的参照公司，后者是为了保证选取出的参照公司的财务指标信息更易获取。

（2）确定可比公司中与被评估专利相似的可比专利的市场价值在其全部资产中的比重。此处以无形资产为中间媒介，分为两步进行。

首先，确定可比公司中无形资产整体占全部资产的比重。根据企业资产＝固定资产＋长期投资＋营运资金＋无形资产可倒推出无形资产价值，此处的企业资产价值是可比企业全部资产的市场价值，无形资产价值是可比公司整体无形资产的市场价值。

其次，确定可比公司中与被评估专利相似的可比专利占可比公司无形资产整体的比重。由于整体无形资产中包括专利技术、商标、著作权等多种无形资产，需要区分专利技术在整体无形资产中的贡献比重。结合上述比重，两者乘积为：

$$K = \frac{\text{可比公司中与被评估专利相似的可比专利价值}}{\text{可比公司全部资产的市场价值}}$$

（3）可比公司专利对整体收益的贡献程度。可比公司法的关键假定在于同等价值的资产创造同等价值的收益，即遵循收益的贡献与资产的价值比重相当的原则。据此，可以将可比公司专利技术的价值比重作为专利权销售收入分成率的近似替代，做一定口径调整，因此有：

$$M = K \times \text{可比公司 EBITDA} \div \text{主营业务收入}$$

（4）确定被评估专利权的销售收入分成率测算。在得到各个可比公司的专利权销售收入分成率后，考虑到目标公司和可比公司之间的经营状况差异，选用专利产品毛利率作为调整因素，得到被评估专利权的销售收入分成率为：

销售收入分成率 $N = M +$ 可比公司类似专利在整体资产价值中所占比重×（目

标公司销售毛利率-可比公司销售毛利率)

三、折现率的选取

折现率的测算是收益法评估专利权价值的关键问题，折现率体现了专利权预期收益所内含风险的预期回报率，是连通专利权预期收益与专利权价值的重要桥梁。《专利资产评估指导意见》第三十条认为，"采用收益法进行专利资产评估时应当合理确定折现率，折现率可以通过分析评估基准日的利率、投资回报率，以及专利实施过程中的技术、经营、市场、资金等因素确定，专利资产折现率可以采用无风险报酬率加风险报酬率的方式确定，专利资产折现率应当与预期收益的口径保持一致"。评估实务中，折现率的确定有三种方法：风险累加法、加权平均资本成本模型、资本资产定价模型。

风险累加法又称风险资本回报率法，是将无风险报酬率与评估对象特定风险报酬率相加作为评估对象折现率的一种通过累加求取折现率的方法，计算思路为：

专利折现率=专利无风险折现率+专利风险报酬率

其中，专利风险报酬率可细分为专利技术风险、行业风险、财务风险、经营风险等风险报酬率。风险累加法是确定专利技术折现率的一种较为有效的方法，同时适用于已实施和未实施的专利技术，其结果易于理解，因此该方法在评估实务中较为常用。然而，该方法也存在一定弊端，例如，对于风险报酬率的确定在较大程度上需要依赖于评估人员的经验判断，可能导致折现率结果的主观性较强，说服力不高。

加权平均资本成本是企业资产组合中各资产的预期回报率的加权平均值，反映了投资者对企业所有资产的平均回报率的期望值。加权平均资产成本模型的计算思路为：

$$\text{WACC} = r_e \times W_e + r_d \times W_d \times (1 - T)$$

式中：

WACC——加权平均资本成本；

r_e 和 r_d ——股权和债权的资本成本；

W_e 和 W_d ——股权和债权在总资产中所占比重；

T——所得税率。

该模型通过对企业整体资本成本的测算，得到企业无形资产的收益报酬率，然而加权平均资本成本是企业所要求的最低整体资产投资回报，将其直接作为评估专利权的投资价值，鉴于专利权作为一种无形资产的价值不确定性，势必会导致专利权收益风险的低估，从而导致专利权评估结果的高估。

资本资产定价模型的核心观点在于任何一项投资的风险都可以分为系统风险和非系统风险，其中非系统风险可以通过多样化的投资组合实现抵减，而系统风险与整个市场有关，能够对期望收益产生影响。资本资产定价模型的计算思路为：

$$E(R_i) = R_f + \beta(R_m - R_f)$$

式中：

$E(R_i)$ ——一项投资的预期回报率；

R_f ——无风险投资回报率；

β ——风险系数；

R_m ——预期市场回报率。

该模型估算非公开市场上交易资产的投资回报率是较为适用的方法，但是该模型的假设前提在现实市场中不一定完全符合，同时风险系数对于未来证券风险不一定具有代表性。

在综合考虑上述模型特点的基础上，结合本书的研究角度，除财务报告为目的的专利权价值评估采用公司整体加权资本成本作为折现率外，为体现不同交易情景背景下，专利权价值评估过程中的各种风险因素对折现率的测算产生的影响，本书选用风险累加法作为专利权价值评估的折现率确定方法。在风险累加法中，两个关键的问题是无风险报酬率和风险报酬率的确定。

（一）无风险报酬率

在对无风险报酬率的选取中，资产评估理论界和实务界有许多不同的选取方式，例如银行定期存款利率、活期存款利率，或者是中期国债利率等。本书认为在专利权价值评估中，无风险报酬率应选取一年期的到期日一次支付本息的国库券或贴现国库券的名义到期收益率，原因如下：

（1）选用名义无风险利率。实际无风险利率和名义无风险利率的主要区别在于是否考虑通货膨胀因素，即（1+实际无风险利率）×（1+预期通货膨胀率）=1+名义无风险利率。众所周知，国债利率中已经包含预期通货膨胀率，问题在于是否需要从国债利率中将通货膨胀率剔除而使用实际无风险利率。一方面，折现率的口径选取需考虑与预期收益的口径保持一致。在对专利权价值进行测算时，需要以历史收益为基础对未来预期收益进行测算，其历史预期收益中实则已经包含了通货膨胀因素，导致以此为基础得到的未来预期收益若未经特别处理，包含有按照历史情况预测的合理范围内的未来通货膨胀影响。因此，选用名义无风险报酬率的口径能够和预期收益的口径保持一致。另一方面，当前我国经济形势整体向好，不存在严重的通货膨胀现象，因此通货膨胀因素影响较小，选用名义收益率便于简化估值计算过程，便于评估人员及评估报告使用各方理解评估过程及结果的意义。

（2）选用贴现债券的即期利率。目前我国国债根据利息方式不同，划分为零息国债、附息国债和贴现国债三大种类。其中，附息国债按照票面利率定期支付利息，而贴现国债以贴现形式发行，发行价格低于票面价值，到期按照票面价值一次偿还。一方面，贴现国债可剔除再投资风险，由于贴现债券在到期前不发放利息，换言之贴现债券的利息不存在需要再次投资的可能，也就不会面临再投资无法获取预期利率的风险，因此贴现债券没有投资风险。另一方面，贴现债券常为短期债券，相比长期国债而言，由于贴现债券到期日一般在 1 年以内，因此利率波动对债券的市价影响较小，即利率风险较小。

（二）风险报酬率

风险报酬率即专利收益相对于无风险资产的风险溢价所期望的投资回报率，因此在测算风险报酬率时，本书认为可通过专利资产作为交易对象的风险产生源头入手对其风险进行量化研究。本书的做法基于专利技术的风险影响因素，建立风险评价体系，对其赋予适当的权重，结合专利及企业情况进行打分，由打分结果确定专利的风险报酬率。同时，针对风险因素存在差异的交易情景，分别对其建立个性风险评价体系，再进行上述后续操作。

专利权的收益风险来源可细分为三大方面：技术风险、市场风险和管理风险，分别对应专利技术本身，专利技术外部和专利技术内部，这三者即为风险评价体系的一级指标。技术风险包括技术转换、整合、替代风险，主要考察专利技术本身的技术基础、领先程度、应用宽度等，技术质量水平越高，相对应的技术风险则越低，专利技术价值越大；市场风险包括产品销售、市场竞争、市场需求风险及政策支持力度，主要从外部市场衡量专利技术价值的高低。众所周知，专利技术经济利益的实现需要通过专利产品这种物化形式，则显而易见专利产品的市场情况对专利经济价值有重要影响，分析外部市场实则是考察专利产品获利的风险因素高低；管理风险包括营运资金、销售服务、质量管理、开发维护风险，主要从主体内部衡量专利技术价值的高低，考察专利运营主体是否有足够的资金、销售、管理能力去发挥专利技术的经济利益价值，同时通过专利开发维护风险考察主体是否拥有对专利价值的持续发挥能力。所建立的风险评价体系如表6-1所示。

表6-1　　**专利权价值评估中风险收益率测算的风险评价体系（共性）**

一级风险因素	二级风险因素	权重	含　义
技术风险	技术转换风险	30	专利技术科技成果转化为实际经济收益的风险
	技术整合风险	30	专利交易发生后技术收益的不确定性
	技术替代风险	40	被后出现的更为先进的新技术所替代的风险，新技术能够与原技术解决相同或类似问题
市场风险	政策支持力度	20	专利技术是否受到法规、政策的支持，这种支持力度在未来可见范围内是否持久有效
	产品销售风险	25	专利所对应的相关产品的销售网络是否完备，供货销货渠道是否畅通，产品行业地位是否靠前
	市场竞争风险	25	市场已经存在的及潜在的竞争专利产品与该专利产品的市场竞争造成的市场风险
	市场需求风险	30	专利产品相关市场的供需关系情况，专利产品的市场前景及受欢迎程度

续表

一级风险因素	二级风险因素	权重	含　　义
管理风险	营运资金风险	25	是否存在充足的营运资金以满足专利的维持及相关产品的开发销售，以产生经济效益
	销售服务风险	25	专利相对应产品的销售服务是否合格，以能够支持专利最大限度地发挥其价值
	质量管理风险	25	专利相对应产品是否具备应有的质量管理政策规章，质量管理流程设计、监控及检查是否合理有效
	开发维护风险	25	专利所有人是否对专利技术进行及时、有效的保护，以供专利最大程度地发挥其价值。

注：根据国家知识产权局专利价值分析指标体系和门宇（2018）① 等文章整理而来。

　　根据不同交易情景下风险因素特征的不同，本书也建立了个性的风险收益率测算的风险评价体系。例如，在专利权质押融资交易情景下，当第一还款源不足以偿还贷款时，质押专利权的变现收入将直接作为第二还款源，因此专利技术的变现能力将对其价值产生直接影响，变现能力主要受专利技术市场情况和专利技术发育程度两方面影响，具体如表6-2所示。

表6-2　质押融资情景下专利权价值评估中风险收益率测算的风险评价体系

一级风险因素	二级风险因素	权重A	含　　义
技术风险	技术转换风险	30	专利技术科技成果转化为实际经济收益的风险
	技术整合风险	30	专利交易发生后技术收益的不确定性
	技术替代风险	40	被后出现的更为先进的新技术所替代的风险，新技术能够与原技术解决相同或类似问题

---

　　① 门宇. 专利权质押融资中价值决定问题研究——以尖峰药业为例 [J]. 财会通讯，2018（26）：11-15，129.

续表

一级风险因素	二级风险因素	权重 A	含　　义
市场风险	政策支持力度	20	专利技术是否收到法规、政策的支持，这种支持力度在未来可见范围内是否持久有效
	产品销售风险	25	专利所对应的相关产品的销售网络是否完备，供货销货渠道是否畅通，产品行业地位是否靠前
	市场竞争风险	25	市场已经存在的及潜在的竞争专利产品与该专利产品的市场竞争造成的市场风险
	市场需求风险	30	专利产品相关市场的供需关系情况，专利产品的市场前景及受欢迎程度
管理风险	营运资金风险	25	是否存在充足的营运资金以满足专利的维持及相关产品的开发销售，以产生经济效益
	销售服务风险	25	专利相对应产品的销售服务是否合格，以能够支持专利最大限度地发挥其价值
	质量管理风险	25	专利相对应产品是否具备应有的质量管理政策规章，质量管理流程设计、监控及检查是否合理有效
	开发维护风险	25	专利所有人是否对专利技术进行及时、有效的保护，以供专利最大程度地发挥其价值。
变现风险	技术市场情况	50	技术交易市场所处的生命周期及活跃程度等
	技术发育程度	50	该专利技术在相关技术市场上是否具有较强的吸引力和竞争力，是其变现能力的直接影响因素

第二节　案例背景分析

一、公司概况

深圳金信诺高新技术股份有限公司（以下简称"金信诺"或"公司"）从事以信号联接技术为基础的全系列信号互联产品的研发、生产和销售，为全球多行业顶尖的企业客户提供高性能、可设计定制的"端到端"的信号传输及连接的解决方案、产品和服务。为满足公司流动资金需求，提高公司资金使用效率，优化资产结构，满足公司未来发展规划和经营管理的需要，于 2021 年 9 月 15 日召开第四届董事会 2021 年第二次会议，公司董事会决议通过，金信诺以专利权质押担保向深圳市高新投小额贷款有限公司申请人民币 2000 万元授信额度，授信额度有效期限为自合同生效之日起 360 日。质押担保标的为公司名下有权处分的 5 项实用新型专利，如表 6-3 所示，现以 2021 年 9 月 30 日为评估基准日对其所提供的质押担保标的的市场价值进行估值。

表 6-3　　　　　　　　　　作为质押标的的 5 项实用新型专利

序号	专利名称	专利类型	专利号	申请日
1	一种耐弯曲型低损耗稳相射频同轴电缆	实用新型	ZL201721526090.3	2017-11-13
2	一种耐温级低损耗同轴电缆	实用新型	ZL201720952450.X	2017-08-01
3	一种超轻质低损稳相同轴电缆	实用新型	ZL201721325765.8	2017-14-16
4	一种稳相电缆及其电缆芯	实用新型	ZL201721586959.3	2017-11-17
5	一种板对板射频连接器	实用新型	ZL201821428086.8	2018-08-31

二、行业分析

公司成立二十年来，在通信行业已积累丰厚发展经验。同时，本次被评估的五项实用新型专利，主要为线缆类产品的生产提供支持，该产品主要用于通信设备内部以及通信设备之间关键信号的连接传输。因此，本书对专利对应产品所处行业——通信行业进行分析。

截至目前，通信行业技术演进主要经历了 1G（第一代移动通信技术，下同）、2G、3G、4G、5G 时代。其中，2G 时代为语音时代，3G 时代为数据时代，4G 时代为超高速时代，当前的 5G 时代将在前四个时代的基础上实现较大跃升，进入万物互联时代。中华人民共和国成立之初，通信技术远远落后于发达国家。自改革开放以来，我国通信产业进入蓬勃发展阶段。目前，我国通信行业凭借良好的发展态势已经实现成功逆袭，成为 5G 领域的领跑者，在通信行业享有重要话语权。

从 2020 年开始，全球 1/3 的 5G 网络将由中国技术提供支持。① 不仅如此，我国通信行业的优秀企业取得卓越成绩，华为在 5G 标准之争中拔得头筹。在 5G 芯片、移动操作系统等关键核心技术方面，我国发展态势迅猛，不断追赶国际先进水平。

一方面，通信行业未来具有较大的发展空间。例如，在技术方面，作为未来技术革命的重要赛道，5G 同样也是各个国家经济发展的重要通道。随着 5G 商用的逐步推广，各国通信运营商将加快 5G 网络的建设步伐。2019 年，我国 5G 通信产业规模总额为 2250 亿元，较上年同比增长 133%，② 预计未来仍将呈现持续增长态势，相关数据如图 6-1 所示。随着 5G 新基建浪潮的来袭，未来 5 年内整个通信行业的发展也会迎来重大利好，行业发展空间巨大，未来市场容量可观。

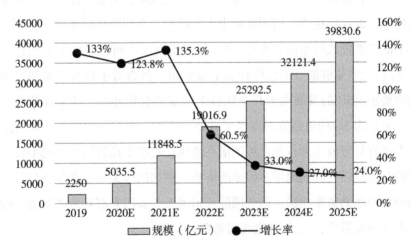

图 6-1　2019—2025 年中国 5G 通信产业规模及增长率

在政策方面，有"信息产业高速公路"之称的通信行业，对于国家发展具有重要的战略意义，一直以来受到国家政策的大力支持。包括但不限于图 6-2 所

① 数据来源：《中国互联网发展报告 2020》。
② 数据来源：赛迪顾问《5G 产业发展白皮书（2020）》。

示，国家先后出台诸多支持通信行业发展的政策文件，体现出通信行业在建设制造强国道路上的重要角色以及国家的关注程度，国家重视、政策支持的良好氛围也会为通信行业及行业内公司的未来发展创造良好环境。

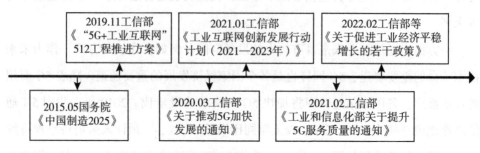

图 6-2　近年来部分 5G 相关政策

另一方面，通信行业未来发展也将存在一定风险，既要关注挑战，也要察觉到新的机遇。近几年在线应用的新需求大大提升，在帮助社会各类产业实现从线下到线上的发展模式转型的过程中，5G 技术扮演了不可或缺的重要角色。不仅如此，5G 行业产业链的分工合作特点十分突出，因为对于技术门槛和投资规模具有较高要求，5G 的发展离不开全球各个国家的合作并举，各个环节的交流融合。这一方面为 5G 的迅猛发展提供了有益的模式，但另一方面，产业链之间的依赖关系也容易形成未来行业发展的潜在危机。当前全球的贸易市场不仅仅是经济领域的合作，还受到其他诸多因素的影响，例如国际关系、竞争格局等，均与国家间的贸易往来紧密相关，因此国际政治关系等多因素都将为产业链之间的合作关系产生重要影响，5G 行业也无可避免。

三、企业分析

（一）企业基本情况

金信诺成立于 2002 年 4 月 2 日，上市于 2011 年 8 月 18 日，专注于全系列信号互联产品的研发生产和提供相关整体解决方案。金信诺自成立以来，实现快速良好发展，公司发展历程如表 6-4 所示。目前，公司拥有中国移动、中国联通、华为、中兴等业内顶尖客户。

表6-4   金信诺企业发展历程

年份	进程	事件
2002	公司成立	金信诺诞生于深圳市南山区塘尾小区一间工业厂房内
2006	通过华为认证	顺利通过华为公司的供应商体系认证；成立赣州金信诺，建立馈线及跳线生产线；进入中国移动、中国联通、中国电信集采项目
2008	通过全球天线厂商认证	顺利通过康普、安德鲁、凯士林、京信等公司的供应商体系认证
2011	上市及全球化	于深交所创业板正式挂牌上市；分别在印度、巴西、泰国等国注册全资子公司，正式迈向国际舞台
2012	颁布 IEC 标准	收购常州金信诺，完成电缆与连接器、组件的完整产业链整合；起草的 5 项电缆 IEC 国际标准正式颁布；顺利通过沃达丰、新加坡电信等的供应商体系认证
2017	5G 及智能互联转型	成立信丰金信诺，深化 PCB 领域；成立金信诺光电，切入新能源汽车线束领域
2020	智能终端及卫星互联网布局	自研 Wi-FiMesh 产品 MT1 上线亚马逊，立项下一代 Wi-Fi6 产品；随着亚太 6D 发射成功，陆续发布多款卫星智能终端，深入布局卫星互联网；与汇芯通信合作成立 5G 联合研究院

注：IEC，国际电工委员会（International Electrotechnical Commission，IEC）成立于 1906 年，是世界上成立最早的国际性电工标准化机构，负责有关电气工程和电子工程领域中的国际标准化工作。PCB，印制电路板（Printed Circuit Board，PCB）又称印刷线路板，是重要的电子部件。

（二）核心竞争力

1. 具有过硬的技术实力

公司注重研发，近年来持续保持高质量研发投入，近三年研发投入占营业收入的平均比重超过9%，① 位于行业前列。公司从2004年开始受邀参与IEC相关标准的制定与规范。公司同时主导制定连接线、连接器的国际标准，在我国属首例。目前已制定并颁布多项行业、国家和IEC国际标准，核心技术水平稳居规模行业前茅。除了IEC国际标准外，公司积极推动信号联接技术相关国际标准、行业标准制定与规范，积极参与信号联接技术相关产业前沿技术研究，成立了广东省金信诺工程技术研究中心、广东省金信诺海洋探测技术院士工作站，获批深圳工程实验室，广东工程技术研究中心。在信号互联产品的生产、关键生产设备的研发和信号联接技术综合解决方案制定提供等方面积累了多项专有技术，具有多项完全自主知识产权，在国内位居领先水平。

2. 占据领先的市场份额

公司在通信行业具备较为突出的市场份额优势，具有全球领先的天线射频PCB市场占有率。公司在通信行业、特种科工、数据中心、新能源汽车等多个细分市场领域取得了市场占有率第一，研发突破第一的优异成绩。基于公司在细分领域的技术领先优势及市场影响力，公司获得了行业内顶级客户的认可，包括通信领域的华为、爱立信，数据中心领域的H3C、Inspur、Lenovo，特种科工的主机厂及研究所等。

鉴于通信行业研发投入大、研发成本高、研发周期长的特点，影响着行业门槛的高度，再加上金信诺当前已占据的较为显著的市场优势，二者共同为公司未来的市场竞争力注入了强心剂。

3. 能够提供最优的整体解决方案

公司在通信行业上游器件领域持续积累技术经验，取得市场份额的同时，积极拓展至下游设备领域，目前基本实现了全系列产品覆盖。公司以自身特殊的"Design In"模式，积极介入产品或方案的设计初期，紧跟客户的研发方向，结合客户的需求痛点为其制定个性化的解决方案。在原有优势技术的深耕和复用的基础上，形成产品系列的自然拓展与延伸。同时，随着关键客户的全球化步伐不断加快，公司积极推进自身制造、物流及服务中心的全球化进程，在及时回应客户需求的同时，最大程度上为其降低成本支出，通过综合成本最优、综合效果最

---

① 数据来源：金信诺公司官网。

佳的解决方案维持老客户，赢得新客户，打造自身差异化的竞争优势。

（三）面临的风险

1. 疫情形势的不确定性

新冠疫情给各行各业的经济发展都带来了不同程度上的打击，得益于有力的管控措施，国内疫情形势转好速度较快。然而，疫情给公司未来发展的影响仍未完全消除。

2.5G 发展后期盈利增长的不确定性

根据上文关于产业链和产业结构的分析可知，金信诺的主要产品为同轴电缆和通信组件，处于通信行业的中上游领域。在 5G 生命周期的前期，对基础类组件需求量较大，但中后期的主要需求会转向场景应用层和终端设备层等中下游领域。因此，5G 兴起为公司带来的盈利增长红利的可持续周期时长不定，增长红利未来能否继续保持存在一定风险。

3. 国际关系波动带来的不确定性

如前所述，产业链之间的依赖关系在一定程度上催生未来行业发展的潜在危机，当前国际政治关系将对 5G 产业链上的各个厂商产生重要影响。例如，由于中美关系的微妙变化，美国所列出的实体清单对我国运营商等产业环节的生产销售带来了沉重的打击，这种影响势必会沿着产业链传导至金信诺等上游产业环节，给其营业收入带来不确定性。

第三节　价值评估分析过程与结论

一、评估对象及前提

（一）评估对象

本次评估的五种专利权均为实用新型专利，其名称、申请日、到期日及构造性能的详细信息如表 6-5 所示。

表 6-5 　　　　　　　　　　　　　　五种实用新型专利的详细信息

序号	专 利 名 称	专利类型	申请日	法定保护期限到期日
1	一种耐弯曲型低损耗稳相射频同轴电缆	实用新型	2017-11-13	2027-11-13
2	一种耐温级低损耗同轴电缆	实用新型	2017-08-01	2027-08-01
3	一种超轻质低损稳相同轴电缆	实用新型	2017-10-16	2027-10-16
4	一种稳相电缆及其电缆芯	实用新型	2017-11-17	2027-11-17
5	一种板对板射频连接器	实用新型	2018-08-31	2028-08-31

（二）评估假设

专利权质押融资情景下的假设框架同样为基本假设、外部假设和内部假设。前两者与前文所述的假设体系保持一致。内部假设如下：

（1）假设专利权持有主体未来经营管理团队尽职，不因自身组织架构变动等对专利权价值产生重大不利影响；

（2）假设被评估专利权的相关主体未来经营活动合法合规，不违背国家的相关政策和产业法规；

（3）假设评估结论基于被评估专利权的相关主体在评估基准日的经营能力，不考虑未来由于其经营策略变动和投资规模追加等情况可能导致的经营能力扩大；

（4）假设委托人及专利权持有主体提供的基础资料和财务资料真实、准确、完整；

（5）假设被评估专利权在预期经济寿命内，不考虑可能存在的销售坏账对专利经济利益的实现造成的重大不利影响；

（6）假设专利权持有主体于年内均匀获得现金流；

（7）假设被评估专利权的权属及有效性不存在法律争议；

（8）假设专利权具有可转移性，即未来经营者能够通过单独专利技术获益，或发挥专利技术的经济价值所需依赖的其他要素该经营者已经具备或易于获得；

（9）假设出质人对出质专利权有持续的开发维护投入以能够合理保证专利权价值的维持和实现；

（10）假设专利权是能够独立处置的质押物，其价值能够从企业整体价值中分离出来。

（三）价值类型及方法

本次评估为质押融资情景下的专利权价值评估，选用市场价值类型。由于在市场上无法寻找到可比的交易案例，故评估方法选用收益法，并采用其中的收益分成模式。

二、价值评估分析过程

（一）预期收益年限预测

根据上文提出的对于预期收益年限的确定方法，结合金信诺的企业经营、行业发展、产品盈利情况，本书在确定被评估专利权的剩余经济寿命时主要做出如下考虑。首先，在 5G 时代的浪潮下，通信行业处于发展前景可观的利好阶段，电缆产品的市场需求在未来可预计期间内仍然较为可观，且仍会保持一定的增长态势；其次，金信诺作为在相关领域地位突出的上市公司，对于电缆产品相关专利的经济转化过程具有稳定的支出及保障能力，能够保证相关专利技术在未来可预计期间内持续发挥经济效益。因此，可以认为被评估专利权在剩余法定保护期限内能够持续发挥相关经济效益。同时，又由于我国专利法规定实用新型专利权的期限为十年，结合专利权的法定保护期限到期日考虑，五项专利权的剩余法定保护期限由 5 年 10 个月到 6 年 11 个月不等。因此，为方便计算考虑，本书将 5 年作为被评估专利权的预期收益年限。

（二）收益预测

1. 预期收益额

本书根据金信诺过去五年的营业收入增长情况预测未来五年专利权剩余经济寿命的收益情况，为剔除 2020 年新冠疫情的发生对营业收入造成的影响，本书选取 2015—2019 年五年间的营业收入情况进行增长分析，后续计算过程同理。过去五年的平均增长率为 10.02%，考虑到未来 5G 业务的发展对公司营收的促进作用，本书在进行收益预测时将未来 1~3 年的营业收入增长率确定为 10%，4~5 年的营业收入增长率确定为 6%，具体数据如表 6-6 所示。

表 6-6 　　　　　　　　　金信诺 2021—2025 年营业收入预测

时间（年）	营业收入（万元）	相比上期增长率
2015	153223.93	28.32%
2016	201592.97	31.57%
2017	228646.70	13.42%
2018	259301.84	13.41%
2019	267690.28	3.24%
2021	294459.31	10%
2022	323905.24	10%
2023	343339.55	6%
2024	363939.93	6%
2025	385776.32	6%

2. 分成率

分成率采用可比公司法确定，即选择同行业的可比上市公司，通过盈利能力和资本结构等财务指标的对比和分析，确定待估专利权的分成率。分成率确定过程如下。

（1）选取同行业上市可比公司。本书选取的五家可比公司均与金信诺处于 GICS[①] 的同一细分行业——通信行业，或同属于射频器件行业，经营范围相似，满足同行业的上市公司的选取条件，五家可比公司的基本信息如表 6-7 所示。

----

① 全球行业分类系统（Global Industry Classification Standard，GICS），由标准普尔与摩根士丹利公司于 1999 年联手推出。

表 6-7   五家可比公司基本信息

公司名称	武汉凡谷	通宇通讯	神宇股份	汇源通信	硕贝德
股票代码	002194. SZ	002792. SZ	300563. SZ	000586. SZ	300322. SZ
上市时间	2007-12-7	2016-3-28	2016-11-14	1995-12-20	2012-6-8
主要业务	射频器件和射频子系统的研发、生产、销售和服务	通信天线及射频器件产品的研发、生产及销售	射频同轴电缆的研发、生产和销售	研发生产销售ADSS、OPGW特种光缆、预制光缆、气吹微缆、非金属光缆等	从移动终端天线、系统侧基站天线、车载智能天线等

（2）确定可比公司中与被评估专利相似的可比专利的市场价值在其全部资产中的比重。此处以无形资产为中间媒介，分为两步进行。

首先，确定可比公司中无形资产整体占全部资产的比重。根据企业资产=固定资产+长期投资+营运资金+无形资产可倒推出无形资产价值，此处的企业资产价值是可比企业全部资产的市场价值，无形资产价值是可比公司整体无形资产的市场价值。如表 6-8 所示。

表 6-8   2017—2019 年金信诺和可比公司部分财务指标

项目	年份	金信诺 300252. SZ	武汉凡谷 002194. SZ	通宇通讯 002792. SZ	神宇股份 300563. SZ	汇源通信 000586. SZ	硕贝德 300322. SZ
营运资金比重	2017	9.33%	16.07%	18.35%	6.76%	5.56%	1.44%
	2018	12.40%	31.99%	20.00%	9.79%	8.42%	-1.00%
	2019	7.82%	11.98%	16.56%	10.75%	10.32%	1.17%
净有形非流动资产比重	2017	19.46%	7.73%	4.01%	9.38%	1.35%	12.10%
	2018	19.30%	9.13%	5.54%	11.73%	2.16%	14.79%
	2019	29.55%	4.54%	4.72%	10.84%	2.19%	6.07%

续表

项目	年份	金信诺	武汉凡谷	通宇通讯	神宇股份	汇源通信	硕贝德
		300252. SZ	002194. SZ	002792. SZ	300563. SZ	000586. SZ	300322. SZ
无形非流动资产比重	2017	71.20%	76.20%	77.63%	83.86%	93.09%	86.46%
	2018	68.30%	58.88%	74.45%	78.48%	89.42%	86.21%
	2019	62.63%	83.48%	78.71%	78.41%	87.49%	92.76%

其次，确定可比公司中与被评估专利相似的可比专利占可比公司无形资产整体的比重。由于整体无形资产中包括专利技术、商标、著作权等多种无形资产，需要区分专利技术在整体无形资产中的贡献比重。结合目标公司所处的通信行业的行业特点考虑，专利技术在所有无形资产中贡献占比较大，本书将该比例选定为 70%。因此得到乘积为 K，并取 K 在 2017—2019 年的平均值，计算过程如表 6-9 所示。

$$K = \frac{可比公司中与被评估专利相似的可比专利价值}{可比公司全部资产的市场价值}$$

表 6-9 **2017—2019 年通信行业上市可比公司部分财务指标**

项 目	年份	武汉凡谷	通宇通讯	神宇股份	汇源通信	硕贝德
		002194. SZ	002792. SZ	300563. SZ	000586. SZ	300322. SZ
无形非流动资产所占比重	2017	76.20%	77.63%	83.86%	93.09%	86.46%
	2018	58.88%	74.45%	78.48%	89.42%	86.21%
	2019	83.48%	78.71%	78.41%	87.49%	92.76%
专利技术在无形非流动资产中所占比重	2017	70%	70%	70%	70%	70%
	2018	70%	70%	70%	70%	70%
	2019	70%	70%	70%	70%	70%
专利技术在资本结构中所占比重	2017	53.34%	54.34%	58.70%	65.16%	60.53%
	2018	41.22%	52.12%	54.93%	62.59%	60.35%
	2019	58.44%	55.10%	54.89%	61.24%	64.93%
K 平均值		51.00%	53.85%	56.17%	63.00%	61.94%

（3）可比公司专利对整体收益的贡献程度。可比公司法的关键假定在于同等价值的资产创造同等价值的收益，即遵循收益的贡献与资产的价值比重相当的原则。据此，可以将可比公司专利技术的价值比重作为专利权销售收入分成率的近似替代，做一定口径调整，因此得到可比公司专利销售收入分成率 M，具体过程如表 6-10 所示。

可比公司专利销售收入分成率 $M = K \times$ 可比公司 EBITDA ÷ 主营业务收入

表 6-10　　　　　**2017—2019 年可比公司专利销售收入分成率计算**

项　　目	年份	武汉凡谷	通宇通讯	神宇股份	汇源通信	硕贝德
		002194. SZ	002792. SZ	300563. SZ	000586. SZ	300322. SZ
营业收入	2017	142534. 35	153530. 47	32440. 24	39033. 41	206764. 44
	2018	119507. 88	126485. 30	37019. 43	42，670. 73	172236. 20
	2019	171333. 45	163798. 43	47133. 36	43426. 98	174950. 64
可比公司中专利技术的市场价值在其全部资产中的比重 K	2017	51. 00%	53. 85%	56. 17%	63. 00%	61. 94%
	2018					
	2019					
EBITDA	2017	−36364. 43	16521. 33	7419. 49	1151. 85	19285. 27
	2018	29418. 76	8924. 87	8132. 51	905. 57	18939. 77
	2019	35591. 29	8077. 32	9326. 86	1651. 36	18862. 40
专利产品毛利率（%）	2017	−9. 78	29. 98	25. 93	22. 17	19. 53
	2018	14. 18	27. 83	24. 37	21. 64	21. 79
	2019	29. 44	25. 70	24. 52	24. 49	21. 69
可比公司专利销售收入分成率 M	2017	−13. 01%	5. 80%	12. 85%	1. 86%	5. 78%
	2018	12. 55%	3. 80%	12. 34%	1. 34%	6. 81%
	2019	10. 59%	2. 66%	11. 12%	2. 40%	6. 68%

（4）确定被评估专利权的销售收入分成率测算。在得到各个可比公司的专利权销售收入分成率后，考虑到目标公司和可比公司之间的经营状况差异，选用专

利产品毛利率作为调整因素，再乘以被评估专利价值从整体专利价值中的比重3%，得到被评估专利权的销售收入分成率为 0.1711%。具体计算过程如表 6-11 所示。其中，目标公司平均销售毛利率 G 来自于金信诺 2017—2019 年的销售毛利率平均值，可比公司平均销售毛利率 H 来自五家可比公司 2017—2019 年的销售毛利率平均值，其中剔除了武汉凡谷在 2017 年的负值毛利率。

销售收入分成率 $N=M+$可比公司类似专利在整体资产价值中所占比重×（目标公司销售毛利率−可比公司销售毛利率）

表 6-11   被评估专利权的销售收入分成率计算

可比公司销售收入分成率	目标公司平均销售毛利率	可比公司平均销售毛利率	毛利率差值	可比公司专利在整体资产价值中所占平均比重	专利销售收入分成率	被评估专利销售收入分成率
M	G	H	$I=G-H$	平均 K	$N=M+K \times I$	L
7.21%	21.04%	23.67%	−2.63%	57.19%	5.70%	0.1711%

（三）折现率预测

1. 无风险报酬率

根据上文所述选取方式，本书选取评估基准日一年期国债收益率 2.33% 作为无风险报酬率。

2. 风险报酬率

综合考虑金信诺及所处行业的未来发展情景，本书通过对未来风险进行打分的方法确定风险报酬率的高低。最终，得到金信诺的折现率为无风险报酬率和风险报酬率之和，为 12.23%。具体过程如表 6-12 所示。

其中，分数 B 根据相关因素的风险大小进行打分，相应风险低得 0~2（含）分，相应风险较低得 2~4（含）分，相应风险一般得 4~6（含）分，相应风险较高得 6~8（含）分，相应风险高得 8~10（含）分。

表 6-12   **金信诺专利质押融资情景中的风险报酬率计算**

一级风险因素	二级风险因素	权重 A（百分制）	含 义	打分 B（十分制）	得分 C=A*B/10	风险报酬率
技术风险	技术转换风险	30	专利技术科技成果转化为实际经济收益的风险	2	6	
	技术整合风险	30	专利交易发生后技术收益的不确定性	4	12	
	技术替代风险	40	被后出现的更为先进的新技术所替代的风险，新技术能够与原技术解决相同或类似问题	8	32	
得分小计	—	100	—	14	50	2.50%
市场风险	政策支持力度	20	专利技术是否受到法规、政策的支持，这种支持力度在未来可见范围内是否持久有效	4	8	
	产品销售风险	25	专利所对应的相关产品的销售网络是否完备，供货销货渠道是否畅通，产品行业地位是否靠前	6	15	
	市场竞争风险	25	市场已经存在的及潜在的竞争专利产品与该专利产品的市场竞争造成的市场风险	8	20	
	市场需求风险	30	专利产品相关市场的供需关系情况，专利产品的市场前景及受欢迎程度	6	18	
得分小计	—	100	—	24	53	2.65%

一级风险因素	二级风险因素	权重 A（百分制）	含　义	打分 B（十分制）	得分 $C=A*B/10$	风险报酬率
管理风险	营运资金风险	25	是否存在充足的营运资金以满足专利的维持及相关产品的开发销售，以产生经济效益	4	10	
	销售服务风险	25	专利相对应产品的销售服务是否合格，以能够支持专利最大限度地发挥其价值	4	10	
	质量管理风险	25	专利相对应产品是否具备应有的质量管理政策规章，质量管理流程设计、监控及检查是否合理有效	4	10	
	开发维护风险	25	专利所有人是否对专利技术进行及时、有效的保护，以供专利最大程度地发挥其价值。	6	15	
得分小计	—	100	—	14	35	1.75%
变现风险	技术市场情况	50	技术交易市场所处的生命周期及活跃程度等	6	30	
	技术发育程度	50	该专利技术在相关技术市场上是否具有较强的吸引力和竞争力，是其变现能力的直接影响因素	6	30	
得分合计	—	100	—	26	60	3.00%
风险报酬率						9.90%

三、评估结果计算及分析

（一）结果计算

根据上文确定的收益年限、收益预测、折现率可以推知，被质押专利权的收益现值为 2006.61，具体过程如表 6-13 所示。

表 6-13 五项质押标的专利权价值计算

（年）	营业收入 （万元）	分成率	折现系数 @2020.12.31 日	折现系数 @2020.9.30 日	每年收益 现值
2021	385776.32	0.1711%	0.8910		435.65
2022	385776.32	0.1711%	0.7939		427.00
2023	385776.32	0.1711%	0.7074	0.9703	403.29
2024	385776.32	0.1711%	0.6303		380.91
2025	385776.32	0.1711%	0.5616		359.76
收益现值合计					2006.61

（二）敏感性分析

虽然前文已对可预见风险因素进行分析，并将其反映在折现率的选取过程中，但行业及企业未来未知的潜在因素可能不仅如此，例如新冠疫情给经济带来的风险，我国的国际关系，尤其是中美关系走势给行业企业带来的不确定性风险，本书将对预期收益及折现率的选取进行敏感性分析。

1. 对预期收益的敏感性分析

前文在对未来五年的收益额进行预测时，预计未来前两年的增长率为 10%，后三年的增长率为 6%，现本书分别将两端增长率选取为 13%及 9%、11%及 7%、9%及 5%、8%及 4%、6%及 3%，计算过程如表 6-14 所示。

表6-14　　　　　　　　　　　对收益增长率的敏感性分析过程

	未来1~2年增长率	未来3~5年增长率	收益现值
原预测情况	10%	6%	2006.61
乐观情况1	13%	9%	2173.62
乐观情况2	11%	7%	2060.96
悲观情况1	9%	5%	1953.55
悲观情况2	8%	4%	1901.76
悲观情况3	6%	3%	1820.69

由结果可知，在对预期收益的增长率进行不同情况的假设时，被评估专利权的收益现值的取值基本处于1820.69万~2173.62万元，围绕2000万元波动，上下极值误差较小，基本可以认为该质押贷款的金额已经反映了质押标的的真实价值。

2. 对风险报酬率的敏感性分析

前文在对风险报酬率进行打分时，打分结果为9.9%，则折现率为12.23%。现本书分别将风险报酬率选取为8%、7%、11%、13%、15%，计算过程如表6-15所示。

表6-15　　　　　　　　　　　对风险报酬率的敏感性分析过程

	风险报酬率	折现率	收益现值
原预测情况	9.90%	12.23%	2006.61
乐观情况1	8%	10.33%	2041.17
乐观情况2	7%	9.33%	2059.84
悲观情况1	11%	13.33%	1987.13
悲观情况2	13%	15.33%	1952.67
悲观情况3	15%	17.33%	1919.39

　　由结果可知，在对风险报酬率进行不同情况的假设时，被评估专利权的收益现值的取值基本处于 1919.39 万~2059.84 万元，围绕 2000 万元波动，上下极值也同样较小，因此综上所述，基本可以认为该质押贷款的金额反映了质押标的的真实价值。

第七章 专利质量评价在专利质押评估中的应用案例研究

第一节 案例背景介绍

一、评估背景

（一）公司简介

福州瑞芯微电子股份有限公司成立于 2001 年，总部位置为福建省福州市，工商注册资本为 4.17 亿元。2020 年 2 月瑞芯微在上交所挂牌，股票代码为 603893。瑞芯微是一家芯片设计公司，擅长智能应用处理器芯片、电源管理芯片以及其他芯片的设计和制造。

（二）评估对象

评估对象是瑞芯微公司拥有的 SOC 芯片专利组，该专利资产组合包括 22 项已授权发明专利，组合中的 SOC 芯片专利均为瑞芯微企业自主研发取得，详情见表 7-1。

表 7-1　　　　　　　　　　　　　质押专利组合清单

序号	专利号	名　称	申请日	类型
1	CN102999663A	一种 SOC 芯片中的 MMU 的验证方法	2012-11-19	授权发明

序号	专利号	名 称	申请日	类型
2	CN103218011A	基于 SOC 芯片的时钟树结构的设计方法	2013-03-08	授权发明
3	CN103729278B	SOC 芯片复位信号检测电路	2014-01-09	授权发明
4	CN103728516A	SOC 芯片时钟检测电路	2014-01-09	授权发明
5	CN104835532B	SOC 芯片 eFuse 失效的处理方法及装置	2015-05-13	授权发明
6	CN104835537B	SOC 芯片自适应启动方法及装置	2015-05-13	授权发明
7	CN104980123B	SOC 芯片晶振电路的备份方式与安装	2015-06-24	授权发明
8	CN105699877A	SOC 芯片漏电流的分档自动测试装置	2016-02-19	授权发明
9	CN105760321B	SOC 芯片的 debug 时钟域电路	2016-02-29	授权发明
10	CN105760638B	一种加快 SOC 芯片仿真的方法	2016-04-28	授权发明
11	CN105893707A	一种 SOC 芯片模块检验与耗能分析	2016-04-28	授权发明
12	CN108023585A	SOC 芯片及模拟电路修调方法	2016-14-28	授权发明
13	CN106776195A	一种 SOC 芯片调试方法和设备	2016-12-16	授权发明
14	CN108090025B	动态多通道的神经网络 SOC 芯片及其通道资源分配方法	2018-01-19	授权发明
15	CN108845911A	一种 SOC 芯片总线动态多级频率调整电路和方法	2018-05-31	授权发明
16	CN109361378A	SOC 芯片异步时钟的验证平台和验证方法	2018-09-25	授权发明
17	CN110399034A	一种 SOC 系统的功耗优化方法及终端	2019-07-04	授权发明
18	CN110618746A	采用显示处理的 SOC 功耗与性能优化设计方案	2019-08-12	授权发明
19	CN110824337A	一种 SOC 芯片高温测试的方法和装置	2019-14-17	授权发明
20	CN111176408A	一种 SOC 的低功耗处理方法和装置	2019-12-06	授权发明
21	CN111427719A	一种提升 SOC 系统可靠性和异常重启性能的方法和装置	2024-02-17	授权发明
22	CN112148374A	一种 SOC 芯片启动顺序控制方法及系统	2024-08-20	授权发明

资料来源：Innojoy 专利数据库。

SOC（System On Chip），即搭载了完整的信息处理系统的芯片，又称为系统级芯片。瑞芯微公司的智能应用处理器芯片都属于 SOC 芯片，应用领域重点聚焦在消费电子领域和智能物联领域。2016—2020 年该公司的 SOC 芯片的产销率均在 90% 以上，销售毛利率均在 30% 以上，市场销售状况良好，盈利能力强劲。因扩大生产经营规模的资金需求，瑞芯微公司拟将 SOC 芯片专利作为质押物向 ZG 银行申请贷款，现委托评估咨询公司确定 SOC 芯片专利的价值。

（三）评估目的

确定瑞芯微公司拥有的 SOC 芯片专利组在评估基准日的价值，为 ZG 银行制定专利质押贷款金额提供依据。

（四）评估基准日

本次评估基准日定为：2020 年 12 月 31 日。

（五）评估价值类型

本书选用的价值类型为市场价值，为瑞芯微公司将 SOC 芯片专利作为债权担保时的价值提供参考依据。市场价值，是指自愿买方和自愿卖方在各自理性行事且未受任何强迫压制的情况下，评估对象在评估基准日进行正常公平交易的价值估计数额。

第二节 行业分析与企业分析

一、集成电路设计行业分析

（一）行业规模方面

根据统计数据显示，2020 年中国集成电路产业销售额为 8848 亿元，① 同比

---

① 2020 年中国集成电路产业运行情况 ［EB/OL］.（2021-03-22）［2022-01-12］. http：//www. csia. net. cn/Article/ShowInfo. asp？InfoID＝100520.

上升 17%。其中，设计业销量为 3778.4 亿元，同比增长 23.3%，高于制造业和封装测试业。整体而言，中国集成电路产业结构逐步从附加值相对低下的封装测试领域向附加价值更高的设计领域转型，集成电路设计行业占比于 2020 年达到 42.71%，见图 7-1 和图 7-2。这显示出我国集成电路行业结构不断优化，趋于合理。

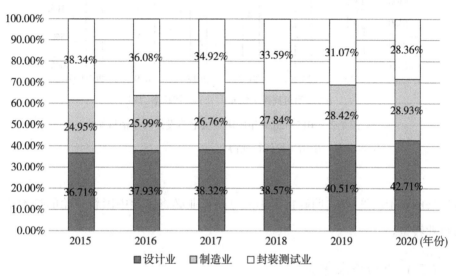

图 7-1　2015—2020 年中国集成电路行业细分领域占比

资料来源：中国半导体行业协会。

（二）芯片设计水平是强国实力的主要表现

近年来，集成电路行业得到了党和政府许多优惠政策的扶持。2019 年 5 月，财政部、税务总局出台《关于集成电路设计和软件产业企业所得税政策的公告》①，对依法成立且符合条件的集成电路设计企业和软件企业给予大力的税收优惠支持。次年 8 月，国务院印发了《新时期促进集成电路产业和软件产业高质

---

①　国家税务总局 . 关于集成电路设计和软件产业企业所得税政策的公告 ［EB/OL］.（2019-05-17）［2021-02-23］. http：//www.chinatax.gov.cn/n810341/n810755/c4368643/content. html.

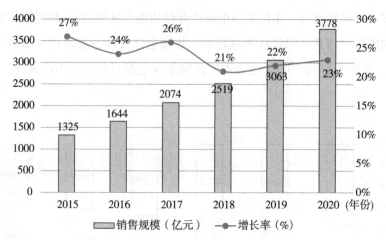

图 7-2 2015—2020 年中国集成电路设计行业销售额
资料来源：中国半导体行业协会。

量发展的若干政策》①，明确指出集成电路行业必将主导中国新一轮的技术革命
与行业转型。

（三）市场需求方面

人工智能应用的迅速普及给芯片设计企业提供了新的经济增长点。在万物互
联的时代，智能家居、智能零售、无人驾驶等新的应用场景不断出现。中国信通
院数据显示，2020 年全球人工智能市场规模为 1565 亿美元，增速达到了 12%，
而我国的人工智能市场规模大约 3100 亿元，同比增速为 15%，② 见图 7-3。在这
一宏观背景之下，AI 芯片作为人工智能的关键技术，AI 芯片设计企业将拥有广
阔的市场机遇。

---

① 中央人民政府. 新时期促进集成电路产业和软件产业高质量发展的若干政策［EB/
OL］.（2020-07-27）［2024-08-04］. http：//www. gov. cn/xinwen/2024-08/04/content_5532393.
htm.

② 人工智能迎来"政策红利"［EB/OL］.（2021-03-31）［2023-04-01］. https：//baijiahao.
baidu. com/s？id＝1695751946826608986&wfr＝spider&for＝pc.

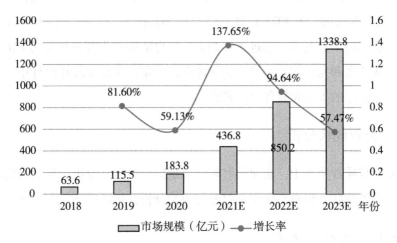

图 7-3　2018—2023 年中国 AI 芯片市场规模及预测

资料来源：艾媒数据。

（四）外部挑战方面

虽然我国芯片行业在市场和政策的双重促进下正保持着高速发展，但也应该清楚地认识到我们存在的短板和不足。综合来看，我国芯片行业未来将会面对的挑战主要出现在生产设备、设计工具这两个方面。

一方面，芯片生产设备所需的关键技术面临"卡脖子"局面。高端芯片的制造需要依赖顶尖的生产设备，在光刻机这一关键技术上，我国和欧美发达国家还存在较大的差距。在生产设备国产化水平无法满足高端芯片需要的现状下，荷兰 ASML 公司拒售最先进的 EUV 光刻机给中国，这严重限制了我国高端芯片制造业的发展。在美国对华科技企业发起一系列制裁后，我国顶尖的芯片设计公司海思便无法通过台积电进行高端芯片的代工，相关业务不得不陷入停滞。目前，芯片制造关键设备基本都被日本、美国的设备制造商把持，一旦国际政治环境出现恶化，我国集成电路产业链上的其他环节也会直接陷入产能无法继续提升的窘境。

另一方面，我国芯片设计自主水平低，高度依赖国外供应商。芯片设计主要需要使用 EDA 仿真软件等设计工具，2019 年我国的 EDA 市场国产化替代率仅约 10%。① 世界顶尖的三家 EDA 设计软件公司 Synopsys、Cadence 和 Mentor 都是美国公司，我国的华大九天、芯远景等企业虽然也能够提供部分环节的 EDA 软件，但在技术成熟度和完整性上与顶尖企业还存在差距，在高端芯片设计中，中国企业还没有非常好的本土化软件可以替代。

二、企业现状分析

在专利权质押融资中，企业的财务状况是银行的重点分析对象。因此本书对瑞芯微企业的现状分析重点聚焦在财务能力的分析，包括以下三个方面。

（一）盈利能力分析

在绝对数指标方面，总体来看营业收入和净利润指标均呈现上升态势，营业收入在过去 5 年间上升 43.55%，净利润上升 2.56 倍（见表 7-2），表现出公司稳中求进、健康发展的良好态势。值得注意的是，2017 年瑞芯微营业收入与上年同期相比下降 3.67%，这是由于公司向英特尔采购的 SoFIA 3GR 芯片销售收入下降所致。受市场需求变化影响，该类型芯片自 2017 年进入市场退出期，导致销售收入大幅下降。在相对数指标方面，毛利率、净利润率、营业利润率均平稳增长，反映公司整体效益较好。净资产收益率在 2017 年较上年同期下滑了 4 个百分点左右，主要原因是企业 2017 年进行两次注资扩股，国家集成电路基金等 7 家公司对其注资，净资产增加 5.82 亿元，增长率达 76.94%，故使得当年的净资产收益率有所下滑。总的来说，瑞芯微整体盈利状况良好，发展前景得到社会资本普遍认可。

表 7-2　　　　　　瑞芯微盈利能力分析表（单位：万元）

	2016 年	2017 年	2018 年	2019 年	2020 年
营业收入	129812	125053	127090	140773	186339

① 中国 EDA 国产化率约 10%，国产 EDA 营收全球占比仅 0.6%［EB/OL］.（2020-08-27）［2022-05-11］. https：//baijiahao. baidu. com/s？id＝1676167614828550197&wfr＝spider&for＝pc.

续表

	2016 年	2017 年	2018 年	2019 年	2020 年
净利润	8983	10610	19216	20471	31997
毛利率	33.42%	34.75%	39.92%	40.09%	40.78%
净利润率	6.92%	8.48%	15.12%	14.54%	17.17%
营业利润率	5.33%	8.24%	15.37%	14.49%	17.03%
净资产收益率	11.87%	7.92%	12.72%	11.93%	14.15%

资料来源：公司年报、招股说明书。

（二）营运能力分析

在应收账款周转率方面，与同类上市企业的平均水平相比并不存在明显差异，近五年周转率的均值为 12.48%（见表 7-3），反映企业应收账款回款质量较高。在存货周转率方面，与行业平均水平大体一致，但 2017 年、2018 年与行业平均水平相比差距略大，这是由于企业为获取厂商采购折扣，大批量采购了一些寿命周期较长的芯片，而这些芯片的单价较高，故导致企业的期末存货余额增加。总的来说，瑞芯微营运能力良好，资金回笼速度较快。

表 7-3　　　　　　　　　　瑞芯微营运能力分析表

	2016 年	2017 年	2018 年	2019 年	2020 年
瑞芯微应收账款周转率	10.34	9.19	12.66	15.67	14.52
行业平均应收账款周转率	13.24	11.26	13.26	14.00	15.13
瑞芯微存货周转率	3.06	2.19	1.86	2.26	3.89
行业平均存货周转率	3.55	3.47	2.83	2.66	3.37

资料来源：公司年报、招股说明书。

（三）偿债能力分析

报告期内，公司流动比率和速动比率较高，表明公司资产的流动性较好，短期还款能力较强，见表7-4。资产负债率方面，除2016年外，企业资产负债率始终控制在20%以下，2017年末企业资产负债率下降幅度较大，主要系引入国家集成电路基金等新投资者的增资扩股所致，这使得企业的长期偿债能力得到了进一步提升。总的来说，瑞芯微资产负债结构合理，资产流动性好，偿债能力较强，短期内出现财务风险的可能性较低。

表7-4 瑞芯微偿债能力分析表

	2016 年	2017 年	2018 年	2019 年	2020 年
流动比率	3.64	8.46	7.81	5.75	6.16
速动比率	2.03	5.89	5.72	4.72	5.54
资产负债率	24.45%	12.11%	13.18%	16.86%	16.83%

资料来源：公司年报、招股说明书。

第三节 质押专利质量评价模型的应用

一、数据搜集与处理

（一）数据收集

因本书的评估对象为芯片专利，因此本书选择芯片质押专利数据作为训练模型的数据集。样本专利数据来自大为计算机软件开发有限公司的 Innojoy 数据库①，本书运用该平台高级检索功能，输入检索式"PLDT＝质押 and TI＝芯片 and AD＝（2004-01-01 to 2024-12-31）"，查找在过去20年内办理过质押业务的芯片专利共计167项。此外运用企查查获取持有专利企业的工商信息。鉴于篇幅有限，仅展示前10项专利指标原始数据，见表7-5。

---

① 大为 Innojoy 专利搜索引擎是一款集专利检索、分析、管理、下载等功能于一体的综合平台。

表 7-5 　　　　　　　　　　　　　　　样本专利原始指标数据

指标＼专利	1	2	3	4	5	6	7	8	9	10
A11	4	12	6	25	23	11	6	4	6	6
A12	8	20	8	21	20	19	10	11	8	10
A21	22	7	14	4	4	4	18	29	7	28
A22	0	0	0	0	0	0	0	0	0	0
A31	1	1	1	1	4	4	1	1	1	1
A32	0	0	0	0	1	1	0	0	0	0
A41	3	2	3	2	2	2	4	4	4	5
B11	0	0	0	1	2	2	0	0	1	0
B12	0	0	0	0	0	0	0	0	0	2
B21	6	4	6	11	4	6	5	5	7	7
B31	2	4	4	3	7	5	4	2	2	1
B41	47	24	48	136	28	23	29	54	66	61
C11	600	6000	391	6000	6000	6000	7000	1000	4108	2111
C12	6	5	7	5	5	5	14	17	9	4
C21	1	3	1	3	3	1	2	3	2	2
C22	1	2	1	2	2	2	1	2	1	2
C23	10	36	84	36	36	36	62	19	101	119
C24	4	36	86	36	36	36	36	11	58	37
C31	0	0	1	0	0	0	1	1	1	1

资料来源：Innojoy 专利数据库、企查查。

（二）数据处理

在运用层次分析法获取样本专利质量指数之前，需要对原始数据进行规范化处理，减少数据的量纲差异。本书运用分位数排序法将所有原始数据转化为 1、2、3、4、5 这五个标签，此步骤通过 MatlabR2018b 工具实现。随后将标准化数据带入专利质量指数公式中，得到样本专利的质量指数 Q。篇幅有限，在此仅展示前 10 项专利指标的标准化数据，见表 7-6。

表 7-6　　　　　　　　　　　**样本专利指标数据标准化处理结果**

专利 指标	1	2	3	4	5	6	7	8	9	10
A11	2	5	3	5	5	5	3	2	3	3
A12	2	5	2	5	5	5	3	3	2	3
A21	3	1	2	1	1	2	5	1	4
A22	1	1	1	1	1	1	1	1	1	1
A31	1	1	1	1	3	3	1	1	1	1
A32	1	1	1	1	5	5	1	1	1	1
A41	1	1	1	1	1	1	1	1	1	2
B11	1	1	1	2	3	3	1	1	2	1
B12	1	1	1	1	1	1	1	1	1	3
B21	5	3	5	5	3	5	4	4	5	5
B31	2	4	4	3	5	4	4	2	2	1
B41	3	5	3	1	5	5	5	3	2	3
C11	1	3	1	3	3	3	3	1	2	2
C12	1	1	1	1	1	1	3	4	2	1
C21	2	4	2	4	4	2	3	4	3	3
C11	1	2	1	2	2	2	1	2	1	2
C23	1	2	3	2	2	2	2	1	3	3
C24	1	2	2	2	2	2	2	1	2	2
C31	1	1	5	1	1	1	5	5	5	5
Q	1.50	2.33	2.25	2.27	2.74	2.70	2.57	2.25	2.30	2.48

资料来源：作者自制。

二、评价指标约简

支持向量机在处理数据信号时无法对数据维数进行简化，当输入空间的维数较多时，不仅网络结构复杂，同时识别速度也会下降，因此在运用支持向量机之前需要先进行指标约简，粗糙集就能很好地解决这一问题。粗糙集能够寻找数据间隐藏的内在关联，通过知识约简来剔除重要程度相对较弱的属性，在不影响分类能力的前提下实现分类规则的识别与导出。本书运用 Rosetta 软件实现粗糙集下的指标约简。

（一）数据导入

按下"New"指令创建新的作业平台，点击"Structures"树形目录下数据库互接指令"ODBC"，将标准化后的样本数据进行录入，如图 7-4 所示。我们在前文中已运用分位数排序法将所有连续型数据转换为离散型数据，该数据可在 Rosetta 软件中直接使用。

图 7-4　Rosetta 软件数据导入图

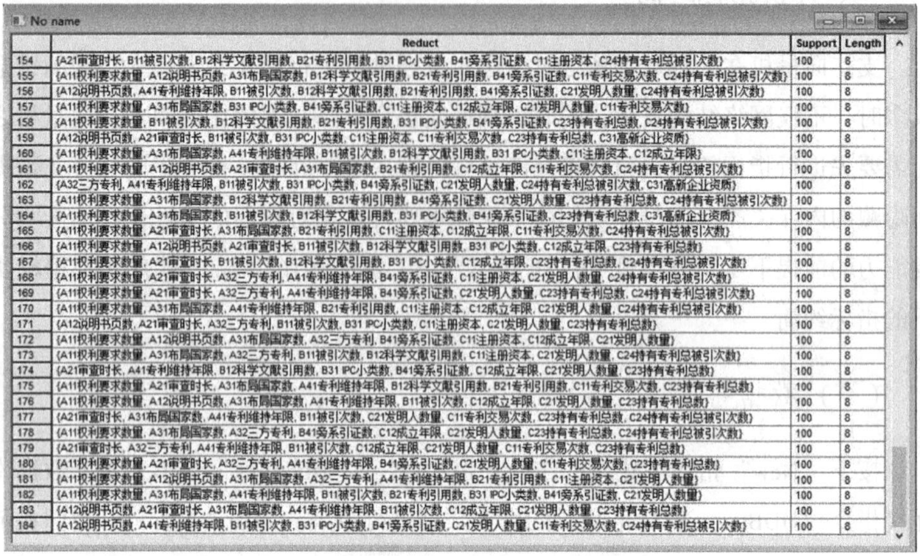

No name

	Reduct	Support	Length
154	{A21审查时长, B11被引次数, B12科学文献引用数, B21专利引用数, B31 IPC小类数, B41旁系引证数, C11注册资本, C24持有专利总被引次数}	100	8
155	{A11权利要求数量, A12说明书页数, A31布局国家数, B12科学文献引用数, B21专利引用数, B41旁系引证数, C11专利交易次数, C24持有专利总被引次数}	100	8
156	{A12说明书页数, A41专利维持年限, B11被引次数, B12科学文献引用数, B21专利引用数, B41旁系引证数, C21发明人数量, C24持有专利总被引次数}	100	8
157	{A11权利要求数量, A31布局国家数, B31 IPC小类数, B41旁系引证数, C11注册资本, C12成立年限, C21发明人数量, C11专利交易次数}	100	8
158	{A11权利要求数量, B11被引次数, B12科学文献引用数, B21专利引用数, B31 IPC小类数, B41旁系引证数, C23持有专利总数, C24持有专利总被引次数}	100	8
159	{A12说明书页数, A21审查时长, B11被引次数, B31 IPC小类数, C11注册资本, C11专利交易次数, C23持有专利总数, C31高新企业资质}	100	8
160	{A11权利要求数量, A31布局国家数, A41专利维持年限, B11被引次数, B12科学文献引用数, B31 IPC小类数, C11注册资本, C12成立年限}	100	8
161	{A11权利要求数量, A12说明书页数, A21审查时长, A31布局国家数, B21专利引用数, C12成立年限, C11专利交易次数, C24持有专利总被引次数}	100	8
162	{A32三方专利, A41专利维持年限, B11被引次数, B31 IPC小类数, B41旁系引证数, C21发明人数量, C24持有专利总被引次数, C31高新企业资质}	100	8
163	{A11权利要求数量, A31布局国家数, B12科学文献引用数, B21专利引用数, B41旁系引证数, C21发明人数量, C23持有专利总数, C24持有专利总被引次数}	100	8
164	{A11权利要求数量, A31布局国家数, B11被引次数, B12科学文献引用数, B31 IPC小类数, B41旁系引证数, C23持有专利总数, C31高新企业资质}	100	8
165	{A11权利要求数量, A21审查时长, A31布局国家数, B21专利引用数, C11注册资本, C12成立年限, C11专利交易次数, C24持有专利总被引次数}	100	8
166	{A11权利要求数量, A12说明书页数, A21审查时长, B11被引次数, B12科学文献引用数, B31 IPC小类数, C12成立年限, C23持有专利总数}	100	8
167	{A11权利要求数量, A21审查时长, B11被引次数, B12科学文献引用数, B31 IPC小类数, C12成立年限, C23持有专利总数, C24持有专利总被引次数}	100	8
168	{A11权利要求数量, A21审查时长, A32三方专利, A41专利维持年限, B41旁系引证数, C11注册资本, C21发明人数量, C24持有专利总被引次数}	100	8
169	{A11权利要求数量, A21审查时长, A32三方专利, A41专利维持年限, B41旁系引证数, C21发明人数量, C23持有专利总数, C24持有专利总被引次数}	100	8
170	{A11权利要求数量, A31布局国家数, A41专利维持年限, B21专利引用数, C11注册资本, C12成立年限, C21发明人数量, C24持有专利总被引次数}	100	8
171	{A12说明书页数, A21审查时长, A32三方专利, B11被引次数, B31 IPC小类数, C11注册资本, C21发明人数量, C23持有专利总数}	100	8
172	{A11权利要求数量, A12说明书页数, A31布局国家数, A32三方专利, B41旁系引证数, C11注册资本, C12成立年限, C21发明人数量}	100	8
173	{A11权利要求数量, A31布局国家数, A32三方专利, B11被引次数, B12科学文献引用数, C11注册资本, C21发明人数量, C24持有专利总被引次数}	100	8
174	{A21审查时长, A41专利维持年限, B12科学文献引用数, B31 IPC小类数, B41旁系引证数, C12成立年限, C21发明人数量, C23持有专利总数}	100	8
175	{A11权利要求数量, A21审查时长, A31布局国家数, A41专利维持年限, B12科学文献引用数, B21专利引用数, C11专利交易次数, C23持有专利总数}	100	8
176	{A11权利要求数量, A12说明书页数, A31布局国家数, A41专利维持年限, B11被引次数, C12成立年限, C21发明人数量, C23持有专利总数}	100	8
177	{A21审查时长, A31布局国家数, A41专利维持年限, B11被引次数, C21发明人数量, C11专利交易次数, C23持有专利总数, C24持有专利总被引次数}	100	8
178	{A11权利要求数量, A31布局国家数, A32三方专利, B41旁系引证数, C12成立年限, C21发明人数量, C23持有专利总数, C24持有专利总被引次数}	100	8
179	{A21审查时长, A32三方专利, A41专利维持年限, B11被引次数, C12成立年限, C21发明人数量, C11专利交易次数, C23持有专利总数}	100	8
180	{A11权利要求数量, A21审查时长, A32三方专利, A41专利维持年限, B41旁系引证数, C21发明人数量, C11专利交易次数, C23持有专利总数}	100	8
181	{A11权利要求数量, A12说明书页数, A31布局国家数, A32三方专利, A41专利维持年限, B21专利引用数, C11注册资本, C21发明人数量}	100	8
182	{A11权利要求数量, A31布局国家数, A41专利维持年限, B11被引次数, B21专利引用数, B31 IPC小类数, B41旁系引证数, C21发明人数量}	100	8
183	{A12说明书页数, A21审查时长, A31布局国家数, A41专利维持年限, B11被引次数, C12成立年限, C21发明人数量, C23持有专利总数}	100	8
184	{A12说明书页数, A41专利维持年限, B11被引次数, B31 IPC小类数, B41旁系引证数, C21发明人数量, C11专利交易次数, C24持有专利总被引次数}	100	8

图 7-5　遗传算法下的属性约简结果

（二）属性约简

属性约简可以在不影响决策属性分类效果的前提下，剔除决策表中的冗杂指标，为后续 SVM 模型的训练做铺垫。Rosetta 软件主要提供了遗传算法、约翰逊算法、人工算法等属性约简计算方法，本书选择遗传算法进行属性约简。遗传算法（Genetic Algorithm，GA）是一种自适应全局优化概率搜索算法，通过模拟生物进化论的物竞天择理论而形成，具有强大的全局搜索能力。

由图 7-5 可知，在遗传算法的约简下本书得到了 184 组约简集合，其中指标数量最少的为 5 个，最多的为 8 个，且指标数量为 7 的约简集有 90 个，占比达 48.91%，因此本书选择出现次数排名前 7 的指标作为最终的指标约简结果（见表 7-7），最终指标确定为：权利要求数量 A11、专利维持年限 A41、被引次数 B11、IPC 小类数 B31、注册资本 C11、发明人数量 C21、持有专利总数 C23。运用遗传算法的约简率为：$R = 12/19 = 63.16\%$，大大减少了后续 SVM 模型的计算量，能够有效提升 SVM 模型的计算速度。

准则层	一级指标层	二级指标层
法律维度 A	权利保护范围 A1	权利要求数量 A11
	时间保护范围 A4	专利维持年限 A41
技术维度 B	技术先进性 B1	被引次数 B11
	技术应用广度 B3	IPC 小类数 B31
主体维度 C	经营规模 C1	注册资本 C11
	技术实力 C2	发明人数量 C21
		持有专利总数 C23

表 7-7　约简后的指标体系

三、专利质量评价指数的回归预测

(一) 数据归一化

在运用支持向量机训练模型之前，首先要将指标数据进行归一化处理，这样能够极大地缩小数据的识别范围，提高预测结果的准确性。本书运用 Matlab 软件中自带的 mapminmax（）函数，将样本原始数据范围设置为 [0，1]。

归一化后，我们将数据分为训练集和测试集两部分。随机选取 10 个样本做测试集，其余样本做训练集。Train_x、Test_x 分别记录的是训练集和测试集样本的 7 个自变量指标数据，作为支持向量机的输入指标；Train_y、Test_y 分别记录的是训练集和测试集的质量评价得分这一因变量数据，是支持向量机的输出指标。

(二) 参数寻优

对于 SVM 模型的建立，需要确定能够使训练集 MSE 最小化的惩罚参数 c 和 RBF 核函数参数 g。本书使用了网格搜索法进行参数寻优，将惩罚参数 c 的范围设置为 $[2^{-8}, 2^8]$，核参数 g 的范围设置为 $[2^{-8}, 2^8]$，步长为 0.4。上述过程可以在 MatlabR2018b 中实现，如图 7-6 所示。

当均方误差 MSE 最小时，则 SVM 模型为最佳模型。由 SVR 参数选择图 7-7 可知，当惩罚参数 $c=1.7411$、核函数参数 $g=0.75786$ 时，该模型的 MSE 最小为

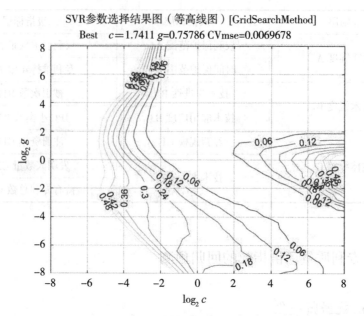

图 7-6　SVM 参数选择等高线图

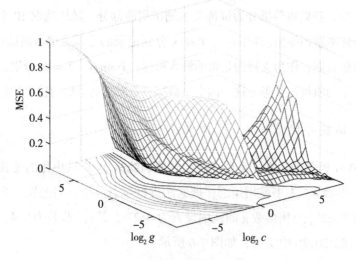

图 7-7　SVM 参数选择 3D 视图

0.0069678，即为最优 SVM 模型。该模型在训练集上的预测效果如图 7-8 所示，其中画圆形的线表示真实值，画方格的线表示回归预测值，可以看出两者高度拟合。

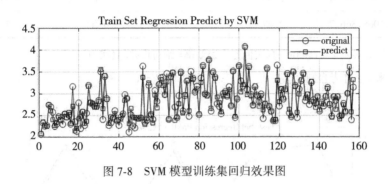

图 7-8　SVM 模型训练集回归效果图

（三）测试检验

将随机选取的十个样本的真实值与预测值进行对比，从表 7-8 和图 7-9 可以看出，模型在测试集上的预测误差整体偏低，误差率平均值为 3.30%，可以较为准确地预测测试集，因此本书训练的专利质量评价模型具有较强的实用性，能够运用到专利质量评价实务当中。

表 7-8　　　　　　　　　　SVM 模型测试集真实值与预测值对照表

专利号	真实值	预测值	绝对误差	误差率
CN201710401127.8	2.30	2.43	0.13	5.65%
CN201510398269.4	3.46	3.42	0.04	1.16%
CN201611117441.5	3.56	3.38	0.18	5.06%
CN201210236603.2	3.16	3.15	0.01	0.32%
CN201310296686.9	2.33	2.40	0.07	3.00%
CN201110338101.6	3.47	3.32	0.15	4.32%
CN201410156548.5	2.53	2.65	0.12	4.74%

续表

专利号	真实值	预测值	绝对误差	误差率
CN201410020454.5	2.64	2.77	0.13	4.92%
CN201110420305.4	3.39	3.41	0.02	0.59%
CN201210081366.7	2.47	2.55	0.08	3.24%

注：绝对误差=｜预测值−真实值｜，误差率=绝对误差/真实值。

资料来源：作者自制。

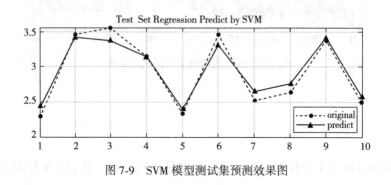

图 7-9　SVM 模型测试集预测效果图

（四）目标专利质量评价指数的确定

根据约简后的指标体系，收集瑞芯微质押芯片专利的指标数据，见表 7-9。随后将该专利数据作为预测集放入前文训练好的支持向量机模型，得到专利质量的预测值，见表 7-10。取瑞芯微质押芯片专利质量得分的算术平均数，最终得到目标专利质量评价指数为 2.84，该评价指数将作为下文瑞芯微 SOC 芯片专利价值评估的重要参数。

表 7-9　　　　　　　　　瑞芯微质押专利指标数据

序号	专利号	A11	A41	B11	B31	C11	C21	C23
1	CN102999663A	3	9	3	1	467000000	1	541
2	CN103218011A	3	8	4	1	467000000	1	541

序号	专利号	A11	A41	B11	B31	C11	C21	C23
3	CN103729278B	5	7	0	1	467000000	1	541
4	CN103728516A	8	7	12	1	467000000	1	541
5	CN104835532B	4	7	0	1	467000000	2	541
6	CN104835537B	4	7	7	2	467000000	3	541
7	CN104980123B	8	5	0	2	467000000	3	541
8	CN105699877A	6	5	0	1	467000000	2	541
9	CN105760321B	3	5	0	1	467000000	2	541
10	CN105760638B	3	6	0	3	467000000	1	541
11	CN105893707A	3	6	3	4	467000000	2	541
12	CN108023585A	10	5	1	1	467000000	3	541
13	CN106776195A	10	4	3	1	467000000	1	541
14	CN108090025B	9	4	0	3	467000000	2	541
15	CN108845911A	10	3	2	2	467000000	2	541
16	CN109361378A	10	3	0	1	467000000	2	541
17	CN110399034A	10	2	0	2	467000000	1	541
18	CN110618746A	2	2	0	4	467000000	1	541
19	CN110824337A	10	2	0	2	467000000	2	541
20	CN111176408A	4	2	0	3	467000000	1	541
21	CN111427719A	6	1	0	1	467000000	1	541
22	CN112148374A	10	1	0	1	467000000	1	541

资料来源：作者自制。

表 7-10　　　　　　　　　瑞芯微质押芯片专利预测值

序号	1	2	3	4	5	6	7	8	9	10	11
预测值	2.94	2.92	2.91	2.91	2.94	2.96	2.89	2.87	2.87	2.88	2.91
序号	12	13	14	15	16	17	18	19	20	21	22
预测值	2.87	2.82	2.84	2.80	2.79	2.75	2.75	2.76	2.76	2.73	2.71

资料来源：作者自制。

第四节　收益法下的专利权价值评估

根据前面搭建的专利权质押价值评估模型，本书先采用情景分析法确定未来瑞芯微 SOC 芯片销售的乐观情景和悲观情景，再根据历史五年的财务数据，预测 SOC 芯片在预期获利年限的销售收入，随后计算专利权收入分成率，以此确定 SOC 芯片专利的超额收益，最终通过折现率来得到待估专利的质押价值。

瑞芯微企业质押的 SOC 芯片专利组中最早申请的专利为 2012 年申请的"一种 SOC 芯片中的 MMU 的验证方法"，专利号为 CN102999663A，截至评估基准日该专利的剩余法律寿命为 12 年。考虑到瑞芯微企业上市的 SOC 芯片均已步入成熟期，且芯片领域专利技术更新换代速度较快，本书确定质押专利组的剩余经济寿命为 5 年。

一、情景分析框架的搭建

（一）识别重要影响因素

收益法下，专利的价值需要通过其能够为企业带来的超额收益加以体现。截至目前，瑞芯微已顺利推出 RK33XX、RK32XX、RK31XX 等智能应用处理器芯片，因此 SOC 芯片专利的价值可借助上述芯片的销售收入来得到。近五年，该企业智能应用处理器芯片销售收入占主营业务收入比重始终保持在 80% 以上，是瑞芯微最主要的经济来源，也是瑞芯微在贷款申请中最可靠的还款保障。因此本书主要侧重对智能应用处理器芯片的销售收入进行情景分析。

在外部驱动力识别方面，基于前文对集成电路设计行业的分析，本书认为影响瑞芯微智能应用处理器芯片销售收入的外部驱动力量主要集中在市场需求、产业扶持政策、国际政治环境、员工素质四个方面，图 7-10 是对外部驱动力量的排序，可以看出市场需求是最重要和最不确定性的因素，国际政治环境是高不确定性因素，本书拟针对这两类因素的分析来搭建瑞芯微 SOC 芯片销售收入的双情景模式。

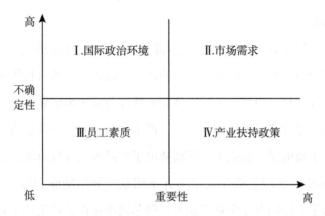

图 7-10　瑞芯微 SOC 芯片销售收入增长驱动框架

资料来源：作者自制。

（二）构建情景框架

从市场需求角度来看，瑞芯微公司的智能应用处理器芯片市场可以划分为个人消费电子和智慧物联两大应用领域，其中消费电子市场主要为平板电脑、智能手机等电子产品，智能物联市场主要为智能商显、智慧安防等商业产品。

从国际供应链角度来看，瑞芯微需向英国 ARM 公司和美国 Synopsys 公司外购 IP 核和 EDA 设计工具的技术许可。由于 IP 核和 EDA 设计工具被英美国家高度垄断，且当前我国在该技术领域差距甚远，因此国际政治环境的稳定性会高度影响瑞芯微企业技术授权的可获得性。

本书基于市场需求变化和国际政治环境变化，对瑞芯微 SOC 芯片销售收入做出如下情景假设。

乐观情景：国际政治环境稳定，瑞芯微企业与欧美发达国家的技术授权供应商保持长期、稳定的合作关系，不存在因无法获得技术授权而造成对 SOC 芯片设计研发的不利影响。消费电子市场方面，智能手机、平板电脑等产品的增长势头强劲，带动其对 SOC 芯片的需求。智慧物联市场方面，智慧商显、智能零售等新的应用场景持续涌现，人工智能新时代为 SOC 芯片带来广阔的市场机会。

在此情景下，瑞芯微企业的 SOC 芯片供不应求，销售收入在未来若干年能够以较高的速度增长。

悲观情景：国际政治环境不稳定，瑞芯微企业与 ARM 公司、Synopsys 公司等产业链上游公司合作关系破裂。虽能够使用芯远景、芯禾科技等本土企业自主研发的芯片设计工具，但其技术成熟度和完整性与发达国家还存在较大差距，瑞芯微企业的高端芯片研发工作困难重重，严重影响企业的创新能力。市场需求方面，计算机、平板电脑、智能手机等消费电子产品步入存量市场，出货量增长乏力，对 SOC 芯片需求增长的拉动帮助并不明显。智能物联领域发展前景较好，但同时也吸引了大量同业竞争对手加入，瑞芯微企业在芯片设计工具受限的情况下，科技创新能力下降，在智能物联领域的市场竞争中不具有优势地位。在此情景下，瑞芯微企业的 SOC 芯片产能过剩，销售收入陷入低速增长甚至是负增长的局面。

（三）估算情景的发生概率

本书采用历史财务信息分析法来估算情景的发生概率，基于瑞芯微企业2016—2020 年的主营业务收入，研究这 5 年的季度主营业务收入增长率，用主营业务收入中高速增长的概率来预测乐观情景出现的概率，低速增长的概率来预测悲观情景出现的概率。从图 7-11 和表 7-11 可知，瑞芯微未来乐观情景出现的概率为 53%，悲观情景出现的概率为 47%，这进一步验证了本书采用价值上限与价值下限的方法确定质押专利价值的合理性。

表 7-11　　　　　　　　　瑞芯微主营业务收入增长率统计表

	增长率标准	频数	概率
中高速增长	[10%，+∞）	10	53%
负低速增长	(−∞，10%)	9	47%

资料来源：作者自制。

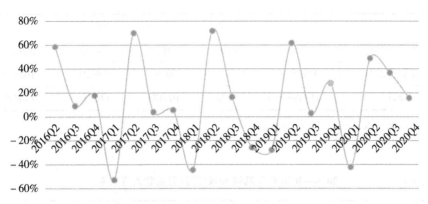

图 7-11　2016—2020 年瑞芯微主营业务收入季度增长率

资料来源：公司年报、招股说明书。

二、超额收益的计算

（一）历史营业收入的分析

鉴于瑞芯微公司的 SOC 芯片按应用范围可以划分为个人消费电子和智慧物联两大应用领域，因此本书按照两种不同应用领域下的销售收入来进行分析与预测。

受全球智能手机、平板电脑等消费电子出货量持续萎缩影响，瑞芯微企业应用于消费电子领域的 SOC 芯片收入规模及占比总体呈下降趋势。2020 年此领域芯片销售收入为 4.37 亿元，较 2016 年下降 57.50%，销售收入占比从 2016 年的 87.46% 下降至 2020 年的 29.81%，SOC 芯片的主要销售阵地从消费电子领域转移至智能物联领域。从智慧物联应用领域来看，应用于该领域的 SOC 芯片收入规模和占比总体上实现了较大幅度的增长，2020 年智能物联领域的 SOC 芯片销售收入为 10.28 亿元，占比从 2016 年的 12.54% 猛增至 2020 年的 70.19%，上升57.65 个百分点，见表 7-12。2016—2020 年，智能物联领域的 SOC 芯片销售收入增长率均维持在 35% 以上，表现出良好的发展势头，见表 7-13。

表 7-12 　　　　**2016—2020 年瑞芯微 SOC 芯片营业收入（单位：万元）**

	2016 年	2017 年	2018 年	2019 年	2020 年
消费电子芯片	102758	84656	58630	57876	43668
智能物联芯片	14728	24752	50551	58039	102830
合计	117486	109408	109181	115915	146498

资料来源：公司年报、招股说明书。

表 7-13 　　　　**2016—2020 年瑞芯微 SOC 芯片营业收入增长率**

	2016 年	2017 年	2018 年	2019 年	2020 年
消费电子芯片收入增长率	—	−17.62%	−30.74%	−20.77%	−5.99%
智能物联芯片收入增长率	—	68.06%	104.23%	37.41%	48.04%

资料来源：公司年报、招股说明书。

（二）预期营业收入的预测

1. 乐观情景

在消费电子领域，瑞芯微抓住疫情之下居民对居家智能设备出现的新需求，应用于扫地机器人、智能音箱等产品的 SOC 芯片销售收入取得较大增长，使得 2020 年消费电子收入降幅较上年同期收窄约 15%。据相关机构预测，2021 年清洁电器市场规模将突破 300 亿元，其中扫地机器人市场规模将达 112 亿元，同比增长 20%。① 因此本书认为在瑞芯微调整消费电子领域 SOC 芯片战略目标的预期之下，有望进一步收窄降幅，并最终实现正增长。预计未来五年消费电子领域收入增长率为−3.5%、−1.5%、−1%、2%、3%。

在智能物联领域，瑞芯微把握住了 AI 物联网的发展机会，积极扩展智能家居、AI 安防等新兴产品市场，营业收入连年大幅增长。近年来 AI 芯片的市场需

---

① 2021 年清洁电器高速发展，洗地机市场爆发 ［EB/OL］.（2021-07-29）［2022-08-11］. https：//www.sohu.com/a/480260538_222375.

求日渐增加，国内外市场规模呈现快速增长态势，预计到 2025 年将超过 700 亿美元，年复合增长率达到 46.14%①，见图 7-12。鉴于目前瑞芯微企业已成为国内领先的智能物联芯片供货商，与国内众多著名厂商都建立了业务联系，因此本书预计 SOC 芯片收入增长率能够与 AI 芯片市场规模的增长速度持平。本书假定此部分的 SOC 芯片预期增长率为 40%。综上，乐观情景下的瑞芯微 SOC 芯片预期营业收入预测如表 7-14 所示。

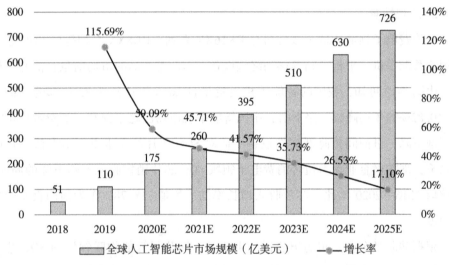

图 7-12　2018—2025 年 AI 芯片全球市场规模情况及预测

资料来源：前瞻产业研究院。

表 7-14　**2021—2025 年瑞芯微 SOC 芯片营业收入乐观预测（单位：万元）**

	2021 年	2022 年	2023 年	2024 年	2025 年
消费电子芯片增长率	-3.5%	-1.5%	-1%	2%	3%
消费电子芯片收入	42140	41508	41092	41914	43172

① 2021 年中国人工智能芯片行业市场现状及发展前景分析［EB/OL］. （2021-06-24）［2022-11-12］. https：//bg. qianzhan. com/trends/detail/506/210624-75104693. html.

	2021 年	2022 年	2023 年	2024 年	2025 年
智能物联芯片增长率	40%	40%	40%	40%	40%
智能物联芯片收入	143962	201547	282166	395032	553044
合计	186102	243054	323258	436946	596216

资料来源：作者自制。

2. 悲观情景

在消费电子领域，瑞芯微公司有 RK16XX 系列、RK8XX 系列等的 SOC 芯片应用于智能手机、平板电脑等移动终端设备，而此类产品的市场前景目前并不乐观。由图 7-13 可知，我国的智能手机出货量自 2016 年达到 5.22 亿部的峰值后以 -10.82% 的年均降幅一路下滑，中国智能手机市场已趋于饱和，消费者换机需求逐渐下降，进而间接降低终端设备厂商对 SOC 芯片的需求量。本书认为在此背景下，瑞芯微企业无力扭转消费电子领域 SOC 芯片销售收入不断下降的局面，因此取 2016—2020 年此类芯片收入增长率的平均值 -18.78% 作为预期收益的变动幅度。

根据瑞芯微企业公布的招股说明书显示，该公司智能物联领域的 SOC 芯片生命周期可划分为导入期（12 月）、成熟期（24 个月）、退出期（36 个月）这三个阶段，这就表明一项 SOC 芯片在经历设计、封装、验证等一系列流程后投入市场，其获利能力最强的时间即 2~3 年的成熟期。在悲观情景下，本书预计瑞芯微企业存在与欧美 EDA、IP 核供应商合作关系破裂的可能性，则该企业的芯片研发能力将遭受打击。智能物联 SOC 芯片技术更新的需求与设计研发工具落后的矛盾将导致该部分芯片销售收入增速放缓。鉴于目前推出的 SOC 芯片性能尚可，结合芯片生命周期，在智能物联 SOC 芯片销售收入 2020 年增速的基础上，本书假定 2021—2025 年此部分芯片销售收入增长率分别为 30%、30%、15%、7.5%、3.75%。综上所述，悲观情景下的瑞芯微 SOC 芯片预期营业收入预测如表 7-15。

图 7-13　2012—2020 年中国智能手机市场出货量统计及增长情况

资料来源：中国信通院。

表 7-15　**2021—2025 年瑞芯微 SOC 芯片营业收入悲观预测（单位：万元）**

	2021 年	2022 年	2023 年	2024 年	2025 年
消费电子芯片增长率	−18.78%	−18.78%	−18.78%	−18.78%	−18.78%
消费电子芯片收入	35467	28806	23396	19002	15433
智能物联芯片增长率	30%	30%	15%	7.5%	3.75%
智能物联芯片收入	133679	173783	199850	214839	222895
合计	169146	202588	223246	233841	238328

资料来源：作者自制。

（三）收入分成率的确定

瑞芯微所处行业为集成电路设计行业，联合国工业发展组织确定的光学及电子产品行业收入分成率为 7%～10%，本书以此作为瑞芯微质押芯片专利收入分成比例。运用市场参照法获得收入分成率的调整系数，选取 20 家与瑞芯微规模相似、行业地位相当的芯片设计企业，选取流动资产、营业收入等财务指标，根据第三章确定的收入分成率计算步骤，得到参照企业技术类无形资产对营业收入贡献度排序情况，见表 7-16。

表 7-16　参照企业的技术类无形资产营业收入贡献度排序（单位：百万元）

企业名称	企业总市值	无形资产	无形资产占比	技术类无形资产占比	经营活动现金流量净额	技术类无形资产经营现金流量影响值	主营业务收入	技术类无形资产对营业收入贡献度
卓胜微	114507	111479	97.36%	24.34%	1005	245	2792	8.76%
晶晨半导体	32366	28802	88.99%	22.25%	927	206	2738	7.53%
瑞芯微	30155	27587	91.48%	22.87%	560	128	1863	6.88%
圣邦股份	62019	60180	97.03%	24.26%	324	79	1197	6.57%
兆易创新	121640	111448	91.62%	22.91%	1060	243	4497	5.40%
全志科技	10662	7959	74.65%	18.66%	392	73	1505	4.86%
中颖电子	10129	8933	88.19%	22.05%	216	48	1012	4.70%
汇顶科技	711019	702944	98.86%	24.72%	1212	299	6687	4.48%
振芯科技	9029	7333	81.22%	20.30%	125	25	577	4.38%
三安光电	120978	86769	71.72%	17.93%	1935	347	8454	4.10%
韦尔股份	200849	182990	91.11%	22.78%	3345	762	19824	3.84%
景嘉微	21057	18196	86.41%	21.60%	110	24	654	3.64%
北京君正	42909	37929	88.39%	22.10%	312	69	2160	3.19%
海特高新	12366	6159	49.80%	12.45%	235	29	964	3.04%
紫光国微	81196	74997	92.37%	23.09%	418	96	3270	2.95%
通富微电	33544	13671	40.76%	10.19%	2721	277	10769	2.57%
光迅科技	20322	12085	59.47%	14.87%	919	137	6046	2.26%
国民技术	4854	3000	61.81%	15.45%	25	4	380	1.03%
敏芯股份	4033	2921	72.42%	18.10%	18	3	330	1.01%
乐鑫科技	11907	10405	87.39%	21.85%	36	8	831	0.95%
欧比特	6348	3637	57.30%	14.32%	36	5	870	0.59%

资料来源：根据各上市公司年报整理。

由表 7-16 可知，瑞芯微企业技术类无形资产对营业收入的贡献度为 6.88%。参照企业技术类无形资产的营业收入贡献度最高为 8.76%，计算得出所有企业的贡献度均值为 3.94%。

调整系数 =（6.88%-3.94%）÷（8.76%-3.94%）= 61%。

因此，瑞芯微质押专利的收入分成率 = 7%+61%×（10%-7%）= 8.83%。

三、折现率的确定

根据瑞芯微企业 2020 年报可知，该企业资金来源主要是权益性资金，付息债务金额为零，因此本书选择运用 CAPM 模型来计算企业生产经营的综合资本成本，并在此基础上加上质押专利的风险溢价，得到最终的折现率。

（一）无风险利率的确定

理论上国债的投资风险很小，一般国债收益率被视为无风险利率，本书参照过去五年我国十年期国债的到期收益率（见表 7-17），得其平均数为 3.28%，因此本书选择 3.28% 作为无风险收益率的估计值。

表 7-17　　　　　　　　2016—2020 年我国十年期国债到期收益率

日期	到期收益率
2016 年 12 月 31 日	3.0115%
2017 年 12 月 31 日	3.8807%
2018 年 12 月 31 日	3.2265%
2019 年 12 月 31 日	3.1365%
2020 年 12 月 31 日	3.1429%

资料来源：中国债券信息网。

（二）社会平均收益率的确定

股票指数是反映股票市场走势的重要指标，一般可将股指的长期平均收益率作为社会平均收益率。鉴于瑞芯微在上海证券交易所上市，本书选择上证指数过去五年的收益率（见表7-18）均值作为社会平均收益率，即9.17%。

表7-18　　　　　　　　　　　**2016—2020年上证指数年收益率**

	2016年	2017年	2018年	2019年	2020年
收益率	17.94%	5.01%	−23.70%	23.78%	22.81%

资料来源：Wind数据库。

（三）β值的确定

本书运用Wind数据库，以上证指数作为标的指数，得到瑞芯微企业2020年调整后的β值为1.46，见图7-14。

图7-14　瑞芯微的β系数
资料来源：Wind数据库。

（四）质押专利折现率的确定

本书在对SOC芯片行业进行深入研究之后，认为瑞芯微企业的芯片专利还存在较高的技术替代风险。据中国半导体行业协会统计，2020年我国芯片设计企业超过2200家，与上年相比增长率达24.6%，在SOC芯片设计领域，还有全志科技、晶晨股份、中颖电子等企业同样拥有先进的专利技术，可见在芯片设计行业的竞争之激烈。因此本书给予瑞芯微SOC芯片专利2%的风险溢价。综上所述，瑞芯微 SOC 芯片专利的折现率如表 7-19 所示。

表 7-19　　　　　　　　　　　质押专利折现率的计算

项目	表达式	数值
无风险收益率	R_f	3.28%
行业平均收益率	R_m	9.17%
市场风险溢价	$R_m - R_f$	5.89%
贝塔系数	β	1.46
专利风险溢价	R_P	2%
折现率	$R = R_f + \beta \times (R_m - R_f) + R_P$	13.88%

资料来源：作者自制。

四、专利权价值的评估计算

根据前文计算的 2021—2025 年 SOC 芯片预期收益、专利收入分成率、折现率，得到未来 5 年质押专利的超额收益并进行折现，乐观情景下的质押专利估值和悲观情景下的质押专利估值分别见表 7-20 和表 7-21。

表 7-20　　　　　瑞芯微乐观情景下的质押专利估值（单位：万元）

	2021 年	2022 年	2023 年	2024 年	2025 年
营业收入	186101.62	243054.33	323257.97	436946.03	596216.15
收入分成率	8.83%	8.83%	8.83%	8.83%	8.83%
所得税率①	25%	25%	25%	25%	25%
专利超额收益	12324.58	16096.27	21407.76	28936.75	39484.41

---

① 《中华人民共和国企业所得税法》第四条：企业所得税的税率为 25%；第二十八条：国家需要重点扶持的高新技术企业，减按 15% 的税率征收企业所得税。瑞芯微电子属于高新技术企业，据年报披露企业在评估时点的所得税率为 15%。但基于谨慎性原则，本书认为税收优惠政策的持久性有待斟酌，故在评估时选用 25% 的税率。

续表

	2021 年	2022 年	2023 年	2024 年	2025 年
折现系数	0.8781	0.7711	0.6771	0.5946	0.5221
现值	10822.43	12411.68	14495.35	17205.21	20615.24
合计			75549.91		

资料来源：作者自制。

表 7-21　　　　瑞芯微悲观情景下的质押专利估值（单位：万元）

	2021 年	2022 年	2023 年	2024 年	2025 年
营业收入	169145.76	202588.49	223245.91	233840.72	238328.46
收入分成率	8.83%	8.83%	8.83%	8.83%	8.83%
所得税率	25%	25%	25%	25%	25%
专利超额收益	11201.68	13416.42	14784.46	15486.10	15783.30
折现系数	0.8781	0.7711	0.6771	0.5946	0.5221
现值	9836.39	10345.27	10010.67	9207.72	8240.63
总值			47640.68		

资料来源：作者自制。

$$V = 47640.68 + 56.8\% \times (75549.91 - 47640.68) = 63493.12 （万元）$$

前面已得到满分五分制下的瑞芯微 SOC 芯片质量评价指数为 2.84 分，将其转化为百分制即为 56.8 分。将质押专利的质量指数、乐观情景估值和悲观情景估值代入前文构建的收益法模型当中，得到评估基准日瑞芯微芯片专利的质押评估价值为 6.35 亿元。

在实际质押业务中，出于谨慎性原则，银行不会完全按照评估机构估值来发放贷款，质押率一般为 20% 左右，故瑞芯微企业实际得到的贷款额预计为 1.27 亿元。2020 年瑞芯微营业收入为 18.63 亿元，毛利率达 40.41%，与此同时，瑞芯微在评估基准日的市值为 301.55 亿元。基于瑞芯微企业的优秀业绩和良好信用，本书认为目标专利组合有条件预计获得 1.27 亿元质押贷款。

第八章 商标权质押评估的收益法
改进及案例研究

第一节 商标权质押评估的理论基础

一、商标及商标权的价值内涵

商标作为一种可区分的可视化标志，代表了其所对应商品或服务的质量、性能、技术水平和其他特征。商标的本质作用是区分同类型的产品或服务，同时在消费者心中形成差异化的感知印象。此外，商标在帮助企业形成市场印象和口碑的同时，能够给其所有者带来经济收益，具有一定获利能力，这也是商标价值的内涵所在。

商标所具有的获利能力并非在短时间内形成，其作用的发挥是需要时间累积的，具体可以描述成：企业得到一个商标，成为该商标的拥有者，并将其投入日常经营活动。在合理有序的经营中，该企业的生产规模不断扩大，经营前景不断向好，顾客认可程度不断提升。随着时间的推移，就具有了区分功能和经济价值。商标获利过程是一种从未知到使用感受的信息扩散过程（王意冈，1997）。

同时，这种信息扩散随时间变化呈现出阶段性的特点，主要可以分为两个阶段。第一个阶段是宣传阶段：在这个阶段中，商标的主要功能是区分和广告。从区分功能角度看，一方面，消费者通过辨认相关品牌，能够在购物时有效节省搜索成本，提高自身的消费体验；另一方面，倘若产品在消费时出现问题，可以根据商标，准确识别责任主体，进行消费维权，从而降低搜寻售后服务和维权的成本。从广告功能角度看，一方面，商标可视为一种消费信息，能够被消费者捕获、识别，亦能在市场上流通、传播，和广告作用类似；另一方面，商标作为一种特殊的标志，本身是广告的核心内容。在长时间的市场积累过后，商标在消费者心中便成为了品牌的代名词。提起商标，便会联想起品牌及其对应的产品或服务，具有较强的心理链接性。第二个阶段是彰显阶段，这一阶段是商标作用发挥的高级阶段，需要以完善的产品质量、优良的市场美誉度和一定的品牌溢价为支撑。当今，人们的消费偏好已经逐步向个性化转型，对于高品质、高声誉产品的消费诉求也日益增长。一些消费者认为某些奢侈品、高端品的商标，能够彰显自身的社会地位。除了购买产品本身，部分经济实力较强的消费者愿意为了获得这份心理效应，向商标和品牌支付高额溢价（凌洪斌，2016）。

商标权价值无法脱离商标价值而存在，商标价值更多体现在经济属性方面，而商标权顾名思义，是一种依托于商标资产的法律权利，其价值以商标经济价值为基础，添加了法律价值属性。但同时，商标权的经济价值和法律价值无法简单割裂开来，两者互相影响。

商标权的经济价值可从三个维度进行衡量：一是财务维度，主要从商标权的取得成本和获利能力两个方面对商标权进行价值计量，其成本主要包括自建商标权的设计费用以及外购商标权的交易费用等；同时，商标权是企业的一种无形资产，需要考虑其获利能力，商标权的价值也体现在其能够为企业带来收益。二是市场维度，主要从消费者视角考虑：商标权是链接消费者和企业的纽带与桥梁，因此商标权价值来源于消费者的熟知和认可。三是企业发展维度，因为商标权的存在和作用发挥能够帮助企业稳固市场地位，帮助企业的产品或服务在消费者心中形成差异化印象，助力企业长久发展，因而商标权价值也来源于其对企业市场竞争力带来的贡献。商标权经济价值三维度的构成也与商标发挥作用的渠道和路径相符：企业通过成本投入设计商标，与消费者建立情感连接，进而稳固市场地位。

从商标权法律价值的角度看，注册商标在一定时限、地域和产品范围内能够得到有效保护，在遇到产权纠纷时，能够及时避免损失，保障商标拥有者的合法权益。此外，根据《中华人民共和国商标法》（2019）规定，商标权的保护期限可通过续展而持续存在。① 可见拥有注册商标权的企业，能够在法律许可的时限范围内保证自己的合法权益不受到侵蚀，因而注册商标在商标权存续期内具有权属稳定性。

综上所述，商标权价值的讨论必须从商标权的经济价值和法律价值两个维度展开，前者反映为商标权在企业财务中的价值、在市场中被消费者认知的价值以及助力企业未来发展的价值；后者主要体现在商标权形成、管理、保护、运用中的法律价值（刘红霞，2013）。

二、商标权作为质物的功能与价值

商标权在质押业务中具有的功能与价值能够满足各方权利人的需求，是商标权能够作为质押物融资的原因所在。

一方面，由于商标权价值与企业经营业绩紧密相关，企业整体价值中包含商标权价值，商标权价值和企业整体价值呈现正向关系。商标权价值的高低从某种程度上能够反映出该商标所对应的产品的市场认可度高低，也能侧面反映出质押融资业务的风险大小，为权利义务双方提供一定参考；另一方面，由于商标权具有价值累积性的特点，企业的日常经营能够为商标积累一定的市场认可和美誉度，为商标权带来价值增值。在面临清算时，商标权作为质物，就存在相应的变现价值。

另外，由于不同商标权质押模式的场景存在差异，利益各方所重点关注的商标权价值的角度不尽相同，商标权的价值在不同质押融资情景和模式下具有不同侧重面和表现形式。因此，抛开质押融资模式谈商标权的价值是没有意义的。同时，质押情景下商标权价值的形成路径并不能脱离一般市场条件和法律视角下的商标权价值逻辑，它是在此基础上得以产生的。在不同的质押模式下，商标权价值的表现形式有三种。

---

① 《中华人民共和国商标法（2019）》第三十九条：注册商标的有效期为十年，自核准注册之日起计算；第四十条：注册商标有效期满，需要继续使用的，商标注册人应当在期满前十二个月内按照规定办理续展手续；在此期间未能办理的，可以给予六个月的宽展期。每次续展注册的有效期为十年，自该商标上一届有效期满次日起计算。期满未办理续展手续的，注销其注册商标。商标局应当对续展注册的商标予以公告。

（一）保证价值

保证价值是指质押商标权具有可转让性，存在变现能力，因而能够产生价值。对于在纯市场化运作模式（北京模式）下出质的商标权，较其他质押模式而言，债权人除了需要关注出质企业日常经营的获利能力，还应关注质押商标权的变现能力，即保证价值。这是因为在纯市场化运作模式下，当出质方因经营不善导致无法按期偿还债务时，相关政府机构并不能够为债务的偿还提供资金支持，当企业日常交易流量带来的第一还款源失效时，债权人就需更多关注质押商标权的市场变现能力和变现速度，以更好地判断相关风险（姜楠，2015）。

（二）增益价值

增益价值是指商标权对出质企业第一还款源（企业现金流）的提升能力，体现在企业拥有这一项商标权所带来的超额收益。在非完全市场化运作的商标权质押融资业务中，由于有政府或者其他担保机构作为相关主体加入质押融资业务，在企业无法偿还借款时，能够提供一定的外部风险保障，故质权人无需过分关注商标权的保证价值，所以在业务运作中可以着重关注商标权的增益价值。

在评估中，需要将质押标的与所属企业的其他资产、所属企业经营环境一并考虑，即考虑质押商标权在所属企业的环境中对企业的价值贡献。

（三）发展价值

发展价值是指商标权具有价值累积性的特点，在企业日常经营过程中，由于产品、服务的市场声誉的积累，而体现出的自身价值增值的能力。在三种商标权质押融资模式下，各方主体均需对商标权的发展价值予以一定关注。这一价值的逻辑前提更多是基于出质主体的属性而得以成立。在知识产权出质主体中，以科技型中小企业居多，这些企业大多处于初创或者成长期，经营现金流较不稳定，且当下没有充足的资金来源和历史财务数据。但是这类企业的高成长性也赋予了出质商标权价值增值的可能性。在评估过程中，评估师更多地要基于商标权价值的累积性特点，判断商标权的未来发展能力。倘若商标所对应的产品或服务在市场上的认可度、知名度与日俱增，则商标权的价值也会得以提升，两者相辅相成，密不可分。并且，上述三种商标权价值的表现形式之间也存在正向关系。

基于上述分析，质押情景下商标权价值的形成路径归纳为如图 8-1 所示。

三、质押情景下商标权价值的影响因素

（一）商标权自身情况

1. 商标权的法律状态

《注册商标专用权质押登记程序规定》（2020）明确指出，申请办理质权登记的商标应为注册商标，质权合同和质权登记申请书中也应当载明出质的商标注册号。所以，能够作为质物出质的商标必须是注册商标，这是商标权能用于质押融资的法律前提。

此外，在评估中还应当关注标的商标权的剩余保护年限。剩余保护年限越长，意味着商标权受到法律侵犯的可能性越小，存在产权瑕疵的概率也就越小，能够更好地为企业所用，为企业创收。《中华人民共和国商标法》（2019）指出，注册商标的有效期为十年，期限届满时可以提起续期申请。每次续展注册的有效期为十年，期满未办理续展手续的，注销其注册商标。

所以，评估人员应当对商标权的剩余法律保护年限予以充分关注，明确法律纠纷与否，明辨产权瑕疵。加之商标价值的累积性特点，一般来说，在商标所服务的产品正常经营的情况下，使用时间越长的商标，能够积攒更为优良的声誉，为企业创造更大的收益，在期限届满时，能够合法续展的概率也就越大，商标权的价值也越大。

2. 商标的可识别度

商标的可识别度强调的是商标本身的设计特性带来的感官效果。样式新颖、构造创新的商标的识别度较高，能让消费者在较短时间内对商标产生印象和记忆。商标最终面向的群体是产品的消费者，商标在市场上的可识别度高，意味着消费者一旦看到该商标，便能立刻与其他商标作出区分，从而很快想到其所链接的产品，增加了消费者购买该类产品的可能性，从而带动了商标资产的增值。

3. 商标权续展潜力

商标权续展潜力主要是指企业续展某个商标权的意愿强弱或是可能性大小，

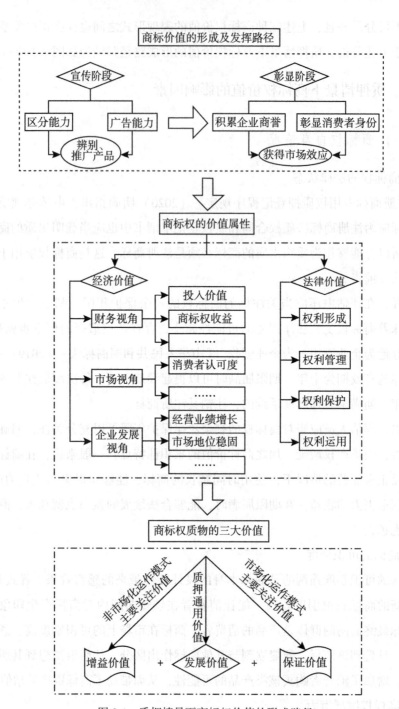

图 8-1　质押情景下商标权价值的形成路径

这和企业制定的经营战略密切相关。一个企业可能经营多种主营产品，各种产品的生产、销售结构不尽相同，同时各种产品也都有与之对应的商标，各类商标所收获的消费者、市场印象也参差不齐。对于市场销路较好、代表公司主要产品的商标，企业管理层就有较大的动力对其进行保护和续展。

同时，公司在发展过程中有进行战略调整的可能性，在必要的情况下，可能会入驻新兴市场领域，从而调整其原有的产品结构，甚至淘汰、摒弃一部分落后产品，这样一来，也会导致部分商标权存在被放弃续展的可能，这也将直接影响到特定商标权的收益年限，从而影响商标权价值。

（二）企业经营业绩

1. 行业现状和发展前景

行业的现状和发展前景从一定程度上影响商标权所依附的产品或服务的实用性和市场认可度。行业发展现状和前景越好，意味着商标权对应的产品或服务的增长能力越强，在未来的销售空间也越大，企业也能从类似的产品中获得较高的预期收益，商标权的价值也会得到提升。

从变现能力角度考虑，发展能力强的行业的商标也会有更高的市场需求度。行业前景向好意味着有更多的企业愿意加入该行业。因此，获得一个具有一定认可度的商标也是企业立足新市场的有效举措。这样一来，这类商标权的交易市场就会变得较为活跃，商标权价值在转让过程中受到侵蚀的可能性就越小。

综上所述，在其他因素保持不变的情况下，行业发展前景越好的行业其所拥有的商标权的价值也会越高。

2. 产品竞争力及发展能力

产品竞争力及发展能力主要是指企业的产品在同行业中竞争能力的强弱。在同一行业中，企业的自身竞争力越强，意味着产品质量更加能受到业内认同，其所生产的产品在行业内具有更高的知名度、话语权、定价权。因此，产品所对应的商标在行业内也具有更高的认可度和辨识度，商标权的价值也会相应提升。

3. 企业收益稳定性

企业收益的稳定性一定程度上影响企业在质押贷款存续期内，按时还款的可能性，从一定程度上揭示了质押融资业务的风险。

商标权作为一项无形资产，其价值与企业收益和所对应的产品或服务的收益密不可分。若企业收益稳定性越强，则企业按时偿还质押融资贷款的可能性也就越高，对应的质押融资业务风险越低。评估人员在对标的商标权价值评估时，需要考虑的风险也就越小，从而能在一定程度上提升商标权质押融资的价值。

4. 企业资信水平及融资能力

企业的资信水平和融资能力也是影响质押融资业务风险的重要因素。从实际情况考虑，当前涉及知识产权质押融资业务时，商业银行在抵质押资产价值的基础上乘以一定的折扣率来测算抵质押资产的担保能力，并由此决定贷款发放的额度。折扣率的确定和出质人的信用等级、经营情况、违约概率等因素相关，是出于风险规避的考虑，用来下调待估资产市场价值的一种工具。

因此，企业资信水平及融资能力越高，在贷款存续期内的违约风险也就越低，评估机构在评估商标权质押融资价值时，根据相关风险对商标权价值进行的下调幅度也就越小，也能从一定程度上提高商标权的价值。

（三）市场因素

1. 市场上同类商标的数量

商标是一项特殊的识别标志，市场上同类产品或服务所对应的商标数量越多，消费者对特定企业商标的辨识度就会越低，从而导致用户粘性降低，使得商标发挥作用的范围和效果受限，企业拥有的商标资产无法取得较好的市场反应度，从而导致商标权价值的下降。

2. 类似商标权的交易情况

尽管我国现阶段的商标权交易市场并不完善，市场中的交易信息存在体量小、不透明、规范化程度不高等问题，但是同等类似产品所对应的商标权交易情况仍可在商标权质押融资价值评估中为各方主体所借鉴。

类似商标权的交易和转让市场越活跃，各方当事人就能够从中获取更多可比的价格信息，意味着标的商标权即便在面临清算时，也能有较为充分的市场机会，从而降低商标权的变现风险，提升商标权价值。此外，在商标权质押融资情景下，由于可获得的资源信息较少，金融机构在度量相关风险时，往往也将类似商标权以往的交易情况纳入考虑范围。一般来说，在商标生命周期、商标服务范围、法律状态等相关因素相近的情况下，类似商标权近期的成交价格越高，意味着此类商标权更能为市场所接受，银行等金融机构在确定贷款的发放额度时，也会酌情予以提高。

3. 商标宣贯力度

商标是企业产品的代名词，众多企业无论采用线上或是线下的渠道在市场上推广自己产品的时候，都无一例外地将商标一同展示给目标群体。宣贯商标的目的在于有意识地将商标与产品捆绑推荐给消费者，增加商标及对应产品的消费者心理曝光率，从而提升消费者的购买几率，进而提升商标权价值。因此，宣贯力度越大的商标，和消费者接触的机会也就越多，越能积累更好的市场效应，商标权价值也能得到提升。

四、商标权质押评估的假设体系

资产评估假设是在评估实务工作开始前，对评估客体、环境条件等要素作出的一系列科学合理的假定与说明，用于保证在后续的评估过程中，资产评估的相关理论和方法能够合理应用。资产评估假设主要有公开市场假设、清算假设、交易假设、持续使用假设等，在一项评估业务中通常可以选择多个假设。

资产评估假设分为如下三类：基本假设、内部假设和外部假设。其中，基本假设符合资产评估学科理论框架中对评估业务的基本设定，也是评估业务得以开展的前提假设，该类假设在各类评估业务间具有较大的共通性；内部假设是对待估资产或者资产持有企业自身情况所做出的必要假设说明；外部假设反映评估时点有关的外部市场状况，是对待估资产实际所处的外部市场交易环境所做出的必要假设说明。

结合商标权质押融资的情境特点，对商标权质押评估的基本假设、内部假设和外部假设做出如下归纳。

（一）基本假设

商标权质押融资情景适用交易假设和持续使用假设两个基本假设，而公开市场假设和清算假设不适用。

1. 公开市场假设

在商标权质押情景下，由于商标权价值不确定性较强，其价值会随时间和企业经营业绩发生变化，且各个商标的异质性较强，即便是同行业的各个企业间也不具有较强可比性，交易双方想要获得完全客观、透明的信息难度较大，公开市场条件无法满足，故该假设在商标权质押评估情景下失效。

2. 清算假设

清算假设是对资产在非公开市场条件下被迫出售和快速变现条件的假定说明。首先从业务目的角度考虑，出质方和质权方达成质押融资协议，第一还款源应是出质方正常经营所带来的现金流量，只有在日常经营现金流量无法满足还款要求时，才考虑质押标的物的变现，以此作为第二还款源。而清算价值类型假设企业日常经营现金流量无法满足还款需求，不得不快速变现质押物用以还款，这样的逻辑显然背离了知识产权质押融资的本意，未能契合企业想通过质押融资来缓解资金流压力的目的。

3. 交易假设

交易假设假定待估资产已经处于交易环境中，并对该交易环境做出了假定和模拟，评估师根据该资产的交易条件进行估价。无论是产权变动类和非变动类情景都适用交易假设，因为交易假设与产权变动是否真实发生无关，而目的在于为评估实践提供考察价值的环境和基础。

（1）交易假设为资产评估行为模拟出真实的市场环境。评估师对客体资产的估值离不开真实动态的市场交易环境。交易假设要求评估师从资产评估的特定目的出发，结合考虑评估时点，即交易发生时点的市场条件、评估对象状态，以选取最佳的评估路径，确定真实交易状态下的评估依据、评估参数，从而判断评估对象在特定交易情况下的真实价值。因此，无论是否发生产权变动，交易假设都有益于促进估值过程与市场交易环境的紧密结合。

（2）交易假设与商标权价值特点相契合。在传统的三种评估路径中，收益法较其他两种传统方法而言更为适用（下文将展开分析），其基本思路是将评估对象的未来经济收益进行折现从而得到其价值。与有形资产和其他无形资产不同的是，商标权的价值十分依赖于其所依附的商品收益，商品收益越高，其评估值也就越大。因此作为商标权估值也依赖于对应商品的收益测算。而交易假设正是为商品收益的产生提供了必需的交易环境的假设，模拟出一种真实的市场交易环境，以估算商品交易收益，从而评估商标权价值。

（3）交易假设为资产评估活动限定了估值时点。不同时点的交易面临不同的市场状况，不同时点下的资产也呈现出不同的价值特征。资产评估结论的时效是一个时点，目的在于分析研究待估资产在某一时点的价值。因此，交易假设为资产评估实践活动指明了具体交易时点，通过规范时点提高评估活动的科学性。

4. 持续使用假设

持续使用假设是对交易假设的补充和延伸，该假设假定待估资产正处于使用状态，并将一直使用下去。

在商标权质押融资情景中，对于质押双方而言，第一还款源是企业正常经营收益带来的现金流量，双方也正是基于"贷款企业的收益能够还本付息"这一前提订立合同。因此，除非企业实在无法偿还贷款，否则不会对标的商标权进行变现处理，这也假定了出质商标权在正常情况下将被出质企业正常使用，服务于其所对应的产品或劳务。所以商标权质押融资的业务逻辑也和持续使用假设的定义有契合之处，因而本书认为持续使用假设可以在商标权质押融资情景下应用。同时需要指出的是，由于商标权的使用具有法定保护期限等时限限制，因此这里的持续使用假设是指在可使用期限内持续使用。

上述分析结论也将影响到后续价值类型的选择。

（二）内部假设

内部假设是对出质商标权自身情况或商标权持有者情况做出的假设或说明，用以限定影响评估价值的关键因素和情境，以保证估值过程和结论科学合理（陈洁，2012）。本书现对商标权质押评估的内部假设做出如下分类和描述。

1. 质押商标权自身情况假设

（1）待估商标权所对应的产品和服务的范围不发生明显变化，仍可在日常使用过程中，积攒市场口碑，为企业带来一定经济效益。

（2）被评估商标权在预期经济寿命内，并将持续使用。

（3）在被评估商标权法定保护期将至时，商标权持有人主动提起商标权续展申请。

（4）被评估商标权的权属及有效性不存在法律争议。若存在法律纠纷，能第一时间加以控制并妥善解决，标的商标权不存在产权瑕疵。

2. 贷款企业经营状况假设

（1）商标权所有企业未来经营管理团队尽职，诚信合法经营，不因自身组织架构变动等对商标权价值产生重大不利影响。

（2）商标权所有企业在国家产业政策和法律法规许可的范围内提供相关产品和服务，且其经营范围在未来可预见的时间内不会发生重大变化。

（3）公司保持现阶段产能稳定，在未来可预期的时间内不发生大幅变化，不考虑追加投资、更改经营策略等因素导致的产能扩张或收缩。

（4）公司现金及等价物余额不发生大幅下降。

（三）外部假设

外部假设是对被评估商标权所处的国家、社会及行业经济环境情况做出的假设或说明，本书对商标权质押情景下的外部假设分类描述如下：

1. 行业经营环境假设

（1）国家法律、产业政策等不会对商标权持有企业的所在行业造成重大影响。

（2）新兴技术的出现不会对被待估商标权所涉及的行业及其盈利能力造成显著冲击。

（3）行业产品的制造工艺不发生重大变化。

（4）行业的供应链体系不发生较大变化，行业内竞争格局保持相对稳定。

2. 宏观经济环境假设

（1）国家、地区的政治、经济、文化环境在评估基准日后不发生显著变化。

（2）相关利率、汇率、税率、通货膨胀率等金融税务类指标无重大变化。

（3）不发生可能导致企业重大不利影响的不可抗力事件或其他意外情况。

五、商标权质押评估的价值类型选择

资产评估价值类型是资产评估结果的价值属性及其表现形式，其受到评估目的制约，同时也影响着评估假设、评估方法和评估参数的确定，进而对最终的估值结论产生影响。因此，在开展商标权质押评估业务前，需要分析并确定合适的价值类型。从价值类型分类上看，目前评估理论界的主流观点是参照《国际评估准则》，将价值类型分为市场价值类型和非市场价值类型两大类。

（一）市场价值类型

市场价值是指资产在评估基准日公开市场上最佳使用状态下最有可能实现的交换价值的估计值。市场价值类型也是资产评估实务界最常选取的价值类型。但本书认为，市场价值类型并不适用于商标权质押融资评估情景。从市场价值类型的定义和内涵来看，其在商标权质押评估中的应用存在如下漏洞。

（1）理想的公开市场并不存在。一般而言，在商标权质押情景下，利益直接关联方是出质人和质权人两个主体（有时会引入第三方机构），并不存在大量的买者和卖者，也并不存在如市场价值定义所要求的公开市场，即信息完全透明的市场。在这种非完全透明的市场条件下，利益双方对标的资产进行评估，更多的是基于有限信息的合理判断，任何一方均不能保证如此得出的价值一定客观公正，只能保证程序上的科学可行。

（2）最大最佳使用难以判断。商标权在质押融资情境中并不能保证标的资产一定处于最佳利用状态，更多的是假设商标权维持目前的功能和用途以服务企业的日常生产经营。

（3）市场价值类型要求不考虑特定主体。但是在商标权质押融资业务中，正常情况下，商标权作为出质企业的获利资产被继续享有，第一还款额依然是企业日常经营活动所带来的现金流量。这显然考虑了出质商标权对于出质企业这一特定主体的使用价值，而并非如公开市场价值类型定义的不考虑特定主体。其次，在质押业务中，利益相关方应关注商标权能够为企业带来的增益价值和商标权自身由于企业继续经营所带来的价值累积。在这两种价值的表现形式中，也均考虑了商标权所服务的特定企业，而非将商标权置于公开市场进行讨论，因此，就商标权质押评估情景的逻辑来看，市场价值类型不适用。

综上所述，本书认为市场价值类型并不能合理应用于商标权质押融资价值评估情境。

（二）非市场价值类型

1. 在用价值

在用价值是指作为企业组成部分的特定资产给其所属企业带来的价值，而并不考虑该资产的最佳用途或资产变现的情况。

这一定义基于如下两个前提：特定主体和不改变用途。但是在知识产权质押融资情境中，即便质押行为的原意是通过企业日常经营获得现金流量，以此作为第一还款源以偿清贷款。但是不可否认，出质人存在经营风险，且这种风险在中小型创业企业中尤为显著。在这种情况下，倘若出质人无法通过第一还款源按时还款，那么就需要考虑质押物的清偿和变现。如此一来，出质企业这一原定的特定主体便不复存在了，质押标的物的经济用途也会发生改变，在用价值的适用前提就不再成立。

由此观之，在用价值仅仅考虑了出质企业在贷款期间内正常经营，且能够根据日常经营所得现金流按时还款的情况，而并不考虑被质押知识产权需要快速变现，用以清偿债务的情形，覆盖情景较为狭窄，未能完整契合知识产权质押融资的评估情景，

因此，在质押情景下评估商标权价值时，本书认为不应选取在用价值作为资产评估价值类型。

2. 清算价值

清算价值通常是指企业由于经营不善等原因，面临资金链断裂等问题，需要快速变现资产时所采用的价值类型。在这种情况下，待估资产处于快速变现的假设条件，资产的销售期限往往不能满足公开市场条件下所要求的营销时间，因此评估值往往大幅低于待估资产在正常市场条件下的价值。

在知识产权质押融资情境下，出质方和质权方达成质押融资协议。首先从业务目的角度考虑，第一还款源应是出质方正常经营所带来的现金流量，只有在日常经营现金流量无法满足还款要求时，才考虑质押标的物的变现，以此作为第二还款源。而清算价值类型假设企业日常经营现金流量无法满足还款需求，不得不快速变现质押物用以还款，这样的逻辑显然背离了知识产权质押融资的本意，未能契合企业想通过质押融资来缓解资金流压力的目的。

其次，从实际操作角度考虑。商业银行在决定知识产权质押融资额度时，采用了折扣率法，即在抵质押资产市场价值基础上乘以一定的折扣率来确定抵质押资产的担保能力。这样的做法实际上已经考虑了在放贷期间以及质押物变现时商业银行自身可能承担的风险因素，并已经在市场价值的基础上做出了调整。而清算价值类型与折扣率的原理有些许类似，都考虑了在合同存续期内的风险情况，且两者的考虑范围也有较大重合，涉及重复减值的问题，会在一定程度上过分降低放贷额度。

最后，从商标权质物的三种价值表现形式来看，清算价值更接近上文提到的"保证价值"的含义，即过度考虑了商标权变现情景下的变现能力，而忽视了"发展价值"和"增益价值"两重属性，有失偏颇，会导致商标权质押价值的低估。

综上所述，在知识产权质押融资评估中，清算价值类型更多地照顾了质权方的利益，降低了质权方的风险，而无法照顾出质方的利益，使得出质方实际收到的资金额度偏低，有失公允，故本书认为在此情景下不应采用清算价值类型。

3. 质押价值

质押价值类型是目前学术界尚存争议的价值类型，在知识产权质押融资估值领域，学者们往往将其和市场价值类型置于一起讨论。但究竟哪一种价值类型更能适用于知识产权质押融资情景，各位专家学者仍未达成共识。本书认为质押价值类型更为适用，并将在此处对其适用性进行分析。

（1）理论角度。我国现行的《中国资产评估准则》（2017）并未对质押价值进行定义，评估界常说的质押价值，实则来源于《欧洲评估准则》对抵押价值的定义。目前理论界对抵押价值和质押价值未作出明显区分。第九版"EVS（2020）"[1] 指出，抵押价值是一种风险评估价值类型，银行监管机构将其理解为一种风险管理工具，通常适用于房地产抵押估值，是基于谨慎原则和考虑未来变现可能性下的价值类型。相比之下，市场价值的概念被普遍理解为代表现货价值，即在给定时间点对价值的市场评估，而抵质押价值则考虑到未来贷款存续期

---

① 由欧洲评估师协会联合会（TEGoVA）制定推出的《欧洲评估准则》，全称为"European Valuation Standards"。

内的各种风险因素。

"EVS（2020）"对于质押价值类型定义也和姜楠（2013）提出的观点不谋而合：贷款价值定义中所谓的谨慎评估，指的应该是一段时期内，评估对象在所有可能的使用状况和条件下，其价值在价值区间上下波动时，选择区间下限（价值低值）而不选择区间上限（价值高值）的一种系统性概括。并且，这一区间下限（价值低值）在贷款存续期内具有可维持性。本书对此观点表示认同，并且认为这样的理解和做法很大程度上能够将质押融资所带来的博弈性和不确定性纳入评估结果的考虑范围，兼顾债权人和债务人的利益。从融资企业角度出发，质押价值关注贷款存续期内出质知识产权的长期性风险，能够帮助企业更为精准地识别、判断经营过程中可能遇到的风险点，符合出质人的经营预期；从放贷金融机构角度出发，质押价值作为质物在整个贷款存续期内能够维持的价值区间下限的估计值，能够有效降低银行的坏账风险。如此一来，运用质押价值类型得出的评估结论能较为客观合理地反映待估资产在质押情景下的价值，易于被双方所接受，有利于提升评估结果的说服力和可信度，具有理论层面的合理性。

从商标权质物的价值角度考虑，上文将质押情景下的商标权价值划分为三种表现形式，即"保证价值""增益价值"和"发展价值"，概括了质押情景下商标权价值的表现形式，这也与质押价值类型考虑到未来贷款存续期内的各种情景和风险因素的理论逻辑相契合，因此能够较为完整地涵盖质押情景下商标权价值的各个属性，使得出的评估结果客观合理。

（2）实践角度。当前，欧洲各国对抵质押价值类型的认可度较高，并在实践中得以应用，相关学者也对其应用现状进行了研究。Bienert 和 Brunauer（2007）提出，相较市场价值类型而言，抵质押价值更适用于抵质押品价值评估，同时对德国原有的抵质押价值概念进行改进，使之能够被市场更好地理解、接受。此外，"EVS（2020）"和《Basel》①中也着重介绍、强调了抵质押价值类型在实务中的应用场景（刘玉平，2011）。

但在我国，质押价值类型的应用尚不广泛。我国现行的资产评估准则只对商

---

①　指《巴塞尔协议》，是巴塞尔委员会制定的在全球范围内主要的银行资本和风险监管标准。

标权质押评估的价值类型做了原则性说明,① 并未给出强制性的实质规定。② 说明评估人员在执业过程中需要根据事实情况对价值类型进行界定,这也赋予了评估执业人员较强的主观能动性。

我国的相关政策文件对此进行了一定探索。建设部、人民银行和银监会联合发布的《房地产抵押估价指导意见（2006）》表明在房地产抵押估价业务中,市场价值类型的选用是受到相关上层建筑支持的。③ 但本书认为,房地产抵押和知识产权质押存在本质区别。因为不同房地产之间的同质性较高,且作为我国的支柱型产业,房地产市场较知识产权交易市场而言,更为透明、公开、活跃,因此市场价格便于取得,双方信息的不对称性较小。另外,作为一项有形资产,房地产的价值不会随着使用主体的变更而发生较大变化,而知识产权及相关交易市场就无法满足上述条件。所以,较知识产权质押而言,房地产抵押面临的风险会更小,可以适用市场价值类型。与《房地产抵押估价指导意见》（2006）中市场价值定义类似,上海市出台的《上海市知识产权质押评估技术规范》（2010）引入了"可质押净值"④ 这一概念,就其定义而言,更类似于会计中的"可变现净值"⑤ 概念,也更接近市场价值的概念。

另外,从业务操作角度考虑,当前涉及知识产权质押融资业务时,商业银行会在抵质押资产价值的基础上乘以一定的折扣率来测算抵质押资产的担保能力,

---

① 《资产评估价值类型指导意见（2017）》第 10 条:包括以抵（质）押为目的的评估业务在内的一些特定评估业务应按照法律、行政法规或者合同的规定选择评估结论的价值类型。若没有规定的,可以根据实际情况进行选择,并予以定义。

② 《商标资产评估指导意见（2017）》第 9 条:执行以商标质押为目的的资产评估业务时,可以选择市场价值或者市场价值以外的价值类型。

③ 《房地产抵押估价指导意见（2006）》第 4 条:房地产抵押价值为抵押房地产在估价时点的市场价值,等于假定未设立法定优先受偿权利下的市场价值减去房地产估价师知悉的法定优先受偿款。

④ 《上海市知识产权质押评估技术规范（2010）》第 2 条:可质押净值,是指评估对象在评估基准日的价值,等于假定未设定法定优先受偿权利下的市场价值减去注册资产评估师知悉的法定优先受偿款。

⑤ 可变现净值是指在日常活动中,以预计售价减去进一步加工成本和预计销售费用以及相关税费后的净值。

这一折扣率也被称为 LTV 比率①。LTV 比率的确定和出质人的信用等级、经营情况、违约概率等因素相关，是出于风险规避的考虑，用来下调待估资产评估价值的一种工具。如果评估价值以市场价值为基数，银行等金融机构会适当调低 LTV 比率；如果评估价值以抵质押价值为基数，LTV 比率较前者而言会升高。在其余条件相同的情况下，知识产权质押融资的 LTV 比率较不动产抵押融资而言会更低。② 但这样的做法（根据不同的价值类型确定不同的 LTV 比率）其实涉及风险重复计算的问题，因为倘若评估人员出具的估值结论是以质押价值类型为基础的，其在评估过程中势必已经在正常市场价值的情况基础上，考虑了相关风险要素，对资产价值进行了扣减，而银行等金融机构再在抵质押价值基础上赋予折扣率，实则是对相同风险的重复考量，会降低出质企业的质押融资额度，贬损资产价值。出现这一现象的原因有两点：第一是银行等金融业从业人员对纷繁复杂的价值类型内涵不明晰；第二是金融机构对估值结果性质的认识存在差异，从某种程度上，把评估作为鉴证业务而不是咨询业务，希望评估结论是可验证结果，而不是决策的分析依据。虽然知识产权质押业务的实际操作存在一定逻辑问题，但是在整个业务流程中也能看出金融机构对质押物相关风险的重视，这种对于可能发生风险的度量也恰好契合了欧洲评估准则对质押价值的相关定义。

综上所述，本书认为选用质押价值类型作为商标权质押评估的价值类型是较为科学妥当的。在后文中，本书也将选用质押价值类型进行后续评估。

六、商标权质押评估方法选择

目前，理论和实务界大多采用成本法、市场法、收益法、实物期权法四种评估方法对商标权质押融资价值进行评估。本节将对上述四种方法的适用性和利弊进行逐一分析，力图找出最为适用的评估方法。

（一）成本法

成本法是先估测被评估资产的重置成本，然后估测被评估资产已存在的各种

---

① 全称为 Loan to Value，也称放贷比例，是实际放贷额和资产评估价值之间的比值，一般<1。

② 通过与业内资深专家、银行金融业人员访谈取得。

贬损因素，并将其从重置成本中予以扣除而得到待估资产价值的评估方法。在运用成本法评估商标权价值时，通常将商标权的取得成本和成新率的乘积作为最终评估结果。

成本法看似原理简单，操作便捷，但是由于商标的成本特性，成本法的应用有着较为明显的局限性。本书以自创商标为例进行说明。首先，自创商标的成本具有不完整性，有大量的前期费用，如调研、基础研发等费用往往不计入商标成本，而是通过其他途径进行补偿。由此观之，运用成本法评估无形资产价值时，其成本基数就存在被低估的风险。其次，商标的成本具有弱对应性。以自创商标为例，一家企业可能拥有多个注册商标，各个商标的注册时间可能存在先后，但是其整体构造思路和设计理念可能存在一定联系，先前的商标设计可能为后续商标的产生提供一定的设计灵感和成本基础。这样一来，便很难在各个商标之间区分具体的成本费用项目，进而影响各个商标成本的初始计量。再次，商标的成本具有虚拟性。这种成本只具有象征意义，并不能客观反映商标的价值，其核算的只是商标设计费、注册登记费等取得成本。商标价值的内涵已经远远超出了它的成本所代表的含义。最后，商标具有积累性。因为商标的发展本身就是一个持续积累和演进的过程，若企业经营状况较为良好，市场规模日益扩大，那么商标价值会因为所服务的产品的知名度的提升而增加，因此，在一般情况下，商标权的价值可能会随着时间的推移呈现升高的趋势，而非成本法所揭示的日益递减。

综上所述，本书认为成本法的理论内涵与商标权的特性和运作规律相悖，并不适用于商标权质押融资评估。

（二）市场法

市场法是遵循替代原则，以近期市场上相同或相似资产的交易价格为基础，运用直接比较或类比分析的方法，确定待估资产价值的技术规程。市场法应用的基本前提主要有如下两个：活跃的公开市场、待估资产的可比资产及其交易活动。但是在商标权质押融资情景下，这两个前提均难以成立。

首先，我国现阶段的商标权质押融资市场并不完善，市场中的交易信息存在体量小、不透明、规范化程度不高等问题。且根据商标权质押融资的实施程序，并不存在待质押商标权在市场上充分流通、定价的环节，因此无法满足活跃公开市场的定义。

其次，以商标权为评估对象，从参照物可比条件来看，应当满足并不限于如下条件：同行业的商标，商标所对应的产品或者服务的范围应基本相同；商标的法律条件应该相符，如均为自有或者独占许可等。但是在实际交易市场中，很难找到符合上述条件的可比商标交易实例。

因此，本书认为限于商标权质押融资市场的特殊性，评估人员在评估商标权质押价值时，也不应采用市场法。

（三）收益法

收益法是指先通过估测待估资产未来预期收益，再运用合适的折现率折现，将未来预期收益现值作为待估资产价值的各种评估技术的总称。

在商标权质押融资情景中，出质方希望通过商标权，在日常经营活动中获取一定收益，以偿还贷款。质权人的本意也是如此，只有当出质企业实在无力偿付时，才考虑商标权的变现。所以，从理论逻辑上来说，企业获得的收益是贷款的第一还款源，因而收益法比较契合商标权质押融资的评估情境。

此外，收益法也是目前商标或者商标权价值评估中应用最广泛的方法，具有较好的市场认可度。同时，收益法的应用需要评估人员确定收益额、折现率、收益年限三大基本参数。这些参数的确定步骤都赋予了评估人员较大的灵活性，也能较为契合商标权质押融资预期性、不确定性较强的特点。

与此同时，高灵活性也导致了收益法存在主观性过强的缺点：一是商标权的预期收益额确定较为困难；二是折现率的选取存在一定争议，如何做到客观并且逻辑自洽仍需要不断探索；三是传统收益法未能在操作过程中体现商标权质押情景特性。这三个问题的解决思路和解决方法将在下一节进行详细说明。

（四）实物期权法

实物期权法是由 Myers 在 1977 年提出的概念，国外对于知识产权价值评估使用实物期权法较多。该方法将知识产权看作一种选择权，投资者可以根据市场或政策或资产本身的变化来决定是否行权，强调了客观环境的动态性。在不确定的条件下，行权人具有选择权，例如，当市场条件较好时，企业可以将知识产权投入使用以获得超额利润；当市场条件恶化时，企业可以选择不投入使用或择日再使用。B-S 期权定价模型和二叉树模型是目前实物期权法运用最多的两种模型，它们都能反映出诸如商标权等知识产权所具有的金融看涨期权的特性。

但结合该方法的理论逻辑和目前中国评估界的实际情况，实物期权法应用于商标权质押融资中有如下几点障碍：一是应用主体局限性。实物期权法评估商标权质押融资价值时，考虑到拟质押商标权作为期权的看涨特性，其所对应的企业主体应当为初创或暂时没有收益的中小企业，并且缺乏一定的历史收益数据。但在实践中，拟将商标权出质融资的企业并非都是初创期的科技型中小企业，也有较多案例主体是稳定经营，但业绩不温不火，同时需要一定资金支持以扩充产能的企业。这类企业可能已经拥有较为详细的经营数据，在这种情况下，并不能保证实物期权法较收益法而言更为适用。二是模型参数的确定存在难度。目前，在实物期权法两大主流的评估模型 B-S 期权定价模型和二叉树模型中，涉及诸如标的资产当前价值、红利收益率等较难测度且主观性较强的参数，因此无法保证最终得出的评估结果一定公平客观。三是目前我国评估实务界广泛认同的评估方法还是三大传统方法。实物期权法要想被评估实务界理解、接纳、推广存在一定难度，并需要花费一定时间，在实务中的可操作性不强。

综上所述，本书认为收益法更能契合商标权质押融资的评估情景，但是其本身也存在一定的瑕疵和局限，需要对其进行改进，以更好契合商标权特性和质押融资情景的评估需求。

第二节　商标权质押评估的收益法改进

经过上文分析，本书认为收益法是商标权质押评估中较为适用的评估方法，但是传统收益法依然有其较为明显的弊端：主观性过强和参数难以量化。这两个问题主要体现在商标权收益额的测算和折现率的选取两个方面。

因此，本书期望通过完善分析步骤、引入量化数理方法对传统收益法进行修缮改良。改良的具体思路如下文所述。

一、预期收益额测算方法的改进

(一) 传统收益额测算方法的不足

首先，商标权作为企业的一项无形资产，需要附着于其他有形资产发挥作用，所以直接估测商标权未来预期收益较为困难，在很大程度上会受到评估人员主观性的干扰。因此，在评估时需要确定合适的收益参考基准，将商标权收益从参考基准中剥离出来。

其次，传统收益法在预估商标权收益时，往往只考虑单一情景下的未来预期收益，或者说是在综合考量现有资料后，分析并选取了未来最有可能出现的发展态势，以此作为未来收益预测的基础。这样的做法最大的漏洞在于未能考虑到知识产权质押情景的特性。因为在知识产权质押融资中，企业未来预期日常经营收益将作为贷款的第一还款源，企业在贷款期间内的经营发展情况、盈利能力以及各种情景发生的概率是权利义务双方最为关注的事项。而单一情景下的收益预测则无法向质权人展示企业和质押资产未来可能的发展情况，无法向各方当事人呈现上述内容。

基于以上漏洞，本书拟引入情景分析法、层次分析法和模糊综合评价法对商标权预期收益进行测算，具体内容如下。

(二) 情景分析法的引入

1. 情景分析法

情景分析法 (scenario analysis) 是通过识别估值对象价值外在关键驱动因素、内在关键参数以及相关背景，由此设计出未来可能出现的各种情景，并测算各情景发生的概率及每个情景下的情景收益，最终选择合适的折现率加权求得待估对象价值的一种评估分析方法。在估值领域，当未来不确定性显著增加时，可以尝试引入情景分析法，以使估值结果更加客观、合理 (陈蕾等，2019)。

2. 情景分析法的适用性分析

诚如上文所述，运用传统收益法评估知识产权质押价值时，往往只考虑了单一情景下的未来预期收益，并没有向权利义务双方揭示出质企业和出质资产未来可能的发展趋势，忽视了质押融资业务各方主体对风险考量的诉求。情景分析法能够很好地弥补传统收益法的这一缺点。该方法从未来情景角度出发，向各方当事人揭示了企业和标的资产未来可能的发展趋势和相应的情景概率，不仅得到了科学、审慎的评估结果，同时也能在评估过程中，向各方主体展示相关风险给估值结果造成的影响。

从价值类型层面考虑，由于质押价值是一个谨慎评估的结果，侧重考虑了未来贷款存续期内的风险因素。而运用情景分析法的初衷正是在于把控未来的风险，降低估值不确定性。因此，情景分析法也能很好契合上文提到的质押价值类型的内在逻辑。

目前，情景分析法被广泛应用。Xie（2011）等运用情景分析法评估了供应链外包风险；戴洁等（2012）以 2010 年上海世博会中国馆为研究对象，运用情景分析法对其碳减排效益进行了评估；郭崇（2018）运用情景分析法对周期性行业中的企业进行了估值。

综上所述，情景分析法很好地弥补了传统收益法的漏洞，在客观资料的基础上，向相关权利人揭示了估值标的未来可能的发展动向，并分别测算了各个状态下对应的收益情况，使评估结果更具有说服力，能够被各方所认可。

3. 情景分析法的具体操作步骤

（1）确定关键影响因素。通常情况下，影响分析对象未来发展的关键因素可划分为两大类：内部重要参数和外在关键驱动因素。其中，内部重要参数包括企业毛利、资本性支出等企业日常经营过程中变化较大的指标。外在驱动因素包括宏观经济政策、法律法规等。在制定情景状态前，应尽可能全面地列出影响估值的关键因素。此外，要尤其重视外在关键驱动因素对估值带来的影响，因为一些重要的外在驱动因素可能对内部重要参数产生重大影响，如产业政策变化可能直接影响企业收益。

（2）规划情景状态。此步骤主要涉及情景数量的确定及具体情景状况的描述。一般而言，预期情景可分为乐观情景、普通情景和悲观情景三大类。三大情景对应的具体状况需要结合图 8-2 二维坐标中列示的关键驱动因素进行详细说明。

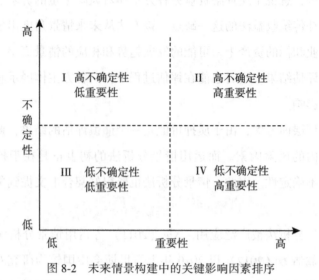

图 8-2 未来情景构建中的关键影响因素排序

（3）确定情景概率。本书拟采用模糊综合评价法确定情景发生概率。

（4）计算评估结果。在上述步骤的基础上，评估人员需要构建合适的模型，再将不同情景状态下模型的各个参数，如收益额、收益年限等代入模型，运用加权平均算法求得最终的估值结果。

（三）层次分析法的引入

1. 层次分析法

层次分析法（Analytic Hierarchy Process，AHP）是一种决策分析方法，该方法以问题想要达到的总目标为逻辑起点，将总目标拆分成多个因素的组合，并按照因素间的相互关联影响以及隶属关系将因素按不同层次聚集组合，形成一个多层次的分析结构模型，从而最终使问题归结为最低层（供决策的方案）相对于最高层（总目标）的相对重要权值的确定。

2. 层次分析法的适用性分析

本书拟在估算商标权收益分成率，即商标权收益占企业收益的比重时引入层次分析法，原因如下：（1）商标权作为一项无形资产，在企业中发挥的作用难以直接量化，且通过成本和市场路径获得的商标权价值的逻辑不一定合理。

同时由于商标权自身特性，其价值与企业经营情况密不可分，通常情况下二者成正相关。此外，由于企业的经营数据便于取得，故可在企业收益数据的基础上，运用 AHP 法进行分成，从而确定商标权收益；（2）在运用传统收益法进行估值时，收益估算较为主观，而 AHP 法则结合了众多专家的多项意见来确定最终分成率，能在一定程度上降低估值过程中的个体偶然性，提升估值结果的说服力。

综上所述，本书使用层次分析法，将企业总收益作为总目标，分析各收益贡献要素对企业总收益的贡献程度，在此基础上确定商标权对企业总收益的贡献率。

3. 层次分析法的具体操作步骤

（1）建立层次结构模型。首先对目标层、准则层、方案层进行效力分级，最高层是本次结构分析所要解决的实际问题，中间层是对目标实现过程的相关约束和准则，最底层是解决目标的具体措施。具体的层次结构参考范例如图 8-3 所示。

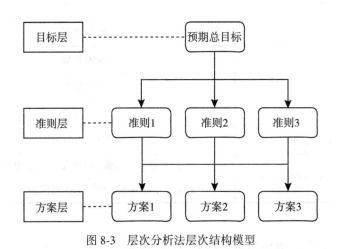

图 8-3　层次分析法层次结构模型

（2）构造判断矩阵。根据模型表示的层次和元素间的联系，构造由某一元素与相邻下一层次有联系的所有元素的比较判断矩阵 *A*，如表 8-1 所示。

表 8-1   比较判断矩阵

A	C_1	C_2	...	C_n
C_1				
C_2				
...				
C_n				

在确定各级权重时，为了减少因性质不同而产生的比较偏差，层次分析法针对各层要素进行两两比较，并根据标度表赋值，最终得到判断矩阵内各个元素的具体数值。标度表参考样式如表 8-2 所示。

表 8-2   层次分析法标度表

标　　度	i 因素和 j 因素相比较
1	同等重要
3	略微重要
5	较强重要
7	强烈重要
9	极其重要
2、4、6、8	两相邻标度的中间值
1、1/3、1/5、1/7、1/9	若元素 i 对元素 j 的重要性之比为 a_{ij}， 则元素 j 对元素 i 的重要性之比为 $a_{ji} = 1/a_{ij}$

两两因素比较后形成的矩阵称为判断矩阵 $A = (a_{ij})_{n \times n}$，其中 a_{ij} 表示第 i 个元素因素相对于第 j 个元素对上一层级的影响程度，当 $i = j$ 时，a_{ij} 和 a_{ji} 等于 1，当 $i \neq j$ 时，a_{ij} 和 a_{ji} 互为倒数。

（3）层次单排序。根据判断矩阵，计算出各个因素的权重，具体步骤如下：

令 A 矩阵的每一行元素分别相乘，得到：

$$Q_i = \prod_{j=1}^{n} a_{ij} (i = 1,\ 2,\ 3,\ \cdots,\ n)$$

将上一步求得的 Q_i 开 n 次方，得到：

$$\overline{W_i} = \sqrt[n]{Q_i} (i = 1,\ 2,\ 3,\ \cdots,\ n)$$

对 $\overline{W_i}$ 做归一化处理，得到：

$$W_i = \frac{\overline{W_i}}{\sum\limits_{i=1}^{n} \overline{W_i}} (i = 1,\ 2,\ 3,\ \cdots,\ n)$$

此处得出的 W_i 的数值即为各因素的权重。

（4）一致性检验。在判断矩阵构建过程中，需要通过两两对比分析来判断因素的重要性，有时会出现自相矛盾的比较结果，为防止不符合逻辑的情况出现，需要在计算出权重后，完成一致性检验，基于检验结果判断结论是否可用。具体步骤如下：

将判断矩阵 A 与权重 W_i 组成的一阶纵向矩阵相乘，得到 AW：

$$AW = A \circ \begin{pmatrix} W_1 \\ W_2 \\ \cdots \\ W_n \end{pmatrix}$$

式中，"$\circ$"表示两个矩阵的乘法运算。

计算最大特征值 λ：

$$\lambda = \frac{\sum\limits_{i=1}^{n} (AW_i / W_i)}{n}$$

计算判断矩阵的偏离一致性指标 CI：

$$CI = \frac{\lambda - n}{n - 1}$$

计算检验系数 CR：

$$CR = \frac{CI}{RI}$$

式中，RI 为随机一致性比率，可以通过表 8-3 获得：

表 8-3　　　　　　　　　　　　随机一致性比率 RI 标准值

n	1	2	3	4	5	6	7	8	9
RI	0	0	0.52	0.89	1.12	1.26	1.36	1.41	1.46

若 CR<0.1，则判断矩阵通过一致性检验，确定相应因素的权重数值。

（四）模糊综合评价法的引入

1. 模糊综合评价法

模糊综合评价法（Fuzzy Comprehensive Evaluation，FCE）是一种应用非常广泛并且有效的模糊数学方法。所谓模糊综合评价法，就是运用数学模型和模糊统计方法，通过对影响某事物的各个因素的综合考虑，对该事物的优劣做出科学评价。模糊综合评价就是应用模糊变换原理和最大隶属度原则，考虑与被评价事物相关的各个因素，从而对其所做的综合评价。

2. 模糊综合评价法的适用性分析

目前，有多位学者提出了情景概率的测算方法，主要集中在采用历史财务数据、概率树、交叉影响分析等方法确定情景概率。虽然部分方法（比如交叉影响分析方法下的蒙特卡罗模拟法）引入了数理公式对情景发生概率进行了纠偏，但是由于其数理逻辑较为复杂，应用程序较为烦琐，在评估实践中的应用价值仍有待商榷。

结合前人研究，本书拟在情景概率的测算环节，引入模糊综合评价法。其优点和适用性如下：第一，模糊综合评价法结合了定性和定量两种评定方法。首先它能够很好地在评估中引入相关专业人员的经验知识，避免估值步骤数理化、复杂化，帮助评估过程脱离数理模型的局限，发挥评估人员的主观能动性；同时，它又能够将专业人士的经验判断数据化、程序化、定量化，在多样本的前提下，能够降低个体经验评判带来的偶然性误差。第二，从商标权质押评估情景考虑，情景概率的确定受到多种因素的影响，这些因素之间甚至还存在相互影响的关系，且无法用精确的数理关系刻画这些信息。而模糊数学能够帮助我们将模糊的概念量化,方便进行后续的处理和计算。同时也能够帮助我们在信息不完整、不精确的情况下做出判断和决策。

在实际应用方面,陈蕾和梅良勇(2010)、文豪(2013)在拟质押无形资产的价值评估中,引入了模糊综合评价法,用以确定拟质押知识产权的质押系数;唐恒和孔漾婕(2014)在构建专利价值分析指标体系的基础上,运用模糊综合评价法对质押贷款中的专利价值进行了评估;徐鲲等(2018)提出模糊综合评价法可以结合同类可匹配专利的市场交易价格来使用。

综上所述,本书认为模糊综合评价法能够契合商标权质押评估情景,帮助评估人员在运用情景分析法时合理确定情景概率。

3. 模糊综合评价法的具体操作步骤

本书拟运用专家评分法确定隶属函数。运用模糊综合评价法确定情景概率的具体步骤如下:

(1)确定评价指标及权重。用模糊综合评价法确定情景概率时,一般而言,需要根据待估资产的特点确定评价指标体系。本书确定的商标权质押评估情景概率评价指标体系将在后文案例研究中用表格列示。表格参考样式如表 8-4 所示(以二级指标表格为例)。

表 8-4　　　　　　　商标权质押评估情景概率评价指标体系

一级指标	权数	二级指标	权数
u_1	p_1	u_{11}	p_{11}
		u_{12}	p_{12}
		…	…
		u_{1a}	p_{1a}
u_2	p_2	u_{21}	p_{21}
		u_{22}	p_{22}
		…	…
		u_{2b}	p_{2b}
…	…	…	…

续表

一级指标	权数	二级指标	权数
		u_{m1}	p_{m1}
u_m	p_m	u_{m2}	p_{m2}
		$\cdots$	$\cdots$
		u_{m*}	p_{m*}

（2）确定评语集。令评语集 $V = \{V_1,\ V_2,\ \cdots,\ V_n\}$，其中 $V_i(i = 1,\ 2,\ \cdots,\ n)$ 是对每个指标的评语，在情景分析法中，是各个情景的名称，可以采用"优""良""中""差"这样的表述，也可以为"A""B""C""D"这样的等级定性判断。

（3）模糊评价。利用相关领域专家打分的方法确定 m 个二级评价矩阵。

将各个二级评价矩阵分别令为：

$$\boldsymbol{R}_1 = \begin{pmatrix} a_{11} & a_{12} & \cdots & a_{1n} \\ a_{21} & a_{22} & \cdots & a_{2n} \\ \cdots & \cdots & \cdots & \cdots \\ a_{a1} & a_{a2} & \cdots & a_{an} \end{pmatrix}, \quad \boldsymbol{R}_2 = \begin{pmatrix} b_{11} & b_{12} & \cdots & b_{1n} \\ b_{21} & b_{22} & \cdots & b_{2n} \\ \cdots & \cdots & \cdots & \cdots \\ b_{b1} & b_{b2} & \cdots & b_{bn} \end{pmatrix} （以此类推）\cdots\cdots$$

式中，a_{11} 的含义为：根据相关领域专家打分结果，一级指标 u_1 中的第一个二级指标 u_{11} 的状况落在评语集 V_1 的概率是 a_{11}。其余指标含义以此类推。

作二级评判。

令 $W_1 = (p_{11}\quad p_{12}\quad \cdots\quad p_{1a})$，$W_2 = (p_{21}\quad p_{22}\quad \cdots\quad p_{2b})$，$\cdots$，$W_m = (p_{m1}\quad p_{m2}\quad \cdots\quad p_{m*})$

其中，p_{11} 的含义为：根据商标权质押评估情景概率评价指标体系，一级指标 u_1 中的第一个二级指标 u_{11} 的权重为 p_{11}。其余指标含义以此类推。

进行二级评判计算，得到：

$$W_i R_i = W_i \circ R_i (i = 1,\ 2,\ 3,\ \cdots,\ m)$$

式中，$W_i R_i (i = 1,\ 2,\ 3,\ \cdots,\ m)$ 为单行 n 列矩阵，每一个元素分别表示该一级指标评价情况落在各个评语集的概率；"$\circ$"为加权平均运算，也表示两个矩阵的乘法运算。之后，按顺序对上述结果排列，得到一级评价矩阵 $\boldsymbol{R} = \begin{pmatrix} W_1 R_1 \\ W_2 R_2 \\ \cdots \\ W_m R_m \end{pmatrix}$

作一级评判计算，确定情景概率。

令一级指标权重矩阵 $\boldsymbol{W} = \begin{pmatrix} w_1 & w_2 & w_3 & \cdots & w_m \end{pmatrix}$。作一级评判计算：

$$L = \boldsymbol{W} \circ \boldsymbol{R} = \begin{pmatrix} L_1 & L_2 & \cdots & L_n \end{pmatrix}$$

矩阵 L 用于表示该拟质押知识产权对于评语集各评语的隶属度，也表示各情景概率的分布。其中 $L_i (i = 1, 2, 3, \cdots, n)$ 的含义为该拟质押知识产权状况落在 $V_i (i = 1, 2, 3, \cdots, n)$ 情景的可能性为 $L_i (i = 1, 2, 3, \cdots, n)$。

二、折现率测算方法的改进

(一) 传统折现率测算模型的不足

在商标权质押价值评估中，折现率用以反映待估商标权获得此部分收益时所承担的风险。由于折现率对于评估结果的影响较大，因而折现率的确定是资产评估中的重要环节，尤其是在评估风险不定的无形资产价值时，更需要通过科学合理的方式加以测算。目前在评估实务中，无形资产折现率的测算模型主要有如下三种：风险累加模型、资本资产定价模型、加权平均资本成本模型。下文将对三种模型的概念和在商标权质押价值评估中的适用性进行说明。

1. 风险累加模型

风险累加模型又称风险资本回报率模型，是将无风险报酬率与评估对象特定风险报酬率累加之后的结果作为评估对象折现率的一种方法，以商标权价值评估为例，计算思路为：

商标权折现率＝无风险报酬率＋商标权风险报酬率

式中，商标权风险报酬率可细分为行业风险、财务风险、经营风险等风险报酬率。该方法存在一定弊端，主要问题在于对风险报酬率的确定较大程度上需要依赖评估人员的经验判断，可能导致折现率结果的主观性较强，说服力不强。

2. 资本资产定价模型

资本资产定价模型（CAPM）的核心观点在于任何一项投资的风险都可以分为非系统风险和系统风险。其中非系统风险是某一行业或企业特有的风险，只影响某些资产的收益，可以通过多样化的投资组合实现抵减；而系统风险与整个市场有关，且无法通过多样化投资组合予以分散。资本资产定价模型的计算思路为：

$$E(R_i) = R_f + \beta \times (R_m - R_f)$$

式中：

$E(R_i)$——一项投资的预期回报率；

R_f——无风险报酬率；

β——风险系数；

R_m——市场报酬率。

该模型在估算非公开市场上交易资产的投资回报率时较为实用，但是该模型主要存在以下漏洞：第一，资本资产定价模型只考虑了股权资本成本，而未考虑债务资本成本，未能全面地反映商标权收益所对应的风险。若要将其应用于估值，需假设标的商标权的风险与股权风险相同或相近，但这种假设在现实条件下很难成立；第二，风险系数对于未来证券风险不一定具有代表性。

3. 加权平均资本成本模型

加权平均资本成本模型（WACC）是企业资产组合中各资产的预期回报率的加权平均值，反映了投资者对企业所有资产的平均回报率的期望值。加权平均资产成本模型的计算思路为：

$$WACC = R_e \times W_e + R_d \times W_d \times (1 - T)$$

式中：

WACC——加权平均资本成本；

R_e——股权资本成本；

W_e——所有者权益在资本结构中所占比重；

R_d——金融负债税前资本成本；

W_d——金融负债在资本结构中所占比重；

T——公司适用的企业所得税率。

若要在商标权质押价值评估中应用该模型，则需要将企业整体资本成本近似作为商标权的收益报酬率，这样的做法存在如下漏洞：加权平均资本成本是企业的整体成本，是企业所要求的最低整体资产投资回报率。而企业商标权作为一项无形资产，其价值存在较大的不确定性，因此企业在使用商标权获得收益时将承担更高的风险，如果将企业的加权平均资本成本作为商标权质押价值评估的折现率，势必会导致商标权风险的低估，从而使得最终的评估值偏离客观实际。同时，若要应用加权平均资本成本模型，则需要假定公司的资本结构等内外部参数不发生变化，但这一假设在实际中未必适用。

4. 传统折现率测算模型不足

结合上文，本书认为三种传统折现率测算模型存在以下不足：

（1）主观性较强。在测算无风险报酬率、风险报酬率等参数时受评估人员主观因素较大。

（2）风险涵盖范围不全面，如资本资产定价模型未能考虑债务资本成本。

（3）求得的折现率呈静态化，未考虑以后年限内折现率变化的可能性。

针对上述问题，多位学者展开了研究。常丽和许向真（2005）指出，无形资产的收益率往往具有波动性，是一个随机变量，折现率是动态变化的。对此，他们提出了基于待估无形资产历史折现率数据，建立折现率拟合模型和动态预测模型确定无形资产动态折现率的可行性。张志红等（2010）以资本资产定价模型得出的折现率为基础，构建了灰色预测模型，引入了动态折现率，并利用实证方法证明了运用动态折现率求得的估值结果更符合经济现实，表明灰色预测模型在知识产权价值评估中具有可行性。王晶等（2011）指出，单纯运用静态分析估测折现率只是一种简单的公式化的估测手段，评估结果可能会失真，应充分考虑企业在资本结构发生变动及资本市场的不断变化对折现率的影响。对此，他们对公司资本结构、无风险收益率、债权投资期望回报率进行了动态性研究，在此基础上证明了利用动态折现率评估企业价值的可行性。Ardian & Kumral（2018）通过OU 过程①测算了动态折现率，并对采矿项目的价值进行了评估。

---

① 即 Ornstein-Uhlenbeck（奥恩斯坦-乌伦贝克）过程，是一种强化学习过程。

(二) 灰色预测模型的引入

1. 灰色预测模型

针对上述问题和前人研究结论,本书拟对折现率测算步骤进行改进,改进思路如下:以商标权历史折现率为基础,利用 GM (1,1) 灰色预测模型对未来有效期内的折现率进行动态预测,得到商标权未来有效期限内各年的折现率。下面对灰色预测模型的概念、适用性及应用方法进行介绍。

灰色预测模型是一种通过少量、信息不完全的基础数据,基于灰色系统理论建立微分模型,进而对事物长期发展做出定量预测的分析方法。目前,GM (1,1) 模型是灰色预测模型中最广泛使用的模型,该方法对样本含量和数据的分布没有严格的要求,它基于随机的原始时间序列,将按时间累加后形成的新时间序列所显现的规律用一阶线性微分方程的解来逼近。其主要优点有:准确度高、计算工作简便、短中长期预测均适用等。

2. 灰色预测模型的适用性分析

为了克服上文提到的传统折现率存在的静态性漏洞,本书拟引入 GM (1,1) 灰色预测模型测算动态折现率。动态折现率是在考虑折现率随着时间发生变化的可能性之后,通过历史折现率口径数据对未来折现率进行外推预测而得到的。

对商标权动态折现率进行测算,需要用到一定数量的历史数据。这些数据需要反映过去一段历史时期内,企业使用商标权获取收益所承担的风险,这部分风险可能来自行业,也可能来自企业经营和无形资产自身。评估人员需要从历史数据中合理推断未来的风险,增加评估结果的可信度。在一定的评估假设条件下,评估人员采用灰色预测模型,能从过去的风险数据中提炼总结相关规律,从而更好地对未来的风险进行推理判断,这样的做法也契合了无形资产价值的波动性特点。同时,灰色预测模型能利用小样本数据建立趋势拟合,从而反映出待估无形资产未来的折现率,具有较好的应用条件。

目前,GM (1,1) 灰色预测模型被广泛应用于多领域。丁海峰等 (2021) 引入 GM (1,1) 模型用以预测我国民营医院的发展趋势;张爱琳和白丽娜 (2020) 运用 GM (1,1) 模型对包头市未来 3 年的房地产价格变化走势进行短期统计预测。在价值评估领域，陈立波（2013）运用基于 GM（1，1）模型的灰色马尔科夫法对企业收益进行预测；张志红等（2010）以资本资产定价模型得出的折现率为基础，构建了灰色预测模型，引入了动态折现率，并利用实证方法证明了运用动态折现率求得的估值结果更符合经济现实，表明灰色预测模型在知识产权价值评估中具有可行性；韩敬一（2015）在商标权质押价值评估中也引入了 GM（1，1）模型以确定商标权动态折现率。

综上所述，结合 GM（1，1）模型本身逻辑和研究应用现状，本书认为 GM（1，1）灰色预测模型能够很好地满足商标权质押价值评估中动态折现率的测算需求，具有较高应用价值。

3. 灰色预测模型具体操作步骤

设原始数据 $x^{(0)} = (x^0(1)，x^0(2)，\cdots，x^0(n))$。

（1）数据检验与预处理。数据级比检验。

按照时间顺序对所有原始数据 $x^0(t)$ 排列如下：

$$x^{(0)} = (x^0(1)，x^0(2)，\cdots，x^0(n))$$

式中，$x^0(t)$（$t = 1，2，3，\cdots，n$）表示 t 时刻代表的原始数列。

利用级比检验公式，对原始数据进行级比检验：

$$\delta(k) = \frac{x^{(0)}(k-1)}{x^{(0)}(k)}，\quad k = 2，3，\cdots，n$$

若所有的级比 $\delta(k)$（$k = 2，3，\cdots，n$）均落在可容覆盖区间 $X = (e^{\frac{-2}{n+1}}，e^{\frac{2}{n+1}})$ 内，则通过级比检验，表明原始数据符合模型要求，可以运用灰色预测模型进行测算。

生成 1-AGO 序列。

级比检验合格后，对 $x^{(0)}$ 序列进行逐项累加，生成 1-AGO 序列：

$$x^{(1)} = (x^{(1)}(1)，x^{(1)}(2)，\cdots，x^{(1)}(n))$$

式中，$x^{(1)}(k) = \sum_{i=1}^{k} x^{(0)}(i)$，$k = 1，2，\cdots，n$。

生成移动平均数列。

以累加生成的数据 $x^{(1)}$ 为基础，建立移动平均数序列 $z^{(1)}$：

$$z^{(1)} = (z^{(1)}(2), \ z^{(1)}(3), \ \cdots, \ z^{(1)}(n))$$

式中，$z^{(1)}(k) = \dfrac{x^{(1)}(k) + x^{(1)}(k-1)}{2}$，$k = 2, \ 3, \ \cdots, \ n$

构造系数矩阵 $\boldsymbol{B}$ 和数据向量 Y。

$$\boldsymbol{B} = \begin{bmatrix} -z^{(1)}(2) & 1 \\ -z^{(1)}(3) & 1 \\ \cdots & \cdots \\ -z^{(1)}(n) & 1 \end{bmatrix}$$

$$Y = \begin{bmatrix} x^{(0)}(2) \\ x^{(0)}(3) \\ \cdots \\ x^{(0)}(n) \end{bmatrix}$$

计算参数列。

$$\widehat{P} = \begin{bmatrix} a \\ b \end{bmatrix} = (\boldsymbol{B}^{\mathrm{T}}\boldsymbol{B})^{-1}\boldsymbol{B}^{\mathrm{T}}Y$$

（2）灰色预测模型的构建。引入微分方程，构建 GM（1，1）灰色预测模型：

$$\frac{\mathrm{d}x^{(1)}}{\mathrm{d}t} + ax^{(1)} = b$$

式中：a——发展系数；

b——灰作用量。

解一阶非齐次微分方程。

得到 GM（1，1）的白化响应式解的公式为：

$$\hat{x}^{(1)}(k+1) = \left(x^{(0)}(1) - \frac{b}{a}\right)e^{-ak} + \frac{b}{a}, \ (k = 1, \ 2, \ \cdots, \ n-1)$$

累减还原得到预测值：

$$\hat{x}^{(0)}(k+1) = \hat{x}^{(1)}(k+1) - \hat{x}^{(1)}(k), \ (k = 1, \ 2, \ \cdots, \ n-1)$$

（3）模型的精度检验。灰色预测模型精度检验的方法主要有两种：残差检验

和后验差检验。具体检验步骤如下:

残差检验。

由残差公式:

$$E(k) = x^{(0)}(k) - \hat{x}^{(0)}(k)$$

可以得到相对残差的基本公式为:

$$e(k) = \frac{E(k)}{x^{(0)}(k)} \times 100\%$$

假设精度为 P, 则:

$$P = (1 - \bar{e}) \times 100\%$$

式中, $\bar{e} = \frac{1}{n} \sum_{k=1}^{n} |e(k)|$

后验差检验。

计算原始数据 $x^{(0)}$ 的均值 $\bar{x}$ 和方差 S_1^2, 公式分别为:

$$\bar{x} = \frac{1}{n} \sum_{k=1}^{n} x^{(0)}(k)$$

$$S_1^2 = \frac{1}{n} \sum_{k=1}^{n} |x^{(0)}(k) - \bar{x}|^2$$

计算残差 $E(k)$ 的均值 $\bar{E}$ 和方差 S_2^2, 公式分别为:

$$\bar{E} = \frac{1}{n} \sum_{k=1}^{n} E(k)$$

$$S_2^2 = \frac{1}{n} \sum_{k=1}^{n} |E(k) - \bar{E}|^2$$

将计算出来的结果分别代入均方差比值公式, 得到后验差比值:

$$C = S_2/S_1 = \sqrt{\frac{\sum_{k=1}^{n} |E(k) - \bar{E}|^2}{\sum_{k=1}^{n} |x^{(0)}(k) - \bar{x}|^2}}$$

一般而言, 灰色预测模型精度可分为四级。根据检验计算结果, 可确定模型具体精度。精度分级情况参考表 8-5。

表 8-5   **GM（1，1）灰色预测模型精度等级参考表**

精度等级	精度值 P	后验差比值 C	模型效果
1 级	$95\% < P \leqslant 100\%$	$0 \leqslant C < 0.35$	很好
2 级	$80\% < P \leqslant 95\%$	$0.35 \leqslant C < 0.5$	较好
3 级	$70\% < P \leqslant 80\%$	$0.5 \leqslant C < 0.65$	一般
4 级	$P \leqslant 70\%$	$C \geqslant 0.65$	很差

资料来源：基于 GM（1，1）灰色预测模型的我国民营医院发展趋势预测（丁海峰等，2021）

（4）折现率的外推预测，在完成上述步骤后，即可把历史数据代入模型中，进行外推预测，从而得到预测期内的各项数值。

第三节 收益法评估商标权的案例研究

一、评估案例背景

（一）企业概况

W 公司始建于 1985 年，是专业从事新型纺纱产品研发、生产、销售的重点骨干企业，拥有国际先进的纺纱设备。同时，公司凭借区位优势和资源优势，走上了致力于新型纺纱研制和生产的道路。目前公司主营业务为色纺纱线的生产、加工和销售。公司主要产品有丝、混纺纱、棉纱及各类混纺纱线，是集各类新型纱线为一体的特色纺织企业。

2015 年 8 月公司被中国棉纺织行业协会列为"中国色纺新型纺纱特色产品生产基地"。诚实守信、专注、专一纺好每一根纱是公司一直为之拼搏的使命，为客户提供低碳环保、色彩丰富、品质优良、风格独特的色纺纱是公司永创新品的追求。2015 年 12 月，W 公司成功上市。

（二）商标权状况及质押原因

中国商标网披露的相关信息显示，W 公司的 A 商标于 2008 年注册获批，目前通过合法续展，注册商标专用权期限已经延伸至 2030 年 8 月。

W 公司为保障资金流动性，提高生产经营效率，拟以出质 6 项注册商标专用权（其中包含 A 注册商标专用权）的形式向当地一家农商行申请贷款，额度为 1000 万元人民币，年利率为 5.22%，质权登记期限为 2021 年 3 月至 2026 年 2 月。①

目前，W 公司的产品已经获得广大消费者的认可，具有较高的知名度。A 商标是 W 公司主营业务产品色纺纱、本色纱的对应商标，公司主营业务收入占总营收的比重超过 99%（W 公司营收分布详见表 8-6）。所以，A 商标是 W 公司日常经营过程中最重要的商标，能够对企业经营业绩产生重要影响。W 公司其余商标均与 A 商标的图形样式一致或类似，是公司出于提升商标覆盖范围，减少被侵权风险，同时服务于其他业务产品的目的所申请的，不具有较高价值。因此，出于简化原则考虑，本书仅对 A 商标权价值进行评估，用以近似替代出质商标权价值。

（三）评估基本事项

1. 评估对象

本次评估的评估对象是 W 公司的 A 商标权。

2. 评估目的

W 公司拟以出质 A 商标权的形式向当地一家农商行申请贷款，故本次评估的目的是以商标权质押为目的的 A 商标权价值评估。

3. 评估基准日

此次评估确定的评估基准日为 2021 年 1 月 1 日。

4. 评估原则

---

① 资料来源：W 公司 2021 年度半年报和中国商标网。

本次评估所遵循的主要原则有：情景性原则、稳健性原则、全面性原则。各项原则的具体含义已在上文阐述。

5. 评估假设

本次评估采用上文制定的商标权质押评估假设体系，遵循该假设体系中基本假设、内部假设、外部假设的内容。

6. 评估价值类型

结合上文分析，本书将选用质押价值类型进行后续评估。

7. 评估方法选择

本书在综合考虑评估对象实际情况和相关评估要素后，选用收益法作为本次评估的基本方法。同时，本书在传统收益法基础上，做出了如下改良：（1）引入情景分析法确定不同情景下企业收益；（2）引入 AHP 法将 A 商标权收益从企业收益中剥离；（3）采用模糊综合评价法确定情景概率；（4）采用 GM（1，1）灰色预测模型测算 A 商标权动态折现率。

二、行业状况及企业经营分析

本部分内容行业分析省略，仅保留企业分析部分内容。

（一）企业经营业绩分析

1. 主营产品情况分析

W 公司主营业务为色纺纱线的生产、加工和销售。公司主要产品有丝、混纺纱、棉纱、气流纺色纺系列纱及各类混纺纱线。

在多年的经营过程中，W 公司已经形成了以色纺纱线为主体的多元经营格局。自 2016 年产品经营战略调整以后，W 公司的色纺纱产品销售收入呈现稳步上涨的态势，2017 年达到了总营业收入的 93%，并在后续几年中保持相对稳定。此外，色纺纱产品的销售收入从 2016 年开始便呈现增长态势，总营业收入从 2017 年至 2019 年也呈现稳步增长。2020 年受到疫情影响，色纺纱和其他产品销售收入均有一定幅度的下跌。总体来看，W 公司的产品经营相对比较稳定，且发展态势较为良好。目前 W 公司的主营业务产品为色纺纱和本色纱，各产品具体营收情况见表8-6和图8-4。

表 8-6 **2016年至2020年W公司营业收入情况（单位：百万元）**

年份	2016	2017	2018	2019	2020
主营业务					
色纺纱	92.29	115.88	156.00	167.91	112.56
本色纱	61.51	9.18	4.45	8.79	2.13
其他业务	0.35	1.81	—	1.20	0.57
合计	154.15	126.87	160.46	177.90	115.26

数据来源：W公司年报。

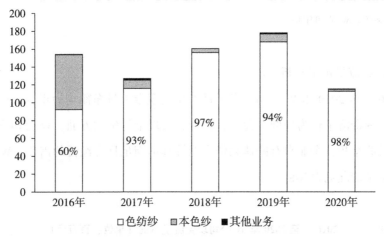

图 8-4 2016年至2020年W公司各产品营业收入（单位：百万元）

数据来源：W公司年报。

2. 利润水平分析

W公司主营业务毛利除在2020年受到疫情影响之外，2017—2019年均保持相对稳定的上涨趋势，且主营业务毛利率也并未出现大幅波动，净利润也较为稳定，除2017年外，净利率基本保证在6%以上。

总体来说，W公司的利润水平稳中有增，态势良好。W公司具体净利润相关指标情况见表8-7。

表8-7　　　　　　**2016年至2020年W公司净利润相关指标情况**

年　份	2016	2017	2018	2019	2020
主营业务收入（百万元）	153.80	125.06	160.45	176.70	114.69
主营业务成本（百万元）	131.67	108.53	137.55	142.72	99.04
主营业务毛利（百万元）	22.13	16.53	22.90	33.98	15.65
主营业务毛利率	14.39%	13.22%	14.27%	19.23%	13.65%
净利润（百万元）	11.74	3.86	10.41	11.79	7.22
营业总收入（百万元）	154.15	126.87	160.46	177.89	115.26
净利率	7.62%	3.04%	6.49%	6.63%	6.26%

数据来源：W公司年报。

3. 现金流量水平分析

2016年至2020年W公司经营活动产生的现金流量净额均为正，有较强的可持续性，现金流量较为稳健。此外，在现金及现金等价物方面，W公司也表现出稳步增长的态势，企业自有的速动资产能够基本满足日常经营的需要。W公司具体现金流量情况见表8-8。

表8-8　　　　　**2016年至2020年W公司现金流量情况**（单位：百万元）

年　份	2016	2017	2018	2019	2020
经营活动产生的现金流量净额	22.96	7.10	24.88	12.74	23.40
投资活动产生的现金流量净额	−0.02	−0.13	−1.64	−2.66	0.60
筹资活动产生的现金流量净额	−22.04	−7.60	−10.75	−15.10	−5.68
现金及现金等价物净增加额	0.91	−0.63	12.49	−5.02	18.32
期末现金及现金等价物余额	9.98	9.35	21.84	16.82	35.14

数据来源：W公司年报。

（二）财务状况分析

在 2016—2020 年，W 公司的资产负债结构在不断改善。从期末现金及现金等价物和流动资产期末余额来看，在近五年内，总体上呈现上涨趋势，且综合上涨幅度较高。短期借款和流动负债方面，二者均呈现下降态势，可见 W 公司在 5 年内对资产负债结构做出了较大的调整，财务风险有所降低。W 公司具体财务状况见表 8-9。

表 8-9　　　　　**2016 年至 2020 年 W 公司财务状况（单位：百万元）**

年　份	2016	2017	2018	2019	2020
期末现金及现金等价物	9.98	9.35	21.84	16.82	35.14
流动资产合计	60.36	62.95	72.17	72.71	92.03
短期借款	48.40	47.40	45.40	35.90	32.00
流动负债合计	52.15	49.53	50.51	39.57	38.27
非流动负债合计	—	—	—	—	11.91
负债合计	52.15	49.53	50.51	39.57	50.18

数据来源：W 公司年报。

（三）核心竞争力及发展能力分析

1. 生产制造设备先进，技术人员数量上升

W 公司致力于成为全球顶级纺织制造商，其生产车间目前拥有日本村田涡流纺纱机、德国特吕茨勒并条机、经纬清梳联梳棉机、瑞士立达气流纺纱机四大进口生产设备，其生产制造能力位于行业前列。

此外，W 公司注重技术开发，在近几年的发展中，关注技术人员的引入和留用，技术人员数量呈现逐渐上涨趋势，在四年内增长了 53.33%。技术人员占员工总数的比例也从 2016 年的 6.10% 稳步上升至 2020 年的 10.09%，具体情况见图 8-5。

2. 色纺纱品种齐全，产品结构转型顺利

图 8-5　2016 年至 2020 年 W 公司技术人员情况

数据来源：W 公司年报。

公司为了克服产品技术含量水平低，商场竞争等问题，近年来，在纺织行业产能过大的形势下，公司一直围绕转型升级促发展，加大研发和销售力量，充分挖掘发展潜力，调整产品结构，扩大产品规模。目前公司产品已经逐渐从低档的粗支纱向高档的色纺纱转型，两大生产基地已经实现高效生产。公司打造了本色纱与色纺纱两大系列、八个色系、上百个色号的产品，市场全面拓开，产品多样性居于行业领先地位。

3. 社会声誉良好，相关证书齐全

公司秉承诚实守信、质量为本、追求卓越、顾客至上的经营理念，在中国纺织行业有着较高的声誉。公司立足于纺织业，凭借多年新型纺纱所积累的经验，以先进的生产设备和工艺为基础，通过"以销定产"的经营方式，形成了以客户需求为导向的"研发—生产—销售"的商业模式。公司通过向客户提供所需产品获得收入和利润。公司产品质量稳定，品种规格齐全、交货及时、优质服务等良好信誉，在色纺纱领域建立了长期友好的客户群体。

集团荣誉方面，W 公司多次获得业内重大奖项及政府授予的荣誉称号，如"Z 省高新技术企业""Z 省知名商标""Z 省知名商号"等；在权威认证方面，

W 公司曾获得国家质量监督检验检疫总局颁发的"产品质量国家免检"认证；在纺织行业最为敏感、关注的环境治理方面，专业第三方机构经过细致检验，向 W 公司颁布了"环境管理体系认证"，证明 W 公司具备法定的环境保证能力。且该认证已经如期续展，现行有效。

4. 存货管理能力优势明显

诚如上文所述，色纺纱行业需要大量流动资金的支持，以满足原材料采购、存货管理等环节的需要。因此，在整个供产销过程中，合理控制存货的规模，降低存货堆积、管理成本显得尤为重要。与行业两大龙头华孚时尚和百隆东方相比，W 公司的存货份额相对较小，公司存货占用的资金始终控制在一个较为稳健且可观的水平上。W 公司存货管理情况见表 8-10。

表 8-10　　　**2016 年至 2020 年 W 公司及可比公司存货管理情况**

年份	2016	2017	2018	2019	2020
	W 公司				
存货（百万元）	26.79	41.57	40.89	51.54	33.25
营业收入（百万元）	154.15	126.87	160.46	177.89	115.26
存货占营业收入比	17.38%	32.77%	25.48%	28.97%	28.85%
	华孚时尚				
存货（百万元）	2634.21	4830.39	5493.96	5499.48	5139.88
营业收入（百万元）	8836.91	12596.54	14307.43	15886.87	14231.73
存货占营业收入比	29.81%	38.35%	38.40%	34.62%	36.12%
	百隆东方				
存货（百万元）	2571.00	2998.91	4500.05	4126.30	3485.93
营业收入（百万元）	5471.67	5952.21	5997.86	6221.79	6134.56
存货占营业收入比	46.99%	50.38%	75.03%	66.32%	56.82%

数据来源：W 公司、华孚时尚（002042.SZ）、百隆东方（601339.SH）年报。

三、评估过程

本部分拟将改良后的收益法应用于 A 商标权质押价值评估实例。评估过程的示意如图 8-6 所示。需要说明的是，收益法的应用需要测算收益额、折现率和预期获利年限三个参数。本书就前两个参数的测算思路提出了详细改进措施，预期获利年限的确定不作为本书讨论的重点，故未在示意图中列示。

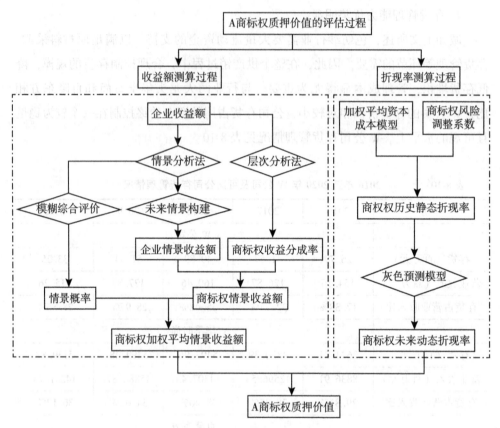

图 8-6 A 商标权质押价值评估过程示意图

（一）测算商标权情景收益额

在划分情景前，需要确定情景讨论的对象。本书拟以 W 公司为对象展开情景探讨，原因如下：商标权价值与企业经营业绩密不可分，企业经营业绩优良，意味着企业产品的市场销路较好，在消费者心中有更高的认可度，其所对应的商标权的价值也会得到相应的提升。此外，诚如上文所述，W 公司主营业务收入占到了 W 公司总营收的 99% 以上,且主营业务产品对应的商标权正是 A 商标权。由此观之,A 商标权的价值与 W 公司整体发展状况具有较强的正相关性。另外,对 W 公司进行情景探讨时,有较为客观、充足的资料予以支持,相较于对 A 商标权进行情景划分而言,具有更高的说服力和可信度。综上所述,本书拟对 W 公司进行情景分析。

1. 确定企业增长关键驱动因素

基于上文对色纺纱行业和 W 公司的分析,本书将影响 W 公司经营发展的重大影响因素归结为如下四类,并依次置于四个象限,如图 8-7 所示。

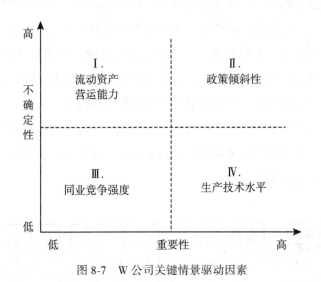

图 8-7　W 公司关键情景驱动因素

如此设置的原因如下:

(1) 流动资产营运能力(低重要性、高不确定性)。流动资产营运能力主要指 W 公司的存货管理能力、现金流量周转能力等。该能力从某种程度上影响了企业运作的灵活性和稳定性,具有较强营运能力的企业,将会在整个供应链体系中发挥更为重要的角色。基于上文分析,W 公司在近五年的发展中,有意识提升自己的存货管理能力、调整资产负债结构,其流动资产营运能力有了较大幅度的提升。此外,W 公司的发展前景较好,同时拥有相对充足的速动资产,能够在一定程度上抵御相关风险,故该能力并不能直接对企业经营业绩带来显著影响,不具有较大重要性。但是由于 W 公司通过出质注册商标专用权的形式获得了一部分融资，需要按时还本付息，这可能对 W 公司流动资产营运能力带来不确定影响，公司可能获得融资带来的财务协同效应，也有可能面临流动性危机。

故本书将流动资产营运能力置于高不确定性、低重要性板块。

（2）政策倾斜性（高重要性、高不确定性）。政策的颁布从某种程度上来说决定了行业未来发展的走势。比如房地产行业"三大红线"的颁布，对诸多房地产企业都造成了较大冲击。反观纺织行业，影响最大的政策源于环境保护方面。

政策的颁布虽有时代背景，但是往往也有较大的突发性，一份监管政策文件的出台，可能会导致某一行业在短期内发生较大的波动，甚至影响行业未来的发展路径。近期，环保监管日趋严格，中央对纺织服装行业的生产环节提出了更高的环保要求，颁布了一系列政策，具体政策名称及颁布日期见图 8-8。这些政策法规的推出将提高行业的治污成本，在短期内压缩行业盈利空间，倒逼纺织企业产能向环境友好方向转型，产能滞后的企业也将面临淘汰。同时，一些具有较强治污技术能力的企业也将继续稳固自己的市场地位，拥有更稳健的发展。

综上所述，本书认为政策倾斜性是高不确定、高重要性的影响因素，应在划分情景时，予以充分关注。

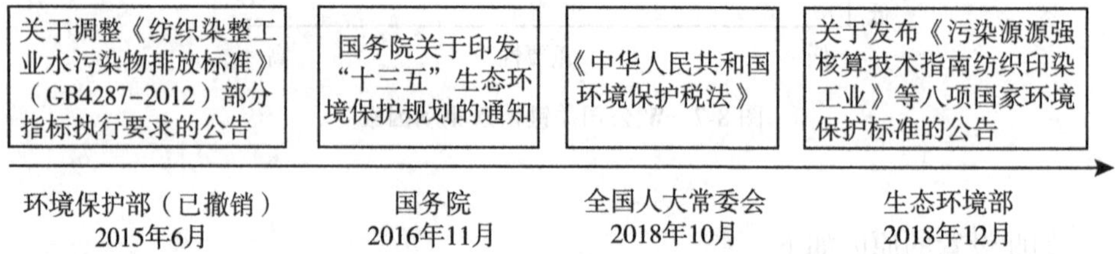

关于调整《纺织染整工业水污染物排放标准》（GB4287–2012）部分指标执行要求的公告	国务院关于印发"十三五"生态环境保护规划的通知	《中华人民共和国环境保护税法》	关于发布《污染源源强核算技术指南纺织印染工业》等八项国家环境保护标准的公告
环境保护部（已撤销）2015年6月	国务院2016年11月	全国人大常委会2018年10月	生态环境部2018年12月

图 8-8　我国相关环保政策文件出台情况

资料来源：根据北大法宝法律数据库整理取得。

（3）同业竞争强度（低重要性、低不确定性）。同业竞争程度会影响单个企业的市占率，从而影响企业的营收。但是就目前色纺纱行业现状来看，呈现出两家龙头领衔，其余企业差别不大的特点，行业内竞争格局稳定，且各个企业均已形成了较为稳定的供应链体系和竞合关系，因此，同业竞争力度并不会对 W 公司未来发展造成特别重大的影响。

故同业竞争强度的不确定性和重要性相比其他影响因素均较弱。

（4）生产技术水平（高重要性、低不确定性）。W公司作为一家高新技术企业，生产技术水平将很大程度上决定企业的生产效能，也直接决定了其生产产品的成本和市场竞争力的大小，因此，生产技术水平对企业的驱动作用是极大的。在不确定性方面，由于W公司始终注重科技研发，科技人员的数量呈现逐年上涨的趋势，且其生产车间目前拥有四大进口生产设备，其生产制造能力位于行业前列。由此观之，W公司的生产技术水平在可预期的范围内将保持稳中增长的趋势，不确定性较弱。

所以，本书将生产技术水平列为低不确定性、高重要性影响因素。

2. 划分企业情景状况

本部分将结合上文对W公司未来发展关键驱动因素的分析，建立如下三种情景状态，每种情景都基于上述四项关键驱动因素的不同条件、状况得出。现对相关情景状态的描述和判断标准阐述如下：

（1）协同效应情景。

情景状态描述：在该情景状态下，W公司通过出质A商标权获得的融资额，使得W公司平稳度过现金短缺时期，修复了企业资金流动性不足的问题，同时盘活了企业整体资金，提升了资金的配置和利用效率，激发出更大的财务、经营协同效益，提升了企业的市场地位。

情景判断标准：流动资产营运能力方面，W公司流动资产营运能力日趋好转，现金及其等价物净额能够覆盖其流动负债余额，且企业存货占用资金逐渐变少，所有流动资产均能得到灵活合理配置；政策倾斜性方面，未来年度W公司均能契合中央发布的各类政策文件中所列示的相关要求。比如在环保方面，W公司大力发展环保科技，相关资格认证能够顺利续展；同业竞争强度方面，W公司固本增效，逐步提升市场份额，在色纺纱行业竞争中建立牢固领先地位；生产技术水平方面，企业继续注重引进和培养科技人才，使企业生产工艺在行业保持顶尖水平。

（2）正常经营情景。

情景状态描述：在该情景状态下，W公司出质A商标权获得的融资额，使得 W 公司能够正常维持过去的经营水平，补足了企业流动性短板，没有出现大幅度的业绩下滑。但与此同时，公司业绩也没有较为明显的提升，企业的市场地位基本维稳。

情景判断标准：流动资产营运能力方面，W 公司流动资产营运能力基本保持稳定，现金及其等价物净额能够基本覆盖其流动负债余额，且企业存货占用资金情况与过去基本持平，流动资产的配置程度未有较大变化；政策倾斜性方面，未来年度 W 公司基本能够契合中央发布的各类政策文件中所列示的相关要求。比如在环保方面，W 公司的相关资格认证能够顺利续展，基本满足监管要求；同业竞争强度方面，W 稳定经营，市场份额基本不变；生产技术水平方面，企业继续保持以往的科技投入和人才引进力度，企业生产工艺的行业地位基本稳固。

（3）勉强偿付情景。

情景状态描述：在该情景状态下，W 公司出质 A 商标权获得的融资额，依然无法弥补企业在流动性方面的漏洞，W 公司无法保持过去的经营水平，企业流动性短板依旧凸显，需要依靠存量现金等价物余额偿还融资利息及本金，并出现一定幅度的业绩下滑，企业的市场地位受到威胁。

情景判断标准：流动资产营运能力方面，W 公司流动资产营运能力并不稳定，现金及其等价物净额距离其流动负债余额有较大差距，且企业出现存货堆积、毁损现象，遭遇一定程度的流动性危机；政策倾斜性方面，未来年度 W 公司均难以契合中央发布的各类政策文件中所列示的相关要求。比如在环保方面，W 公司无法满足污染防治的相关需求，相关资格认证被迫取消；同业竞争强度方面，W 公司无法逐步提升市场份额，在色纺纱行业竞争中日趋落后；生产技术水平方面，尽管企业继续加大科技投入，但是成果较不显著，企业生产工艺在行业内的竞争力逐步下滑。

此外，企业的现金等价物余额相比 1000 万元的融资贷款而言较为充足，基本不存在无法按期偿付融资利息及本金的情况，故本书在此处不考虑无法按时还本付息的情形。

3. 预测企业情景收益

在预测企业情景收益之前，首先需要明确收益的口径。需要指出的是，此处预测的企业情景收益，并非用于企业估值，而是为后续测算商标权的收益提供可参考的收益基础，所以应从商标权收益特性出发选取合适的收益口径。

在明确这一前提后，本书拟选取三种可能的收益口径：营业收入、现金流量、净利润，并对三者的适用性进行分析与选择。分析过程如下：营业收入方面，尽管商标权的使用所带来的最直观的作用是帮助企业扩大产品销量，获得更高的营业收入，但这一口径忽视了产销量增大所带来的成本的增加，同时并未考虑多缴的税款对企业带来的整体负担的上升。因此，选择营业收入作为收益口径可能会夸大商标权对企业带来的效益，不符合质押价值类型所要求的谨慎原则；现金流量方面，首先，现金流量中的筹资和投资活动现金流量往往不具有可持续性，变动幅度较大，且在 W 公司总体现金流量中的占比较高，无法反映企业正常经营状态下的现金流量水平，并且与商标权收益也无直接关系。其次，若仅仅选用经营活动现金流量作为收益口径，无法覆盖经营全貌；净利润指标综合考虑了商标权为企业带来的各种影响，其中有营业收入增长这类正面影响，也有包括产销量扩大带来的成本上升、用以支撑经营规模扩张的贷款带来的额外融资费用增加等负面影响，能够较为全面、合理地反映商标权为公司带来的最终收益，也符合质押价值类型的谨慎性要求。

综上所述，本书选取 W 公司净利润作为收益核算口径。由于企业在 2020 年受疫情影响，净利润呈现大幅下降，故在此处引入 2021 年预期净利润予以修正。本书计算得出 2016 年至 2021 年，W 公司净利润的算数平均增长率为 2.66%，几何平均增长率为 2.53%。W 公司 2016 年至 2021 年的净利润相关数据如表 8-11 所示。

表 8-11　　　　**2016 年至 2021 年 W 公司净利润及其增长情况**

年份	2016	2017	2018	2019	2020	2021（预计）
净利润（万元）	1174.03	385.71	1040.97	1179.49	722.19	1330.44①
算数平均增长率				2.66%		
几何平均增长率				2.53%		

数据来源：W 公司年报。

---

① 2021 年预计净利润通过 2021 年中报披露的净利润 * 2 获得。

综合上述相关分析，本书就三大情景分别对 W 公司的未来预期收益作出预测：在协同效应情景下，预计 2022 年至 2025 年，W 公司每年净利润增长率为 3%，后续假定永续不变；在正常经营情景下，预计 2022 年至 2025 年，W 公司每年净利润增长率为 1%，后续假定永续不变；在勉强偿付情景下，预计 2022 年至 2025 年，W 公司每年净利润增长率为 -1%，后续假定永续不变。并且，由于疫情影响，W 公司 2020 年净利润数据不具有较强参考性，故在确定 W 公司 2021 年收益时，三种情景均采用上文提到的 2021 年预计净利润，为 1330.44 万元，并以此为基础进行未来年限的情景收益测算。具体预测数据如表 8-12 所示。

表 8-12　　　　**W 公司情景净利润预测情况（单位：万元）**

年　份	2021	2022	2023	2024	2025 及永续期
协同效应情景（3%）	1330.44	1370.35	1411.46	1453.81	1497.42
正常经营情景（1%）	1330.44	1343.74	1357.18	1370.75	1384.46
勉强偿付情景（-1%）	1330.44	1317.14	1303.96	1290.92	1278.02

4. 测算商标权收益分成率

（1）设定层次结构指标。根据前文对色纺纱行业及 W 公司的分析，本书试图采用 AHP 法将 A 商标权给企业带来的收益从 W 企业净利润中分离。对此，本书设定了相关的层次结构指标体系。现对各指标名称、释义及设置原因做出说明。

在准则层指标设置方面，首先，色纺纱产品的毛利率较低，成本较高，企业在原材料采购、库存管理等方面需要动用较大的流动资金，故资金是色纺纱企业的核心竞争能力之一。此外，由于色纺纱下游企业对于色纺纱产品的种类、质量和精度要求很高，故色纺纱企业需要在多个生产步骤掌握核心工艺，以更好地满足下游客户需求，因此技术创新能力也应纳入准则层指标。另外，作为传统制造业企业，人力资本也不可或缺。优良的人力资本能够提速企业运营，降本增效。同时，色纺纱行业的小批量、精细化、多样化生产的特点也对企业上下游渠道管理提出了新要求。故本书确定准则层为资金、技术、人力、渠道四项。

在方案层指标方面，本书秉持清晰、全面、独立的设计原则，在各个准则层指标下分别细分三项方案层指标。资金指标下，灵活的财务管理能力能够在较短时间内配置相关资产，调度资金，满足企业临时融资需求。同时，A 商标权作为 W 公司的主要商标权，其具有的融资能力也及时帮助 W 公司补足了流动性短板，带来经营效率的提升。此外，W 公司为家族企业，股东本身的资金起到重要作用；技术指标下，色纺纱企业正向高新技术企业转型，其所拥有的专利先进程度也将决定了转型的成功与否。同时，新颖技术在日常经营中能否得到合理运用，也应作为色纺纱企业的重点关注内容。另外，W 公司目前的生产大多趋向机械化、无人化，且公司拥有多台国际外购的生产设备，其生产能力几何也应予以关注；人力指标下，根据色纺纱行业特点，本书认为应重点关注企业家、劳动型和技术型人力资本。企业家人力资本助力企业经营增效，劳动型和技术型人力资本服务于产品生产；渠道指标下，供应链管理能力主要指色纺纱企业的原材料、库存商品等存货管理能力和保持供应链体系稳定性的能力，这些都是色纺纱企业核心竞争力的重要组成部分。另外，商标的消费者认可度越高，越能够帮助消费者更好地识别公司产品，增加销量。同时，良好的销售渠道拓展能力也能帮助企业及时售卖相关产品，带来利润，减少库存积压。

综上所述，本书拟选取上述指标作为 W 公司净利润分成层次结构图的构成指标。具体层次结构如图 8-9 所示。

（2）构建 W 公司净利润贡献因素指标判断矩阵。基于前文对 W 公司净利润贡献因素的分析，本书构建了相关层次结构图，并在此基础上制作了相关问卷，并以问卷调查的方式咨询了评估师事务所、会计师事务所以及纺织行业等相关领域专家，请他们对准则层的 4 个要素及后续方案层的 12 个要素进行打分，以期得出 A 商标权收益占 W 公司净利润的分成率。

问卷调查于 2021 年 12 月 1 日至 2021 年 12 月 15 日进行，通过线下形式开展。本次调查共计发放 30 份问卷，收回有效问卷 23 份。在无效的 7 份问卷中，有 5 份问卷存在评分逻辑错误的问题，2 份问卷未在规定时间内完成填写。故在本次计算中，将上述 7 份无效问卷予以剔除。其中，在回收得到的 23 份有效问卷中，相关专家均对本书提出的 W 公司净利润分成层次结构图表示认同。问卷具体内容请见附录。

现将 23 份有效问卷的打分情况按照平均值汇总如下，详见表 8-13。

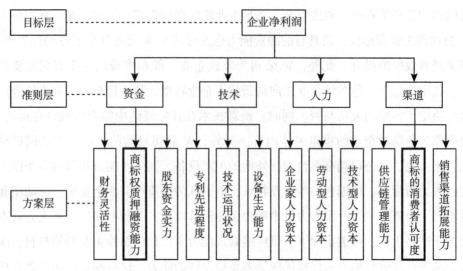

图 8-9　W 公司净利润分成层次结构图①

资料来源：结合相关文献，基于 W 公司实际情况制得。

表 8-13　　　　　　　　　　　　层次分析法准则层打分情况

企业净利润	资金	技术	人力	渠道
资金	1.00	1.15	1.29	1.23
技术	0.87	1.00	1.48	1.05
人力	0.78	0.68	1.00	1.32
渠道	0.81	0.95	0.76	1.00

（3）确定准则层指标权重：

第一步，令矩阵的每一行元素相乘，得出 $Q_i = \prod_{j=1}^{n} A_{ij}(i = 1, 2, 3, 4)$

经计算，可得 $Q = (Q_1, Q_2, Q_3, Q_4) = (1.82, 1.35, 0.69, 0.59)$

第二步，令 $\overline{W_i} = \sqrt[4]{Q_i}(i = 1, 2, 3, 4)$

---

① 方案层加粗框线表示对企业净利润产生贡献的商标权相关能力指标，且该层次结构经相关专家讨论通过。

经计算，可得 $\overline{W} = (\overline{W}_1, \overline{W}_2, \overline{W}_3, \overline{W}_4) = (1.16, 1.08, 0.91, 0.88)$

第三步，对 $\overline{W}_i(i = 1, 2, 3, 4)$ 做归一化处理，公式为 $W_i = \dfrac{\overline{W}_i}{\sum\limits_{i=1}^{n} \overline{W}_i}(i = 1, 2, 3, 4)$

经计算，可得 $\overline{W} = (\overline{W}_1, \overline{W}_2, \overline{W}_3, \overline{W}_4) = (28.86\%, 26.77\%, 22.64\%, 21.73\%)$

第四步，对判断矩阵进行一致性检验。

首先，计算得出判断矩阵的最大特征值 $\lambda = 4.04$，

其次，根据公式 $CI = \dfrac{\lambda - n}{n - 1}(n = 4)$ 计算出 $CI = 0.01$，

最后，根据公式 $CR = \dfrac{CI}{RI}$ 计算出 $CR = 0.01 < 0.1$，其中，四阶矩阵对应的 $RI = 0.89$

因此，判断矩阵通过一致性检验，证明权重系数设置合理。

至此，得到准则层各因素权重：

资金 28.86%，技术 26.77%，人力 22.64%，渠道 21.73%。

（4）确定方案层指标权重。计算资金指标下各方案层指标权重（见表 8-14）：

表 8-14　　　　　　资金指标下各方案层指标打分情况及权重

资金	财务灵活性	商标权质押融资能力	股东资金实力	权重
财务灵活性	1.00	2.78	0.72	38.48%
商标权质押融资能力	0.36	1.00	0.43	16.39%
股东资金实力	1.39	2.33	1.00	45.13%

经一致性检验，$CR = 0.03 < 0.1$，故通过检验。

计算技术指标下各方案层指标权重（见表 8-15）：

表 8-15　　　　　　　　　技术指标下各方案层指标打分情况及权重

技术	专利先进程度	技术运用状况	设备生产能力	权重
专利先进程度	1.00	0.84	0.88	29.90%
技术运用状况	1.19	1.00	0.67	30.67%
设备生产能力	1.14	1.49	1.00	39.43%

经一致性检验，$CR = 0.02 < 0.1$，故通过检验。

计算人力指标下各方案层指标权重（见表 8-16）：

表 8-16　　　　　　　　　人力指标下各方案层指标打分情况及权重

人力	企业家人力资本	劳动型人力资本	技术型人力资本	权重
企业家人力资本	1.00	4.78	3.25	66.31%
劳动型人力资本	0.21	1.00	1.42	17.73%
技术型人力资本	0.31	0.70	1.00	15.96%

经一致性检验，$CR = 0.06 < 0.1$，故通过检验。

计算渠道指标下各方案层指标权重（见表 8-17）：

表 8-17　　　　　　　　　渠道指标下各方案层指标打分情况及权重

渠道	供应链管理能力	商标的消费者认可度	销售渠道拓展能力	权重
供应链管理能力	1.00	2.75	2.66	57.06%
商标的消费者认可度	0.36	1.00	1.78	25.43%
销售渠道拓展能力	0.38	0.56	1.00	17.51%

经一致性检验，$CR = 0.04 < 0.1$，故通过检验。

（5）确定商标权收益分成率。综上计算结果，得到所有准则层和方案层的指标因素权重，如表 8-18 所示。

表 8-18   准则层和方案层各指标因素权重①

目标层	准则层	权重	方案层	权重
W 公司 净利润	资金	28.86%	财务灵活性	38.48%
			＊商标权质押融资能力	16.39%
			股东资金实力	45.13%
	技术	26.77%	专利先进程度	29.90%
			技术运用状况	30.67%
			设备生产能力	39.43%
	人力	22.64%	企业家人力资本	66.31%
			劳动型人力资本	17.73%
			技术型人力资本	15.96%
	渠道	21.73%	供应链管理能力	57.06%
			＊商标的消费者认可度	25.43%
			销售渠道拓展能力	17.51%

由前文所述，W 公司的 A 商标权主要从商标权质押融资能力、商标的消费者认可度两个维度对企业净利润产生影响。其加权平均收益分成率 R 为：

$$R = 16.39\% \times 28.86\% + 25.43\% \times 21.73\% = 10.26\%$$

在估值完成后，本书会对 A 商标权收益分成率 R 进行敏感性测试，以探究 R 的变动对最终估值结果的影响程度，同时降低一定主观性。

5. 确定商标权收益

W 公司 A 商标权情景收益 = W 公司情景净利润 × A 商标权收益分成率 R。由此得到的 A 商标权各情景下的收益如表 8-19 所示。

表 8-19   W 公司商标权情景收益

年份	2021	2022	2023	2024	2025 及永续期
	W 公司情景净利润				
协同效应情景（万元）	1330.44	1370.35	1411.46	1453.81	1497.42

---

① 方案层中带"＊"部分表示对企业净利润产生贡献的商标权相关能力指标。

续表

年份	2021	2022	2023	2024	2025 及永续期
正常经营情景（万元）	1330.44	1343.74	1357.18	1370.75	1384.46
勉强偿付情景（万元）	1330.44	1317.14	1303.96	1290.92	1278.02
	A 商标权情景收益				
商标权收益分成率	10.26%				
协同效应情景（万元）	136.44	140.53	144.75	149.09	153.57
正常经营情景（万元）	136.44	137.81	139.18	140.57	141.98
勉强偿付情景（万元）	136.44	135.08	133.73	132.39	131.06

（二）确定情景概率

1. 制定情景概率评价指标体系

由于商标权质物的特殊性，因此在评估过程中需要考虑多方面的价值影响因素，由其需要注意质押情景的不确定性和业务采取的质押模式对商标权价值造成的影响。

本案例中，A 商标权的质押模式为市场主导型（北京模式），没有政府资金作为偿付背书，故在设计情景概率评价指标体系时，需要着重考虑企业自身经营业绩和出质商标权的变现能力。因此，本书根据 A 商标权质押评估的实际情况并结合相关文献，设计了相应的评价指标及其权重，并着重考虑了企业经营业绩类指标和商标权变现能力相关指标所占权重，同时引入了类似商标权以往交易情况这一指标，用来反映商标权变现能力。A 商标权质押评估情景概率评价指标体系如表 8-20 所示。

2. 确定评语集

在本次情景概率的测定中，评语集设为 {协同效应情景，正常经营情景，勉强偿付情景}，其中，"协同效应情景""正常经营情景""勉强偿付情景"反映拟质押 A 商标权的具体情景。

表 8-20   **A 商标权质押评估情景概率评价指标体系**

一 级 指 标	权重	二 级 指 标	权重
商标权自身情况	30%	商标可识别度	20%
		合法有效性	30%
		权属明晰程度	30%
		商标续展能力	20%
企业经营业绩	45%	产品竞争力	25%
		企业发展能力	15%
		企业收益稳定性	35%
		企业资信水平及融资能力	25%
市场环境因素	25%	市场上同类商标数量	30%
		商标宣贯力度	40%
		类似商标权以往交易情况	30%

资料来源：根据相关文献及 A 商标权实际情况制得，且经行业专家审核通过。

3. 模糊综合评价计算

（1）确定二级评价矩阵。本书以问卷调查的方式咨询了评估师事务所、会计师事务所以及纺织行业相关领域专家，请他们参照上文指标体系对质押情景下 A 商标权的相关情况进行打分。在打分前，各位专家均已知悉色纺纱行业、W 公司和 A 商标权的基本事项。问卷发放的时间、对象及回收情况与上文相同，均在同一时间向相同对象发放。本书现将打分情况统计汇总如下：

$$\boldsymbol{R}_1 = \begin{pmatrix} 0.48 & 0.37 & 0.15 \\ 0.78 & 0.12 & 0.10 \\ 0.73 & 0.14 & 0.13 \\ 0.69 & 0.22 & 0.09 \end{pmatrix}, \quad \boldsymbol{R}_1 = \begin{pmatrix} 0.44 & 0.38 & 0.18 \\ 0.22 & 0.49 & 0.29 \\ 0.26 & 0.38 & 0.36 \\ 0.27 & 0.38 & 0.35 \end{pmatrix}, \quad \boldsymbol{R}_1 = \begin{pmatrix} 0.17 & 0.22 & 0.61 \\ 0.11 & 0.12 & 0.77 \\ 0.18 & 0.14 & 0.68 \end{pmatrix}$$

（2）作二级评判：

得到 $W_1 \boldsymbol{R}_1 = W_1 \circ \boldsymbol{R}_1 = [0.6870 \quad 0.1960 \quad 0.1170]$，$W_2 \boldsymbol{R}_2 = W_2 \circ \boldsymbol{R}_2 = [0.3015 \quad 0.3965 \quad 0.3020]$，$W_3 \boldsymbol{R}_3 = W_3 \circ \boldsymbol{R}_3 = [0.1490 \quad 0.1560 \quad 0.6950]$。

之后，顺序排列二级评判结果，得到一级评价矩阵：

$$R = \begin{pmatrix} 0.6870 & 0.1960 & 0.1170 \\ 0.3015 & 0.3965 & 0.3020 \\ 0.1490 & 0.1560 & 0.6950 \end{pmatrix}$$

（3）作一级评判：

令 $W = [0.30 \quad 0.45 \quad 0.25]$，$W$ 为一级指标权重向量。作一级评判计算：$L = W°R = [0.3790 \quad 0.2762 \quad 0.3448]$，用于表示该拟质押知识产权对于评语集各评语的隶属度。

（4）确定各情景概率。由上文的模糊综合评价结果可知，各专家认为 A 商标权状况属于"协同效应情景"的可能性为 37.90%，属于"正常经营情景"的可能性为 27.62%，属于"勉强偿付情景"的可能性为 34.48%。

（三）测算折现率

1. 历史折现率的测算

（1）历史折现率的测算口径及选取理由。本书拟采用资本资产定价模型（CAPM）计算 W 公司加权平均资本成本（WACC），在此基础上赋予 A 商标权风险调整系数，以二者之和作为 A 商标权质押价值评估时应用的折现率，具体公式如下：

$$R_A = \text{WACC} + R_{\Delta A} = R_e \times W_e + R_d \times W_d \times (1 - T) + R_{\Delta A}$$

其中，$R_e = R_f + \beta \times (R_m - R_f)$

式中，

R_A——A 商标权质押价值折现率；

WACC——W 公司加权平均资本成本；

$R_{\Delta A}$——A 商标权风险调整系数；

R_e——W 公司股权资本成本；

W_e——W 公司所有者权益在资本结构中所占比重；

R_d——W 公司金融负债税前资本成本；

W_d——W 公司金融负债在资本结构中所占比重；

T——W 公司适用的企业所得税率，为 25%；

R_f——无风险报酬率；

R_m——市场报酬率；

β——风险系数。

选用上述口径作为 A 商标权质押价值评估折现率的原因如下：首先，A 商标权适用于 W 公司绝大部分产品，在企业日常经营中被广泛使用。因此，A 商标权无法脱离企业整体获得收益。而加权平均资本成本（WACC）恰好能够有效反映企业获取日常经营收益时所面临的风险。

此外，A 商标权作为一项无形资产，受其固有属性影响，其价值具有难定量性和波动性等特点，在企业的所有资产类别中应属于风险较高的一类资产，A 商标权报酬率势必高于 W 企业整体报酬率，故仅选用加权平均资本成本（WACC）无法合理反映该高风险资产的报酬率。

所以，本书在企业加权平均资本成本（WACC）的基础上，经多位专家审议，赋予 A 商标权风险调整系数，以二者之和作为 A 商标权质押价值评估的折现率，这样的做法能够较为全面地反映 A 商标权获利时需承担的风险。同时，为了降低主观性影响，本书将在估值结束后对 A 商标权风险调整系数进行敏感性测试。

（2）历史折现率的测算步骤。由于 W 公司于 2015 年 12 月上市，且 2020 年公司经营业绩受疫情影响较大，不具有较大参考性。故本书拟选取 2016—2019 年的折现率作为历史折现率。历史折现率相关参数的选取口径和测算方式如表 8-21 至表 8-26 所示。

表 8-21　　　　　　　　　　W 公司 β 系数测算表

年份	2016	2017	2018	2019
参照行业	棉纺纱加工行业（剔除行业内 ST 股）			
标的指数	沪深 300 指数			
计算周期	日			
收益率计算方法	普通收益率			
所得税剔除口径	最新报告期			
	行业内各可比公司卸载财务杠杆后 β 值			

续表

年份	2016	2017	2018	2019
华茂股份（00850.SZ）	1.1000	0.5428	0.5526	0.7540
华孚时尚（002042.SZ）	1.0434	0.5074	0.2935	0.4248
新野纺织（002087.SZ）	0.9127	0.4483	0.3077	0.4807
百隆东方（601339.SH）	08734	0.4154	0.3985	0.3616
β 值加权平均标准	按行业内各可比公司总市值为权重加权平均			
加权平均卸载财务杠杆后 β 值	0.9766	0.4794	0.3690	0.4683
W 公司财务杠杆率（产权比率）	84.86%	80.44%	76.56%	52.92%
W 公司加载财务杠杆后 β 值	1.5981	0.7686	0.5809	0.6542

数据来源：同花顺 IFIND 金融数据库和 W 公司年报。

表 8-22　　　　　　　　　**W 公司股权资本成本测算表**

年份	2016	2017	2018	2019	参照口径
无风险报酬率	3.01%	3.88%	3.23%	3.14%	10 年期国债收益率
市场报酬率	6.43%	9.17%	12.02%	8.49%	5 年沪深 300 平均收益率
W 公司 β 系数	1.5981	0.7686	0.5809	0.6542	见表 4-16
股权资本成本	8.48%	7.95%	8.34%	6.64%	

数据来源：同花顺 IFIND 金融数据库。

表 8-23　　　　　　　　　**W 公司税后债务资本成本测算表**①

年份	2016	2017	2018	2019
利息费用（万元）	402.84	289.83	274.93	260.05
短期借款（万元）	4840	4740	4540	3590
税前债务资本成本	8.32%	6.11%	6.06%	7.24%

---

①　（1）W 公司金融负债仅有短期借款一项；（2）税前债务资本成本＝利息费用/短期借款。

续表

年份	2016	2017	2018	2019
所得税税率	25%			
税后债务资本成本	6.24%	4.59%	4.54%	5.43%

数据来源：W公司年报。

表 8-24　　　　　　　　　　　**W公司资本结构测算表**

年份	2016	2017	2018	2019
所有者权益（万元）	6145.88	6156.60	6597.57	7477.07
金融负债（万元）	4840	4740	4540	3590
所有者权益所占比重	55.94%	56.50%	59.24%	67.56%
金融负债所占比重	44.06%	43.50%	40.76%	32.44%

数据来源：W公司年报。

表 8-25　　　　　　　　　　**W公司加权平均资本成本测算表**

年份	2016	2017	2018	2019
股权资本成本	8.48%	7.95%	8.34%	6.64%
所有者权益所占比重	55.94%	56.50%	59.24%	67.56%
税后债务资本成本	6.24%	4.59%	4.54%	5.43%
金融负债所占比重	44.06%	43.50%	40.76%	32.44%
加权平均资本成本	7.49%	6.48%	6.79%	6.25%

数据来源：W公司年报。

考虑到商标权作为无形资产，具有一定特殊性，其为企业获利时承担的风险，较公司加权平均资本成本而言应更高。故本书拟在 W 公司加权平均资本成本的基础上，赋予 A 商标权一定的风险调整系数。在与 2 位会计师事务所、3 位评估师事务所的专家进行线下会谈后，本书将 A 商标权风险调整系数定为 5%，该系数经上述 5 位专家审议通过。在估值完成后，本书会对风险调整系数进行敏感性测试。历史折现率计算结果如表 8-26 所示。

表 8-26   **A 商标权折现率测算表**

年份	2016	2017	2018	2019
加权平均资本成本	7.49%	6.48%	6.79%	6.25%
风险调整系数	5%			
A 商标权折现率①	12.49%	11.48%	11.79%	11.25%

2. 动态折现率的测算

基于上文改进思路和历史折现率测算结果，本书拟通过构建灰色预测模型 GM (1, 1) 对 A 商标权动态折现率进行测算，以下是详细步骤。

（1）原始数据级比检验：

根据上述数据知：

$$x^{(0)} = （12.49\%, 11.48\%, 11.79\%, 11.25\%）$$

对以上数据进行级比检验，级比检验公式为：

$$\delta(k) = \frac{x^{(0)}(k-1)}{x^{(0)}(k)}, \ k = 2, 3, 4$$

可以得到：

$$\delta(k) = [\delta(2), \delta(3), \delta(4)] = （1.0877, 0.9741, 1.0481）$$

由上文知，该级比检验结果满足 $\delta(k) \in (e^{\frac{-2}{5}}, e^{\frac{2}{5}}) = (0.6703, 1.4918)(k = 2, 3, 4)$。

表明原始数据通过级比检验，可以进行建模预测。

（2）灰色预测模型计算过程：

对原始数据 $x^{(0)} = （12.49\%, 11.48\%, 11.79\%, 11.25\%）$ 进行一次累加预处理，

得到新序列：$x^{(1)} = （12.49\%, 23.98\%, 35.77\%, 47.01\%）$

随后，形成均值序列，令 $z^{(1)}(k) = \frac{x^{(1)}(k) + x^{(1)}(k-1)}{2}$，$k = 2, 3, 4$

---

① A 商标权折现率＝加权平均资本成本＋风险调整系数。

得到 $z^{(1)} = (18.23\%, 29.87\%, 41.39\%)$。

接着，构造系数矩阵 $\boldsymbol{B}$ 和数据向量 Y

$$\boldsymbol{B} = \begin{bmatrix} -z^{(1)}(2) & 1 \\ -z^{(1)}(3) & 1 \\ -z^{(1)}(4) & 1 \end{bmatrix} = \begin{bmatrix} -18.23\% & 1 \\ -29.87\% & 1 \\ -41.39\% & 1 \end{bmatrix}, \quad Y = \begin{bmatrix} x^{(0)}(2) \\ x^{(0)}(3) \\ x^{(0)}(4) \end{bmatrix} = \begin{bmatrix} 11.48\% \\ 11.79\% \\ 11.25\% \end{bmatrix}$$

计算参数列 $\widehat{P} = \begin{bmatrix} a \\ b \end{bmatrix} = (\boldsymbol{B}^{\mathrm{T}}\boldsymbol{B})^{-1}\boldsymbol{B}^{\mathrm{T}}Y = \begin{bmatrix} 0.01013 \\ 0.11810 \end{bmatrix}$

之后，得出预测累加序列：

$$\hat{x}^{(1)} = (\hat{x}^{(1)}(1), \hat{x}^{(1)}(2), \hat{x}^{(1)}(3), \hat{x}^{(1)}(4))$$

$$= (12.49\%, 24.12\%, 35.62\%, 47.01\%)$$

最后，累减得到 $\hat{x}^{(0)}(k+1) = \hat{x}^{(1)}(k+1) - \hat{x}^{(1)}(k)$，$(k = 0, 1, 2, 3)$。

最终结果 $\hat{x}^{(0)} = (12.49\%, 11.62\%, 11.51\%, 11.39\%)$。

（3）计算结果精度检验。现对 $\hat{x}^{(0)} = (12.49\%, 11.62\%, 11.51\%, 11.39\%)$ 的预测精度进行残差检验和后验差检验，检验结果如表 8-27 和表 8-28 所示。

表 8-27　　　　　　　　　　　　　残差检验结果

指标名称	数值①	数值②	数值③	数值④
$E(k)$	0.00%	-0.14%	0.28%	-0.14%
$e(k)$	0.00%	-1.22%	2.40%	-1.27%
$\bar{e}$	0.01220			
P	98.78%			

表 8-28　　　　　　　　　　　　　后验差检验结果

指标名称	数值
$\bar{x}$	11.75%
$S_1^{\;2}$	0.00002185

续表

指标名称	数值
$\overline{E}$	0.00000066
S_2^2	0.00000299
C	0.36994

参考表 8-29，本次精度检验的精度值 P 落在 1 级精度，后验差比值 C 落在 2 级精度，说明模型预测效果较为良好，故经该模型计算得出的结果具有较好的拟合度。

表 8-29　　　　　　　GM（1，1）灰色预测模型精度等级参考表

精度等级	精度值 P	后验差比值 C	模型效果
1 级	$95\% < P \leq 100\%$	$0 \leq C < 0.35$	很好
2 级	$80\% < P \leq 95\%$	$0.35 \leq C < 0.5$	较好
3 级	$70\% < P \leq 80\%$	$0.5 \leq C < 0.65$	一般
4 级	$P \leq 70\%$	$C \geq 0.65$	很差

资料来源：基于 GM（1，1）灰色预测模型的我国民营医院发展趋势预测（丁海峰等，2021）

（4）折现率的外推预测。参照上文提到的测算步骤，得出 2021—2025 年预计折现率如表 8-30 所示。并且，本书假定 2025 年及以后的折现率保持不变。

表 8-30　　　　　　　　　预测期内 A 商标权折现率

年份	2021	2022	2023	2024	2025 及永续期
A 商标权折现率	11.16%	11.05%	10.94%	10.83%	10.72%

（四）确定收益年限

《中华人民共和国商标法（2019）》指出，注册商标的有效期为十年，有效

期届满时可申请续展，每次续展注册的有效期为十年。

在评估过程中，确定商标剩余可使用年限时，不能因为有效期是 10 年，而将剩余可使用年限也确定为 10 年，应该考虑到商标权的可续展性，同时也应该结合企业的经营情况、合同的约定、法律状态等情况进行综合考虑。

W 公司所拥有的 A 注册商标曾获"Z 省知名商标"称号，在业内具有较大影响力。W 公司十分注重对 A 商标权的维护和延展，根据同花顺 IFIND 金融数据库和国家知识产权局商标局相关公告显示，截至目前，A 商标权仍在册有效，并且 A 商标也是 W 公司主营业务产品的对应商标，主营业务产品收入持续占到了 W 公司总营业收入 99% 以上。此外，基于上文分析，W 公司处于改善经营的阶段，并且正逐渐向好，所处行业也相对稳定，W 公司也并未出现跨行业转型的趋势。

综上，本书认为，W 公司符合持续经营假设，A 商标权在未来也有较大概率作为 W 公司主打商标伴随企业始终。故在本书中，确认 A 商标权收益年限为无穷期限。

四、评估结论分析

（一）估值结论

结合表 8-31 计算步骤，本书确定 W 公司 A 商标权质押价值为 1305.71 万元，与 W 公司公告中披露的拟质押价值 1000 万元相比，上浮 305.71 万元，上浮比例为 30.57%。

但是由于 W 公司 A 商标权质押价值评估报告和质押贷款合同并未公开，故无法就评估结果间的差异进行比较。本书认为，估值结论和实际融资额产生差值的原因可能在于：银行拟定信贷额度时，出于谨慎性考虑，在评估报告结果的基础上，乘以一定折扣率，导致实际放贷数额不及评估报告中的结论数值。

故本书认为该农商行可在一定程度上适当提高 A 商标权质押融资的放贷额度，以更好助力中小企业经营发展。估值过程中涉及的重要参数表 8-31 所示。

表 8-31　　　　　　　　　　**W 公司 A 商标权质押价值计算过程**

年　份	2021	2022	2023	2024	2025 及永续期
	W 公司情景净利润				
协同效应情景（万元）	1330.44	1370.35	1411.46	1453.81	1497.42
正常经营情景（万元）	1330.44	1343.74	1357.18	1370.75	1384.46
勉强偿付情景（万元）	1330.44	1317.14	1303.96	1290.92	1278.02
	A 商标权情景收益				
商标权收益分成率	10.26%				
协同效应情景（万元）	136.44	140.53	144.75	149.09	153.57
正常经营情景（万元）	136.44	137.81	139.18	140.57	141.98
勉强偿付情景（万元）	136.44	135.08	133.73	132.39	131.06
	情景概率				
协同效应情景	37.90%				
正常经营情景	27.62%				
勉强偿付情景	34.48%				
	A 商标权加权平均情景收益及估值结果				
加权平均情景收益（万元）	136.44	137.90	139.41	140.98	142.61
A 商标权折现率	11.16%	11.05%	10.94%	10.83%	10.72%
A 商标权质押价值（万元）	1305.71				

（二）敏感性测试

在评估过程中，有两个参数对最终的估值结果产生了较大影响，分别是 A 商标权收益分成率和风险调整系数。出于谨慎性和全面性原则考虑，同时为降低评估过程的主观性，本书拟在本部分对上述两个参数进行双因素敏感性测试，以期全面反映各重要参数的变动对估值结果的影响。此外，经过测算，由专家打分法确定的 A 商标权情景概率的变动较上述两个参数而言，对估值结果的影响较小，故不在此处予以讨论。

本书拟以原始参数值（收益分成率：10.26%；风险调整系数 5%，表 8-32

中方框所示）为区间中心开展敏感性测试，在每次测试中分别赋予收益分成率和风险调整系数 1% 的变动幅度，探究参数变化对 A 商标权质押价值评估结果的影响程度。最终得到如表 8-32 所示的敏感性测试结果。

表 8-32　　　　　　　双因素敏感性测试结果表（单位：万元）①

风险调整系数 收益分成率	2.00%	3.00%	4.00%	5.00%	6.00%	7.00%	8.00%
8.00%	1415.04	1252.80	1123.70	1018.56	931.30	857.72	794.85
9.00%	1591.92	1409.40	1264.16	1145.88	1047.71	964.93	894.20
10.00%	1768.80	1565.99	1404.62	1273.20	1164.12	1072.15	993.56
10.26%	1813.96	1605.98	1440.48	1305.71	1193.84	1099.52	1018.92
11.00%	1945.68	1722.59	1545.09	1400.52	1280.53	1179.36	1092.91
12.00%	2122.56	1879.19	1685.55	1527.84	1396.95	1286.58	1192.27
13.00%	2299.44	2035.79	1826.01	1655.16	1513.36	1393.79	1291.62

---

① 表中数值为不同参数条件下的估值结果。其中，框线表示的单元格为本书初始参数条件下的估值结果。

参 考 文 献

［1］ 陈海秋，韩立岩．专利质量表征及其有效性：中国机械工具类专利案例研究［J］．科研管理，2013，34（5）：93-101．

［2］ 陈伟斌，张文德．基于修正收益现值法的网络信息资源著作权资产评估研究［J］．现代情报，2015，35（1）：15-20．

［3］ 范晓波．以许可使用费确定专利侵权损害赔偿额探析［J］．知识产权，2016（8）：99-105．

［4］ 冯丽艳．专利价值评估中技术分成率的确定方法［J］．商业会计，2011（3）：46-47．

［5］ 戈登·史密斯，罗素·帕尔．知识产权价值评估、开发与侵权赔偿［M］．北京：电子工业出版社，2012．

［6］ 郭子雪，齐美然，卢鑫．模糊环境下商标权评估的实物期权定价模型［J］．金融教学与研究，2013（4）：49-51．

［7］ 国家知识产权局专利管理司，中国技术交易所．专利价值分析指标体系操作手册［M］．北京：知识产权出版社，2012．

［8］ 贺寿天，张传博，曹静．基于战略视角的商标价值评估方法研究［J］．知识产权，2014（9）：67-72．

［9］ 胡宏雁，刘亚军．知识产权价值评估在企业并购中的法律界定［J］．商业研究，2016（5）：187-192．

［10］ 胡小君，陈劲．基于专利结构化数据的专利价值评估指标研究［J］．科学学研究，2014，32（3）：343-351．

［11］ 蒋珂慧．计算机制造业专利资产评估中收益分成率研究［D］．长沙：湖南大学，2018．

［12］颉茂华，焦守滨．二叉树实物期权的知识产权价值评估定价研究［J］．中国资产评估，2014（4）：20-24.

［13］金玉，程弢，孙胜明，丁战．成本法在软件著作权评估中的案例运用研究［J］．中国资产评估，2020（11）：77-83.

［14］康微．商标与品牌异同比较［J］．中国青年政治学院学报，2001（6）：69-72.

［15］亢川博，王伟，穆晓敏，吴方怡，张世玉．核心专利识别的综合价值模型［J］．情报科学，2018，36（2）：67-70.

［16］拉兹盖蒂斯．评估和交易以技术为基础的知识产权：原理、方法和工具［M］．北京：电子工业出版社，2012.

［17］冷雄辉，翟富源．基于模糊综合评价法的发明专利价值评估研究［J］．赣南师范大学学报，2017，38（3）：26-30.

［18］李明德．美国知识产权法［M］．北京：法律出版社，2014.

［19］李爽．商标评估方法的缺陷及实践中存在的问题［J］．产权导刊，2013（11）：42-44.

［20］李友俊，崔明欣．品牌价值构成及灰色评估［J］．商业时代，2005（24）：47-48.

［21］李云梅，雷文婷．技术创新型企业专利价值评价模型构建［J］．财会通讯，2013（29）：42-44.

［22］李振亚，孟凡生，曹霞．基于四要素的专利价值评估方法研究［J］．情报杂志，2010，29（8）：87-90.

［23］李志鹏，夏轶群．基于三角模糊数层次分析法的专利质押融资价值评估［J］．财会月刊，2016（15）：63-66.

［24］刘尔奎．从品牌的价值构成要素谈我国企业品牌评估的方法［J］．经济论坛，1997（11）：15-17.

［25］刘红霞．完善我国商标权价值评估方法及其制度体系的理论探讨［J］．中央财经大学学报，2013（4）：81-85.

［26］刘璘琳，张维维．委托方估值期望和干预行为对知识产权价值评估的影响——基于对重庆市企业的调查分析［J］．科技与金融，2020，36（12）：

68-76.

[27] 刘璘琳. 诉讼风险下专利评估模型及分析 [J]. 科技创新与应用, 2019 (5): 30-32.

[28] 刘玉平, 王奇超. 期权定价模型评估知识产权资产的研究, 中国资产评估, 2013 (2): 32-36.

[29] 刘倬君. 基于二叉树模型的实物期权法在专利权价值评估中的应用研究 [D]. 保定: 河北大学, 2018.

[30] 刘辰翔, 王卓, 胡永强. 大数据时代: 从传统评估到自动估价系统 [J]. 中国资产评估, 2020 (4): 43-47.

[31] 吕晓蓉. 专利价值评估的动态模拟方法研究 [J]. 科技进步与对策, 2017, 34 (3): 117-122.

[32] 吕晓蓉. 专利价值评估指标体系与专利技术质量评价实证研究 [J]. 科技进步与对策, 2014, 31 (20): 113-116.

[33] 马慧民, 王鸣涛, 叶春明. 日美知识产权综合评价指标体系介绍 [J]. 商场现代化, 2007 (31): 301-302.

[34] 马力辉, 张润利, 范昀阳. 专利价值及影响因素 [J]. 工程机械文摘, 2009 (5): 21-24.

[35] 马天旗, 赵星. 高价值专利内涵及受制因素探究 [J]. 中国发明与专利, 2018, 15 (3): 24-28.

[36] 马廷灿, 李桂菊, 姜山, 冯瑞华. 专利质量评价指标及其在专利计量中的应用 [J]. 图书情报工作, 2012, 56 (24): 89-95.

[37] 马忠明, 刘康泽. 应用实物期权方法评估专利价值 [J]. 中南财经政法大学学报, 2006 (3): 59-63.

[38] 马忠明. 专利价值评估的实物期权方法 [D]. 武汉: 华中科技大学, 2004.

[39] 邱一卉, 张驰雨, 陈水宣. 基于分类回归树算法的专利价值评估指标体系研究 [J]. 厦门大学学报 (自然科学版), 2017, 56 (2): 244-251.

[40] 权忠光, 李婕. 新时代下品牌价值评价的挑战和机遇 [J]. 中国资产评估, 2018, (7): 31-35.

[41] 舒服华. 基于模糊灰色评价法的发明专利价值评价 [J]. 中国资产评估,

2018（5）：33-38.

［42］宋河发，穆荣平，陈芳．专利质量及其测度方法与测度指标体系研究［J］．科学学与科学技术管理，2010，31（4）：21-27.

［43］苏平．美国知识产权资产评估方法选择及其启示——以我国上市公司的知识产权资产评估为视角［J］．知识产权，2010，20（3）：87-94.

［44］唐静，文豪．专利价值分析指标体系在专利资产评估中的运用——基于资产评估人员的调查分析［J］．中国资产评估，2019（6）：40-46+19.

［45］陶丽琴，陈龙根，魏辰雨．商标权担保价值利用的法律风险及对策研究［J］．知识产权，2011（1）：33-37.

［46］田村善之．田村善之论知识产权［M］．李杨，等，译．北京：中国人民大学出版社，2013：66-68.

［47］托马斯，格普．价值评估指南：来自顶级咨询公司及从业者的价值评估［M］．北京：电子工业出版社，2012.

［48］万小丽，朱雪忠．专利价值的评估指标体系及模糊综合评价［J］．科研管理，2008（2）：185-191.

［49］王海吉．专利资产证券化中的专利价值评估研究［D］．北京：对外经济贸易大学，2019.

［50］王虹．专利资产收益分成率估算方法探究［D］．昆明：云南大学，2016.

［51］王静，吴玉春，孙大帅．基于决策树模型的非商业化专利价值评估方法研究［J］．经济论坛，2012（10）：131-136.

［52］王瑞琪，薄建奎．中英知识产权评估准则的比较与探讨［J］．中国资产评估，2019，39（6）：26-29.

［53］王涛，孟宪忠．闲置商标价值评估的几个重要维度［J］．商业研究，2006（13）：99-102.

［54］王文炯，张烜．商标权价值的双重属性揭示［J］．会计之友，2016（10）：12-15.

［55］王旭．专利价值与企业建立专利管理机制的必要性［J］．科技情报开发与经济，2007（4）：205-207.

［56］王岩．专利的价值及其运营［J］．知识产权，2016（4）：89-95.

[57] 王玉娟. 品牌资产、商标权与商誉辨析 [J]. 商场现代化, 2005 (13): 65-66.

[58] 王子焉, 刘文涛, 倪渊, 李子峰. 专利价值评估研究综述 [J]. 科技管理研究, 2019, 39 (16): 181-190.

[59] 王子焉, 倪渊, 张健. 基于灰色关联分析——随机森林回归的网络平台专利价值评估方法研究 [J]. 情报理论与实践, 2019, 42 (10): 113-120.

[60] 吴汉东. 知识产权损害赔偿的市场价值类型与司法裁判规则 [J]. 中外法学, 2016 (6): 1480-1494.

[61] 吴全伟, 伏晓艳, 李娇, 赵义强. 专利价值评估体系的探析及展望 [J]. 中国发明与专利, 2016 (3): 123-127.

[62] 吴蕊, 李江涛, 魏文国. 收益分成率综合评价法中的专利价值度评价指标体系构建 [J]. 当代经济, 2019 (12): 118-121.

[63] 吴申元. 无形资产管理与评估 [M]. 北京: 首都经济贸易大学出版社, 2013.

[64] 肖国华, 牛茜茜. 专利价值分析指标体系改进研究 [J]. 科技进步与对策, 2015, 32 (5): 117-121.

[65] 谢萍, 王秀红, 卢章平. 企业专利价值评估方法及实证分析 [J]. 情报杂志, 2015, 34 (2): 93-98.

[66] 谢智敏, 范晓波, 郭倩玲. 专利价值评估工具的有效性比较研究 [J]. 现代情报, 2018, 38 (4): 124-129.

[67] 许华斌, 成全. 专利价值评估研究现状及趋势分析 [J]. 现代情报, 2014, 34 (9): 75-79.

[68] 许晓冰. 基于延迟期权的专利价值评估方法研究 [D]. 上海: 同济大学, 2008.

[69] 杨建奇, 肖庆宪. 期权定价的方法和模型综述 [J]. 商业时代, 2008 (16): 65-81.

[70] 杨雄文. 基于损害赔偿的知识产权评估研究. [J]. 重庆大学学报, 2011 (2): 102-106.

[71] 苑泽明, 李海英, 孙浩亮, 王红. 知识产权质押融资价值评估: 收益分成

率研究 ［J］. 科学学研究，2012，30（6）：856-864+840.

［72］ 张希，胡元佳. 非市场基准的专利价值评估方法的理论基础、实证研究和
挑战 ［J］. 软科学，2010，24（9）：142-144.

［73］ 张世如. 商标的内涵与价值变动的分析 ［J］. 中国资产评估，2009（3）：
30-32.

［74］ 赵晨. 专利价值评估的方法与实务 ［J］. 电子知识产权，2006（11）：24-
27.

［75］ 赵蕴华，张静，李岩，殷绪成. 基于机器学习的专利价值评估方法研究
［J］. 情报科学，2013，31（12）：15-18.

［76］ 中国技术交易所：专利价值分析与评估体系规范研究 ［M］. 北京：知识产
权出版社，2015.

［77］ 周建. 基于实物期权视角的企业无形资产价值评估研究 ［D］. 重庆：重庆
理工大学，2018.

［78］ 资智洪，何燕玲，袁杰，文毅，王峻岭. 专利价值二元分类评估方法的构
建及应用 ［J］. 科技管理研究，2017，37（11）：129-135.

［79］ Albino V, Messeni Petruzzelli A, Rotolo D. Measuring Patent Value：An
Empirical Analysis of the Us Biotech Industry ［J］. SSRN Electronic Journal，
2009.

［80］ Ailawadi K L, Lehmann D R, Neslin S A. Revenue premium asan outcome
measure of brand equity ［J］. Journal of Marketing，2003，67（4）：1-17.

［81］ Miller Arthur R, Davis Michael H. Intellectual Property ［M］. MN：West
Publishing Co. , 1990.

［82］ Fabry B. Three-dimensional valuation of IP rights ［J］. Journal of Business
Chemistry，2006，3（3）.

［83］ Block J H, Fisch C, Sandner P G. Trademark families：Characteristics and
market values ［J］. Journal of Brand Management，2014，21：150-170.

［84］ Chang K C, Chen C, Kiang Y J, et al. A study of influencing factors of patent
value based on social network analysis ［C］//2016 Portland International
Conference on Management of Engineering and Technology（PICMET）. IEEE，

2016: 1470-1477.

[85] Chang K C, Zhou W, Zhang S, et al. Threshold effects of the patent H - index in the relationship between patent citations and market value [J]. Journal of the Association for Information Science and Technology, 2015, 66 (12): 2697-2703.

[86] Chiu Y J, Chen Y W. Using AHP in patent valuation [J]. Mathematical and Computer Modelling, 2007, 46 (7-8): 1054-1062.

[87] Choi, Ji-Sun. A Study on utilizing IP valuation DCF models for assessing patent infringement damages based on infringer's profits [J]. Journal of Industrial Property. 2016, 51: 221-297.

[88] Danish M S, Ranjan P, Sharma R. Valuation of patents in emerging economies: a renewal model-basedstudy of Indian patents [J]. Technology Analysis & Strategic Management, 2020, 32 (4): 457-473.

[89] Ercan S, Kayakutlu G. Patent value analysis using support vector machines [J]. Soft Computing, 2014, 18: 313-328.

[90] Fischer T, Leidinger J. Testing patent value indicators on directly observed patent value—An empirical analysis of Ocean Tomo patent auctions [J]. Research Policy, 2014, 43 (3): 519-529.

[91] Gordon V. Smith and Susan M. Richey. Trademark Valuation [M]. New Jersey: John Wiley & Sons, Inc, 2015.

[92] Harhoff D, Scherer F M, Vopel K. Citations, family size, opposition and the value of patent rights [J]. Research Policy, 2003, 32 (8): 1343-1363.

[93] Hamel H. Valuing the Intangible: Mission Impossible: An Analysis of the Intellectual Property Valuation Process [J]. Cybaris Intell. Prop. L. Rev. , 2014, 5: 183.

[94] Hou J L, Lin H Y. A multiple regression model for patent appraisal [J]. Industrial Management & Data Systems, 2006, 106 (9): 1304-1332.

[95] Huang J. A review of brand valuation method [J]. Journal of Service Science and Management, 2015, 8 (1): 71.

[96] Jun S, Park S, Jang D. A technology valuation model using quantitative patent analysis: A case study of technology transfer in big data marketing [J]. Emerging markets finance and trade, 2015, 51 (5): 963-974.

[97] Kabore F P, Park W G. Can patent family size and composition signal patent value? [J]. Applied Economics, 2019, 51 (60): 6476-6496.

[98] Su K H. A Study on the Valuation of Trademarks [J]. Indian Journal of Science and Technology, 2015, 8: 19.

[99] Kim J, Kim J, Kim S K. A Patent Valuation Method Using Game Theoretic Real Option Approach [J]. Journal of the Korean Operations Research and Management Science Society, 2015, 40 (2): 43-61.

[100] Kim Y K, Kim T U, Park S T, et al. Establishing the importance weight of appropriability mechanism by using AHP: thecase of the China's electronic industry [J]. Cluster Computing, 2016, 19: 1635-1646.

[101] Krasnikov A, Mishra S, Orozco D. Evaluating the financial impact of branding using trademarks: A framework and empirical evidence [J]. Journal of Marketing, 2009, 73 (6): 154-166.

[102] Lagrost C, Martin D, Dubois C, et al. Intellectual property valuation: how to approach the selection of an appropriate valuation method [J]. Journal of Intellectual Capital, 2010, 11 (4): 481-503.

[103] Lawryshyn Y, Collan M, Luukka P, et al. New procedure for valuing patents under imprecise information with a consensual dynamics model and a real options framework [J]. Expert Systems with Applications, 2017, 86: 155-164.

[104] Mauck N, Pruitt S W. The valuation of patents using third-party data: the Ocean Tomo 300 Patent Index [J]. Applied Economics, 2016, 48 (42): 3995-3998.

[105] Grimaldi M, Cricelli L. Indexes of patent value: a systematic literature review and classification [J]. Knowledge Management Research & Practice, 2020, 18 (2): 214-233.

[106] Nasirov S. Trademark value indicators: Evidence from the trademark protection

lifecycle in the US pharmaceutical industry [J]. Research Policy, 2020, 49 (4): 103929.

[107] Park Y, Park G. A new method for technology valuation in monetary value: procedure and application [J]. Technovation, 2004, 24 (5): 387-394.

[108] Sullivan P H. Profiting from intellectual capital: Extracting value from innovation [M]. New Jersey: John Wiley & Sons, 1998.

[109] Reilly R. F. The Intellectual Property Valuation Process [J]. Licensing Journal, 2013, 33 (2): 10-14.

[110] Reilly R F. Use of the costapproach to assess taxpayer intangible assets [J]. Journal of Property Tax Assessment & Administration, 2012, 9 (4): 41-62.

[111] Reilly Robert F. The Handbook of Business Valuation and Intellectual Property Analysis [M]. UK: McGraw-Hill Companies, 2004, 652.

[112] Parr R L. Intellectual property: valuation, exploitation, and infringement damages [M]. New Jersey: John Wiley & Sons, 2018.

[113] Parr R. Royalty rates for licensing intellectual property [M]. New Jersey: John Wiley & Sons, 2012.

[114] Suzuki J. Structuralmodeling of the value of patent [J]. Research Policy, 2011, 40 (7): 986-1000.

[115] Thoma G. The valuation of patent-trademark pairing as IP strategy: Evidence from the USPTO [M] //Trademarks and their role in innovation, entrepreneurship and industrial organization. Routledge, 2021: 212-236.

[116] Choi W, Weinstein R. An analytical solution to reasonable royalty rate calculations [J]. Idea, 2001, 41: 49.

[117] Wirtz H. Valuation of intellectual property: A review of approaches and methods [J]. International Journal of Business and Management, 2012, 7 (9): 40.

[118] Zavattaro S M. putting It all together—the Framework [M] //Place Branding through Phases of the Image: Balancing Image and Substance. New York: Palgrave Macmillan US, 2014: 55-71.

致　　谢

本书的研究得到诸多单位和个人的帮助。感谢中国资产评估协会对本书研究的资助；感谢前人大量的研究成果为本书的研究提供了基础和借鉴；感谢参加"2021年中国创业板无形资产研究报告发布暨健全知识产权评估体系研讨会"的专家对研究提出的宝贵意见和建议，他们是湖北省知识产权局副局长程浩、武汉市知识产权局二级巡视员陈保国、中华商标协会副秘书长南平、中企华资产评估有限公司总裁兼CEO刘登清、复旦大学经济学院/金融研究院杨青教授、武汉知识产权交易所董事长王文杰、湖北省资产评估协会秘书长吴玉辉、湖北省上市工作指导中心主任向勇。感谢参加研究中期评审的专家，他们是中国资产评估协会的庄伟副秘书长、中联资产评估集团的胡智总裁、北京中企华资产评估有限责任公司阮咏华副总裁，北京工商大学经济系主任牛晓燕副教授、北京卓信大华资产评估有限公司林梅董事长、北京国友大正资产评估有限公司张国梁董事，感谢评审专家们为课题研究的深化完善提出了诸多建设性的意见；也感谢中国资产评估协会的党委副书记杨松堂博士、庄伟副秘书长、标准部韩艳副主任和工作人员介睿等对研究的关心和支持。本书的研究也得到了武汉市知识产权局、武汉产权交易所、武汉市知识产权服务协会、湖北省资产评估协会、中南财经政法大学企业价值研究中心、上海立信资产评估有限公司、中诚君和（北京）国际资产评估有限公司、湖北永信行房地产土地资产评估咨询有限公司等单位的大力支持；中南财经政法大学的研究生基芳婷、李姣、黄恺弘、焦含笑、任艳美、胡晓阳等对课题研究提供了支持，对上述单位和参与人员也一并表示感谢。

最后，还要感谢北京中企华资产评估有限责任公司总裁兼CEO刘登清博士、首都经济贸易大学资产评估研究院长王竞达教授对研究成果的评审，他们的意见和建议将指导我们未来的进一步研究。本书只是对健全我国知识产权价值评估体系的一个阶段性的总结。在中国建设创新型国家的进程中，知识产权毫无疑问日益成为国家的战略性资源和企业参与市场竞争的核心竞争力来源，知识产权价值评估也是资产评估最具有吸引力和挑战性的领域，我们将继续在这一领域深耕前行！

文　豪

2024 年 10 月 20 日